职业院校汽车专业任务驱动教学法创新示范教材

汽车底盘维修

（含工作页）

主　编　韦东亮　叶文海
副主编　张家佩　刘　斌
参　编　林　英
主　审　许　平

電子工業出版社
Publishing House of Electronics Industry
北京 • BEIJING

内 容 提 要

本书既注重汽修专业基础知识、基本理论和必备技能的掌握，又兼顾企业的典型工作任务和典型工作流程。全书共 5 个项目，项目 1 汽车底盘概述；项目 2 汽车传动系统；项目 3 汽车行驶系统；项目 4 汽车转向系统；项目 5 汽车制动系统。其特点是配有大量的图片资料，在编写风格上力求文字精简，脉络清晰，图片新颖精美，知识内容结合常见的汽车底盘教学资源，各底盘系统的总成和零部件都有实物，可以让学生从课本知识延展到实物学习，教学效果更佳。

本书适用于职业院校汽车运用与维修专业学生，也可供有一定汽车维修基础的技术工人参考使用。

图书在版编目（CIP）数据

汽车底盘维修 / 韦东亮，叶文海主编. —北京：电子工业出版社，2017.9

ISBN 978-7-121-32124-5

Ⅰ. ①汽… Ⅱ. ①韦… ②叶… Ⅲ. ①汽车—底盘—车辆修理—职业教育—教材 Ⅳ. ①U472.41

中国版本图书馆 CIP 数据核字（2017）第 159577 号

策划编辑：郑　华
责任编辑：裴　杰
印　　刷：三河市鑫金马印装有限公司
装　　订：三河市鑫金马印装有限公司
出版发行：电子工业出版社
　　　　　北京市海淀区万寿路 173 信箱　邮编　100036
开　　本：787×1 092　1/16　印张：15.75　字数：409.6 千字
版　　次：2017 年 9 月第 1 版
印　　次：2017 年 9 月第 1 次印刷
定　　价：35.80 元

凡所购买电子工业出版社图书有缺损问题，请向购买书店调换。若书店售缺，请与本社发行部联系，联系及邮购电话：（010）88254888，88258888。

质量投诉请发邮件至 zlts@phei.com.cn，盗版侵权举报请发邮件至 dbqq@phei.com.cn。

本书咨询联系方式：（010）88254988，3253685715@qq.com。

前 言

PREFACE

现代汽车维修技术的不断更新和汽车企业组织的不断调整，对汽车维修从业人员的技术技能和职业素养提出了更高的要求，也对先理论、后实践的传统教学模式提出了巨大的挑战。当前汽车维修专业的职业教育中，“以任务为主线、教师为主导、学生为主体”的任务驱动教学法，将教学方式由传授式变为启发式，由再现式变为探究式，由单向传导式变为多维互动式，更加贴合产业形式和教育形式的发展，更有利于教育教学质量和人才培养质量的提高，因而日益受到学生、学校和企业的的欢迎和重视。

自2004年以来，柳州市第一职业技术学校的汽车运用与维修专业教师团队，秉承“以就业为向导、以技术为基础、以能力为本位”的原则，在课程设置、教学管理和人才培养等方面进行了多方探索和不懈创新，通过校企合作组建“五菱班”、“丰田班”、“通用班”等方式，建立起一套从明确任务、制定计划、实施计划、检查控制到评价反馈的工作过程系统化的课程模式。本套“职业院校任务驱动教学法创新示范教材”正是在此优秀实践经验和教学成果基础上，全面调研、精确分析、谨慎论证、科学编撰而成，是学校汽修专业教学团队教学成果和集体智慧的展示和结晶。

本套教材大部分采用主教材+工作页的形式，主教材侧重典型工作任务的知识讲解，工作页强调技能掌握。本套教材在编写过程中，始终力求做到三个兼顾和三个突出。

1. 在教材的编写指导思想方面，既注重体现职业教育的最新理论与前沿技术、行业能力的最新水平与发展要求，又同时兼顾职业院校学生的实际特点和实际水平；既注重汽修专业基础知识、基本理论和必备技能的掌握，又兼顾企业的典型工作任务和典型工作流程，让学生的学习和工作结合为一体；既强调教师作为学习过程的策划组织者、资源提供者、指导咨询者、过程监督者以及绩效评估和改善者的重要作用，又兼顾对学生综合职业能力的培养，强调学生在真实工作情境中整体化地解决综合性专业问题的能力和技术思维方式。

2. 在教材的知识体系构建上，力求突出工作过程的系统化、学生学习的自主化和评价反馈的及时化，本套教材通过有一定实际价值的行动产品来引导教学组织过程，学生学习方式多以强调合作和交流的小组形式进行，从而使学生能够进一步理解技术知识并提高解决问题的能力。在本书的工作页中贯穿“质量控制与评价”环节，过程化的学习评价可帮助学生获得初步总结、反思及自我反馈的能力，为提高其综合职业能力提供必要的基础。

《汽车底盘维修（含工作页）》作为系列教材之一，其特点是本教材配有大量的图片资料，在编写风格上力求文字精简，脉络清晰，图片新颖精美，知识内容结合常见的汽车底盘教学资源，各底盘系统的总成和零部件都有实物，可以让学生从课本知识延展到实物学习，教学效果更佳；并以行动导向教学法为任务载体，循序渐进式学习模式，逐步培养学生的基本技能和理论基础，通过学习使学生对汽车底盘构造有根本的了解，知道汽车的工作原理，为以后的学习工作打下扎实的基础。

本书包括 5 个项目：项目 1 汽车底盘概述；项目 2 汽车传动系统；项目 3 汽车行驶系统；项目 4 汽车转向系统；项目 5 汽车制动系统。其中项目 1 和项目 2 由叶文海编写；项目 3 由韦东亮编写并负责全书的统稿和修稿；项目 4 由刘斌编写；项目 5 由张家佩编写；本教材的部分图片收集修改和项目 4 的图片排序由柳州市第一职业技术学校林英负责。

由于编者水平有限，书中难免有不足之处，欢迎读者提出修改意见或建议。

编　者

目　录
CONTENTS

项目 1

汽车底盘概述

任务 1 汽车底盘的作用与组成

任务要求

学生通过知识链接的学习，了解汽车底盘的基本组成及功用。

任务引导

相关知识点学习：要求学生实训课前参考有关资料独立完成。

相关知识点：要求学生实训课前独立完成以下内容。

1. 汽车底盘的组成____

____。

2. 汽车底盘的作用____

____。

任务实施

通过学习知识链接内容，对照整车说出底盘的零件名称并记录。

汽车底盘的零件名称有：

1. 传动系统____

____

____。

2. 行驶系统____

____

____。

3. 转向系统____

____

____。

4. 制动系统____

____

____。

知识链接

汽车底盘的作用与组成

一、汽车底盘的作用

汽车底盘是支承、安装发动机和部分电气设备与附件等，形成汽车的整体造型，并接受发动机输出的动力，通过各机构传递给驱动轮，使汽车产生运动，保证正常行驶。

二、汽车底盘的组成

如图 1-1 所示，汽车底盘由传动系统、行驶系统、转向系统和制动系统四部分组成。

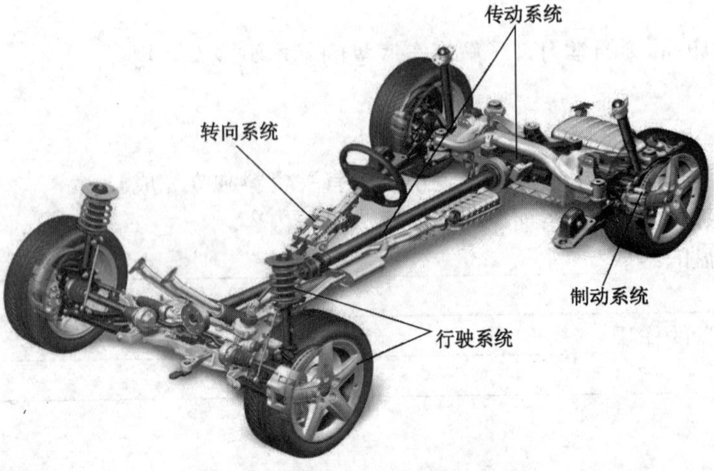

图 1-1　汽车底盘的组成

1. 传动系统

传动系统将发动机的动力传给驱动车轮，并实现减速增矩等功能。传动系统包括离合器、变速器、万向传动装置（万向节和传动轴）和驱动桥（主减速器、差速器、半轴、桥壳），如图 1-2 所示。

2. 行驶系统

行驶系统起支承、安装汽车的各零部件，传递和承受各种载荷的作用，以保证汽车的正常行驶。行驶系统主要由车架（车身）、车桥、悬架、车轮等组成，如图 1-3 所示。

3. 转向系统

转向系统保证汽车按照驾驶员选定的方向行驶。转向系统包括转向操纵机构、转向器、转向传动机构等，如图 1-4 所示。

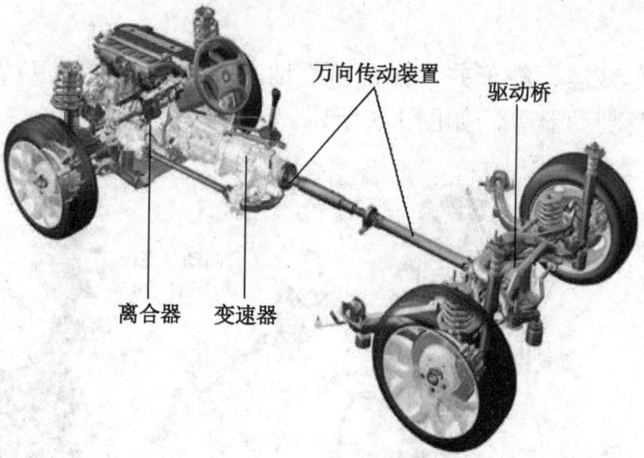

图 1-2　传动系统组成

图 1-3　行驶系统组成

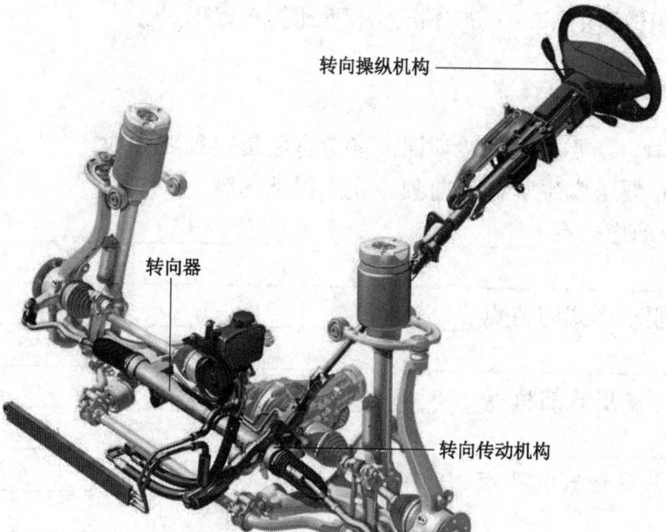

图 1-4　转向系统组成

4. 制动系统

制动系统使汽车减速、停车并，保证可靠地驻停。制动系统包括供能装置、制动控制装置、传动装置以及制动器等，如图 1-5 所示。

图 1-5 制动系统组成

任务 2 汽车驱动形式

任务要求

学生通过知识链接的学习，能分析汽车驱动的布置形式。

任务引导

相关知识点学习：要求学生实训课前参考有关资料独立完成。

相关知识点：要求学生实训课前独立完成以下内容。

1. 汽车的驱动形式有____。

2. FR 汽车驱动形式的特点____。

3. FF 汽车驱动形式的特点____。

4. RR 汽车驱动形式的特点____。

5. MR 汽车驱动形式的特点____。

6. AWD 汽车驱动形式的特点____
____。

任务实施

通过学习知识链接内容，试分析自己最熟悉的一种车型所采用的汽车驱动形式，以及此种车型的优缺点，并写在下方横线处。

____
____
____
____
____。

知识链接

汽车驱动形式

按照汽车与驱动桥的相对位置，汽车的驱动形式可分为发动机前置后轮驱动（FR）、发动机前置前轮驱动（FF）、发动机后置后轮驱动（RR）、发动机中置后轮驱动（MR）和全轮驱动（AWD）等几种形式。

一、发动机前置后轮驱动（FR）形式

FR 形式是一种比较传统的驱动形式，如图 1-6 所示。它是将发动机和变速器总成纵向布置在发动机舱内，然后再通过一根长长的传动轴把后差速器连接起来，最后从后差速器分出两根半轴分别驱动两个后轮。FR 最大的优点是能提供更大的有效牵引力。

图 1-6　发动机前置后轮驱动（FR）形式

二、发动机前置前轮驱动（FF）形式

FF 形式是指发动机、离合器、变速器、主减速器和差速器都布置在汽车前部，发动机

的动力直接传递给前轮从而带动车辆前进的驱动方式，如图 1-7 所示。这种布置方案有助于提高汽车高速行驶的操纵性和稳定性，传动系统结构简单紧凑。

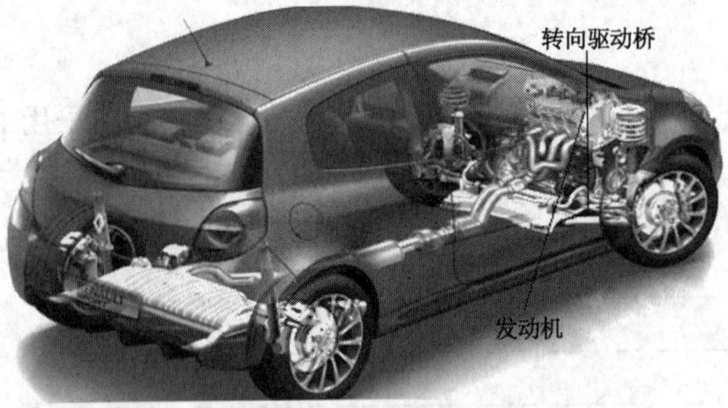

图 1-7　发动机前置前轮驱动（FF）形式

三、发动机后置后轮驱动（RR）形式

RR 形式是一种非常罕见的传动方式。所谓后置发动机，就是把发动机放置在后轴之后，如图 1-8 所示，发动机、离合器和变速器都横置于驱动桥之后，驱动桥采用非独立悬架。RR 方案大多会在高性能跑车和大型客车上应用。RR 方案的优点是传动系统效率高，车头转向灵活，转向盘响应快。缺点是发动机冷却条件差，发动机、离合器和变速器的操纵机构都比较复杂。

图 1-8　发动机后置后轮驱动（RR）形式

四、发动机中置后轮驱动（MR）形式

MR 形式广泛应用于大客车上，发动机冷却条件差，发动机、离合器和变速器的操纵机构较复杂，但具有车内噪声低、空间利用率高等优点，如图 1-9 所示。

五、全轮驱动（AWD）形式

A 是指与车轮总数相等的驱动轮数，表示传动系统为全轮驱动，如图 1-10 所示，发动机布置在汽车前部，桥都是驱动桥。AWD 方案为了将变速器输出的分配给前后两驱动桥，在变速器与两驱动桥之间置有分动器。全轮驱动主要应用于越野车上。

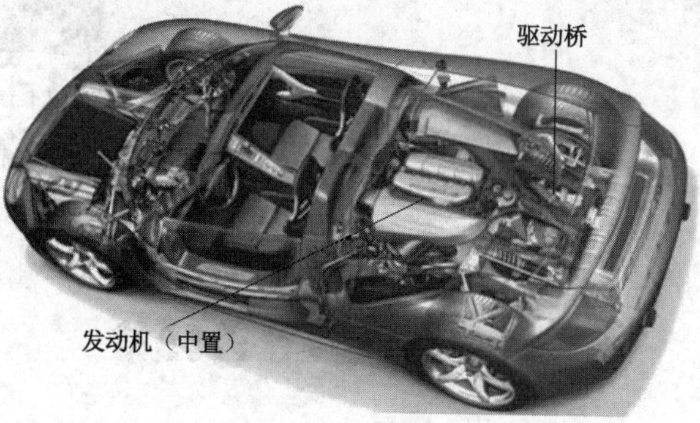

图 1-9 发动机中置后轮驱动（MR）形式

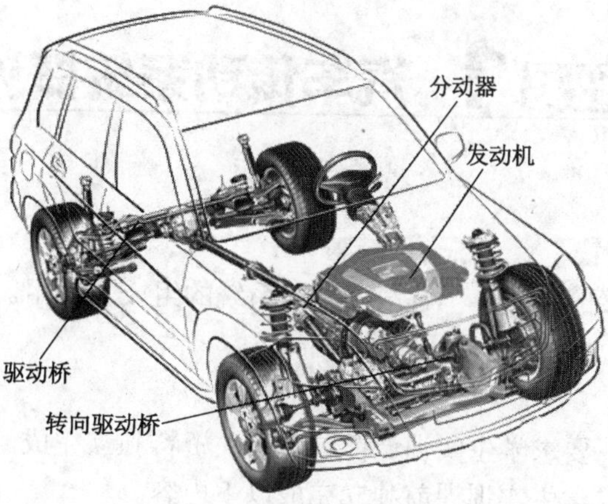

图 1-10 全轮驱动（AWD）形式

项目 2

汽车传动系统

任务1 汽车传动系统概述

任务要求

学生通过知识链接的学习，了解汽车传动系统的组成及功用。

任务引导

相关知识点学习：要求学生实训课前参考有关资料独立完成。

相关知识点：要求学生实训课前独立完成以下内容。

1．汽车传动系统的组成____

____。

2．汽车传动系统的作用____

____。

任务实施

通过学习知识链接内容，对照整车说出传动系统的零件名称并记录。

汽车传动系统零件名称有____

____

____。

知识链接

汽车传动系统概述

一、汽车传动系统的组成

现在的汽车普遍采用的是活塞式内燃机，与之相配用的传动系统大多数是采用机械式传动系统，它由离合器、变速器、万向传动装置、主减速器、差速器和半轴等组成，如图 2-1 所示。

图 2-1　汽车传动系统的组成

二、汽车传动系统的作用

汽车传动系统的基本功用是将发动机发出的动力按需要传给驱动车轮，使汽车前进或倒退。为此，任何形式的传动系统都具有如下功能：

1. 实现汽车减速增矩。
2. 实现汽车变速。
3. 实现汽车倒车。
4. 使车轮具有差速功能。
5. 必要时中断传动系统的动力传递。

任务 2　离合器的拆装与检修技术

任务要求

1. 学生通过知识链接的学习，了解离合器的作用与构造。
2. 学生通过知识链接的学习，能分析离合器的工作原理。
3. 学生能从车上拆装离合器及更换离合器从动盘。
4. 学生能把离合器分解、检测与装配。
5. 学生学会离合器自由行程的检测与调整方法。

任务引导

相关知识点学习：要求学生实训课前参考有关资料独立完成。

相关知识点：要求学生实训课前独立完成以下内容。

1. 离合器的作用是____。
2. 离合器的组成部分有____。

3．离合器的自由行程＿＿＿＿＿＿＿＿＿＿＿＿＿＿＿＿＿＿＿＿＿＿＿＿＿＿＿＿＿＿＿。

4．离合器行程过大会＿＿＿＿＿＿＿＿＿＿＿＿＿＿＿＿＿＿＿＿＿＿＿＿＿＿＿＿＿＿＿。

5．离合器行程过小会＿＿＿＿＿＿＿＿＿＿＿＿＿＿＿＿＿＿＿＿＿＿＿＿＿＿＿＿＿＿＿。

6．离合器的主动部分有＿＿＿＿＿＿＿＿＿＿＿＿＿＿＿＿＿＿＿＿＿＿＿＿＿＿＿＿＿＿。

7．离合器的从动部分有＿＿＿＿＿＿＿＿＿＿＿＿＿＿＿＿＿＿＿＿＿＿＿＿＿＿＿＿＿＿。

8．离合器操纵机构的类型＿＿＿＿＿＿＿＿＿＿＿＿＿＿＿＿＿＿＿＿＿＿＿＿＿＿＿＿＿。

9．离合器应满足什么工作要求＿＿＿＿＿＿＿＿＿＿＿＿＿＿＿＿＿＿＿＿＿＿＿＿＿＿＿

＿＿。

10．影响离合器传递最大扭矩的因素是＿＿＿＿＿＿＿＿＿＿＿＿＿＿＿＿＿＿＿＿＿＿＿。

11．离合器打滑常见原因有＿＿＿＿＿＿＿＿＿＿＿＿＿＿＿＿＿＿＿＿＿＿＿＿＿＿＿＿＿。

12．离合器的常见故障有＿＿＿＿＿＿＿＿＿＿＿＿＿＿＿＿＿＿＿＿＿＿＿＿＿＿＿＿＿＿。

13．离合器压盘或飞轮工作面不平的影响＿＿＿＿＿＿＿＿＿＿＿＿＿＿＿＿＿＿＿＿＿＿。

14．五菱面包车离合器踏板沉重的原因是＿＿＿＿＿＿＿＿＿＿＿＿＿＿＿＿＿＿＿＿＿＿。

15．双从动盘与单从动盘的离合器若尺寸相同（　　）。

A．双从动盘比单从动盘传递扭矩大　　B．双从动盘比单从动盘传递扭矩小

C．传递的扭矩一样大　　D．双从动盘比单从动盘离合器易打滑

16．离合器总成装回车上后（　　）。

A．可直接使用　　B．检查和调整离合器自由行程

C．检查从动盘好坏　　D．检查离合器总成好坏

17．离合器操纵机构有机械式和（　　）。

A．液压式　　B．齿轮式　　C．皮带式　　D．链条式

18．周布弹簧式离合器压盘上弹簧座做成凸起的十字形，其目的是（　　）。

A．固定弹簧　　B．作加强筋用

C．减少压盘向弹簧传热　　D．无特别意义

19．膜片弹簧既起压紧作用又起（　　）作用。

A．加固作用　　B．传递扭力　　C．减震　　D．分离杠杆

20．离合器从动盘安装时（　　）。

A．扭转减震器凸起的一端朝向飞轮

B．扭转减震器凸起的一端朝向变速器

C．随便安装

D．从支盘花键毂凸起的一端朝后

21．离合器自由行程过大，对离合器的影响是（　　）。

A．容易打滑　　B．分离不彻底或不能分离

C．增加扭力　　D．减小扭矩传递

22．离合器自由行程过小，对离合器的影响是（　　）。

A．容易打滑　　B．分离不彻底　　C．便于分离　　D．无影响

23．把离合器从动盘装回车上时，除擦除油污及注意方向外还应（　　）。

A．注意安装记号

B．使从动盘花键毂与飞轮对中心

C．可随便安装

任务实施

1．从车上拆装离合器总成。

2．对离合器进行分解、检测与装配。

3．测量离合器的自由行程。

4．完成本任务的实训报告。

（1）车上拆装离合器

图　　解	操作步骤及技术要求
1．准备工作	
 图 2-2	如图 2-2 所示，把车辆开入举升工位，按照举升机的操作规程把车辆举升到合适的高度。
2．拆除离合器的外围设备及连接件	
 图 2-3	首先拆除传动轴（后桥驱动车辆）、变速器总成。 变速器总成的拆装过程参看任务二的项目三变速器总成从车上拆装的操作步骤与技术要求。 如图 2-3 所示，拆下变速器总成。
3．拆除离合器总成	
 图 2-4	如图 2-4 所示，将固定飞轮专用工具的销轴插入气缸体后端的螺栓孔中，使专用工具的尖角卡在飞轮齿圈的齿槽内。
 图 2-5	如图 2-5 所示，交叉分多次拧松离合器外壳与飞轮的紧固螺钉。

图　　解	操作步骤及技术要求
 图 2-6	如图 2-6 所示，在拧出离合器外壳与飞轮的紧固螺钉之前，用离合器拆装专用工具穿过离合器插入飞轮中心孔上，避免取出螺钉后从动盘掉落砸伤脚。
 图 2-7	如图 2-7 所示，取出离合器外壳与飞轮的所有紧固螺钉。
 图 2-8	如图 2-8 所示，把离合器总成拿下。要把从动盘一起拿稳，避免掉落。 如果离合器外壳上的定位孔与飞轮上的定位销不能保证两者的安装位置，要在两者之间做可靠的安装记号，避免安装时位置不对破坏飞轮动平衡。
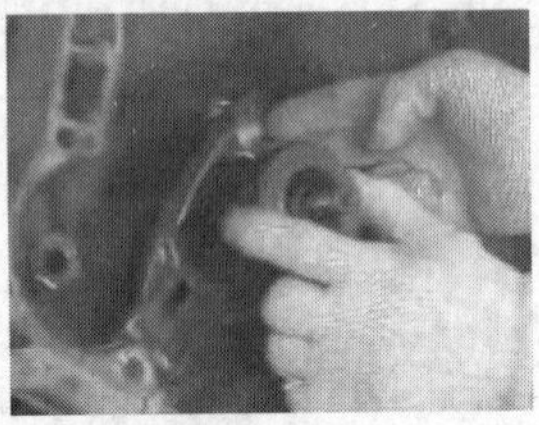 图 2-9	如图 2-9 所示，将分离轴承及座从分离叉上拆卸下来。
4．相关检查与润滑	
 图 2-10	如图 2-10 所示，用手指转动飞轮中间的变速器输入轴导向轴承，检查轴承是否转动自如良好，如存在轴向松旷或卡滞等不正常情况应更换。

图　解	操作步骤及技术要求
 图 2-11	如图 2-11 所示，用润滑脂枪在变速器输入轴导向轴承内注入适量润滑脂。
 图 2-12	如图 2-12 所示，用粗砂纸（或粗砂布）砂磨飞轮的工作表面，然后擦拭干净。
 图 2-13	如图 2-13 所示，用粗砂纸（或粗砂布）砂磨压盘的工作表面，然后擦拭干净。
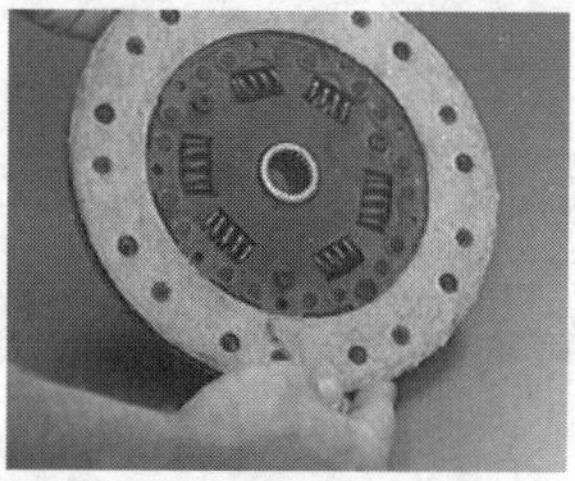 图 2-14	如图 2-14 所示，用粗砂纸（或粗砂布）砂磨离合器片的两边工作表面，然后擦拭干净。
5．安装分离轴承	
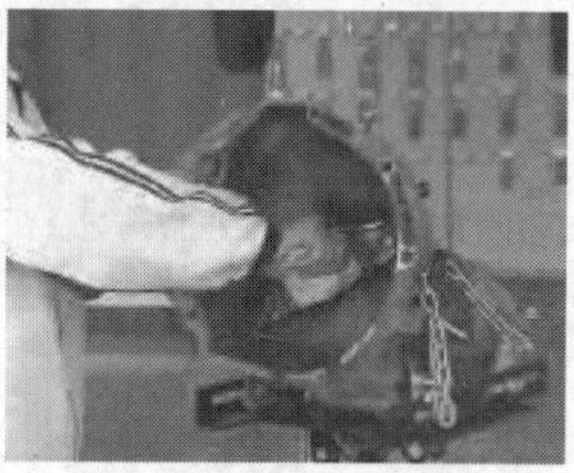 图 2-15	如图 2-15 所示，用棉纱擦干净分离轴承套筒上的油渍。

图　解	操作步骤及技术要求
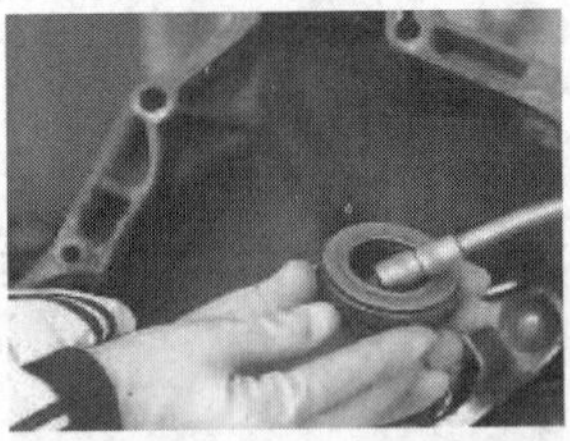 图 2-16	如图 2-16 所示，在分离轴承座孔内均匀涂上适量润滑脂。
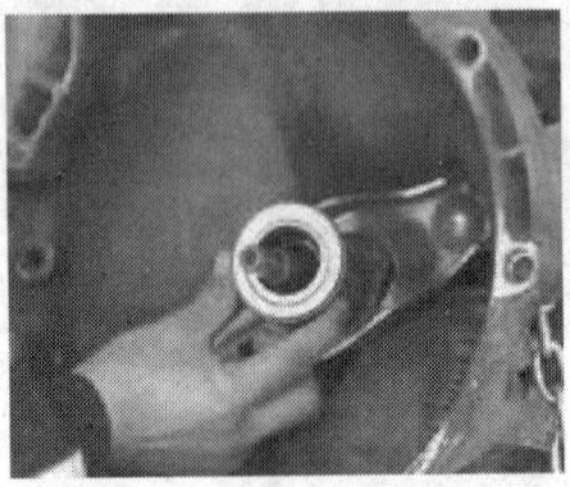 图 2-17	如图 2-17 所示，将分离轴承及座套安装到分离轴承套筒上。
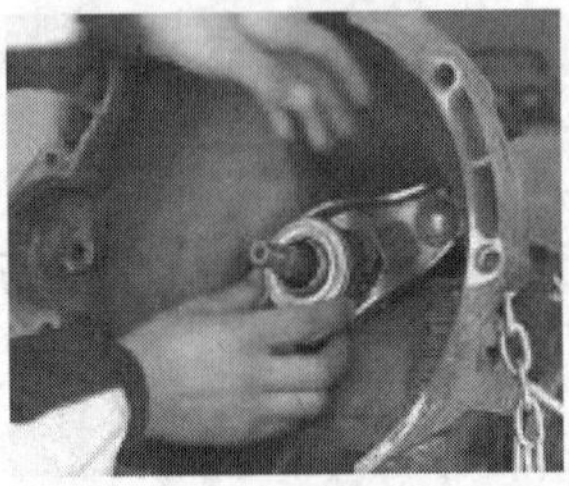 图 2-18	如图 2-18 所示，确认轴承座上的挡块位置后，一只手固定分离轴承及座，另一只手使分离叉压向分离轴承座，用力使轴承座上的挡块嵌入分离叉对应的卡槽内（桑塔纳 2000 车型）。 有些车型是用卡簧使分离轴承座与分离叉固定在一起的。
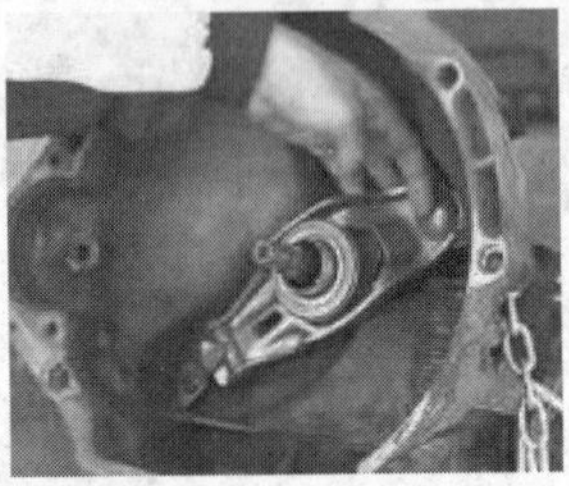 图 2-19	如图 2-19 所示，用手来回移动分离叉，检查分离轴承的回位情况，视情况在套筒上涂抹适量润滑脂，必要时更换弹性回位钢片（或卡簧）。
6．安装离合器压盘及摩擦片	
 图 2-20	如图 2-20 所示，安装时离合器摩擦片扭转减震器平（或短毂）的一端朝向飞轮。

图　解	操作步骤及技术要求
 图 2-21	如图 2-21 所示，安装时离合器摩擦片扭转减震器凸起（或长毂）的一端朝向压盘，不能装反。
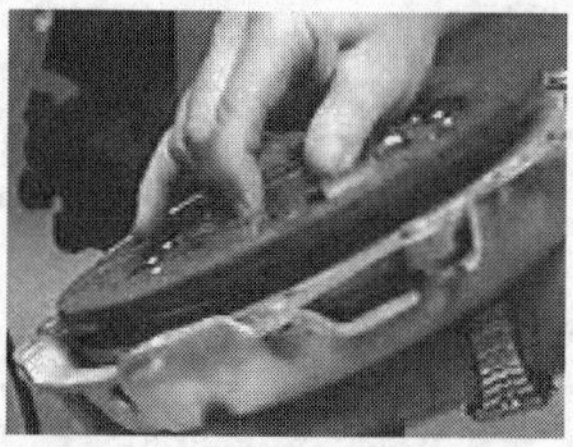 图 2-22	如图 2-22 所示，按照正确的朝向，使摩擦片贴合在压盘上。
 图 2-23	如图 2-23 所示，将专用工具穿过离合器摩擦片的花键毂，连同压盘一起安装到飞轮上，专用工具的前端插入飞轮中间的变速器输入轴的导向轴承内。
 图 2-24	如图 2-24 所示，并使压盘上的定位孔与飞轮上的定位销对准（或使原来做的装配记号对齐）。
 图 2-25	如图 2-25 所示，安装时如无专用工具，可用对应变速器的输入轴代替，使离合器摩擦片与飞轮上的导向轴承对中心更准确。

图　解	操作步骤及技术要求
 图 2-26	如图 2-26 所示，用螺栓把压盘固定在飞轮上。
 图 2-27	如图 2-27 所示，将固定飞轮专用工具的销轴插入气缸体后端的螺栓孔中，使专用工具的尖角卡在飞轮齿圈的齿槽内。
 图 2-28	如图 2-28 所示，交叉分多次紧固离合器外壳与飞轮的紧固螺钉，最后按照规定扭矩拧紧。
 图 2-29	如图 2-29 所示，把专用工具拔出，然后把变速器装回。

（2）离合器自由行程的检查与调整

图　解	操作步骤及技术要求
1．准备阶段	
 图 2-30	给车辆做好防护，铺设好地板垫，套好方向盘、座椅及换挡手柄套，如图 2-30 所示。 离合器进行维修、更换从动盘及拆装或更换离合器操纵机构的相关元件等操作后都要对离合器的自由行程进行检查与调整。

图　解	操作步骤及技术要求
2．拆卸仪表台下方护罩	
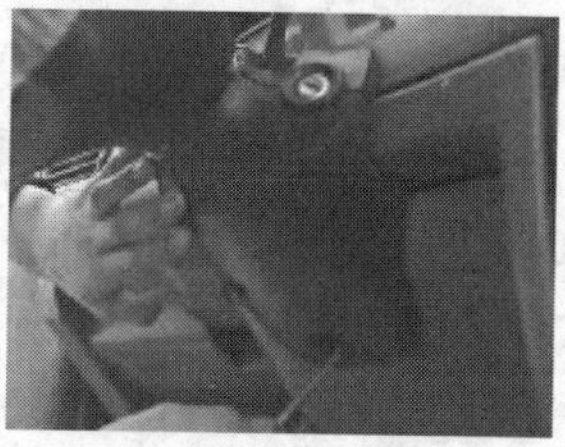 图 2-31	如图 2-31 所示，拧松相关螺钉，取下转向柱组合开关护盖。
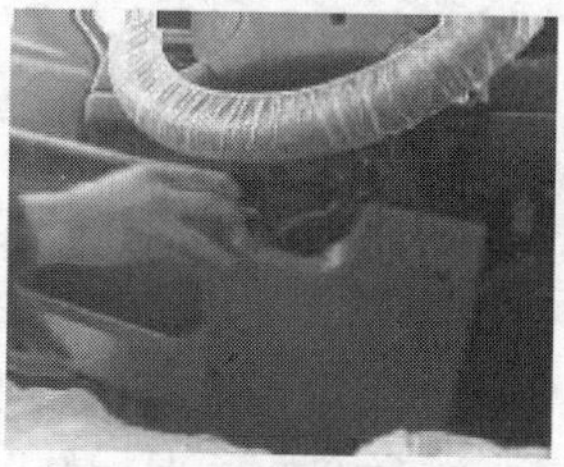 图 2-32	如图 2-32 所示，拧松相关螺钉，取下方向盘下仪表台护盖。
3．测量	
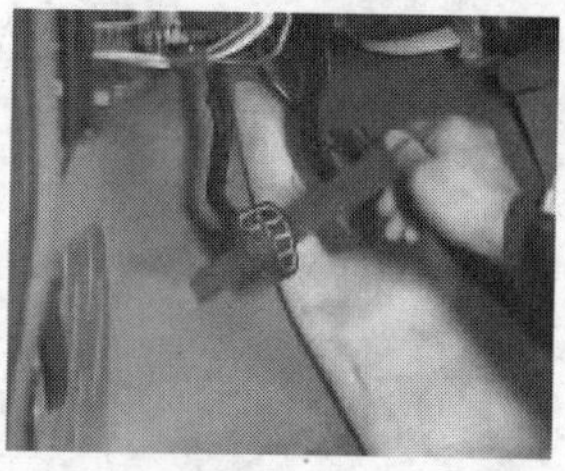 图 2-33	如图 2-33 所示，卷起地板垫，用钢尺垂直于地板测量自由状态下离合器踏板的高度 L_1。
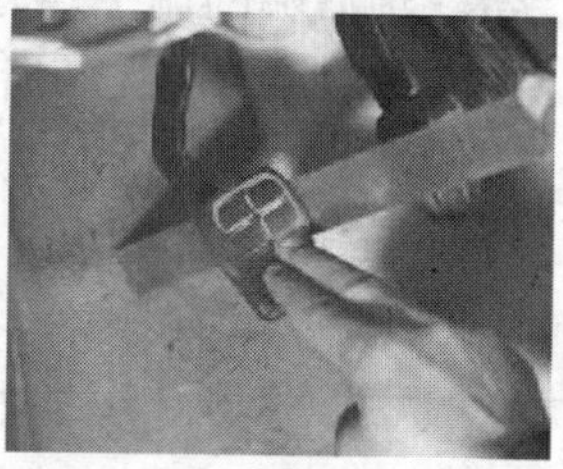 图 2-34	如图 2-34 所示，轻轻按下踏板，感觉到有明显阻力时停止按压，测量此时的踏板高度 L_2。 离合器的自由行程=L_1-L_2。桑塔纳 2000 型轿车及五菱鸿途面包车的行程为 15～25mm。如果不符合要求，进行以下调整。
4．调整	
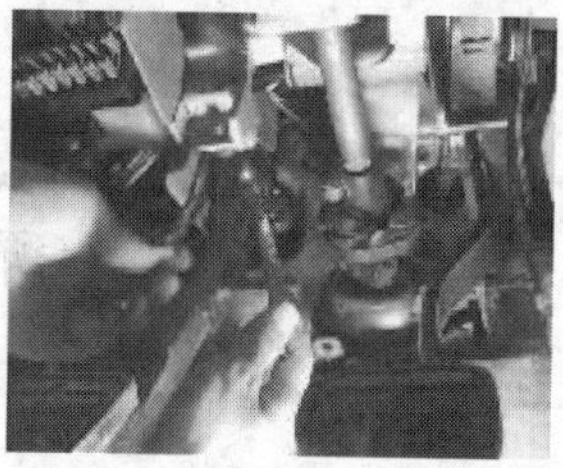 图 2-35	如图 2-35 所示，用相应开口扳手松开与踏板连接的推杆上的锁紧螺母。

<table>
<tr><th>图　解</th><th>操作步骤及技术要求</th></tr>
<tr><td>
图 2-36</td><td>如图 2-36 所示，用手转动推杆上的调整杆，改变推杆的长度即可调整离合器的自由行程。在调节推杆长度的过程中要反复测量离合器的自由行程，直到合适为止。
以上是离合器液压式操纵机构的调整方法。</td></tr>
<tr><td>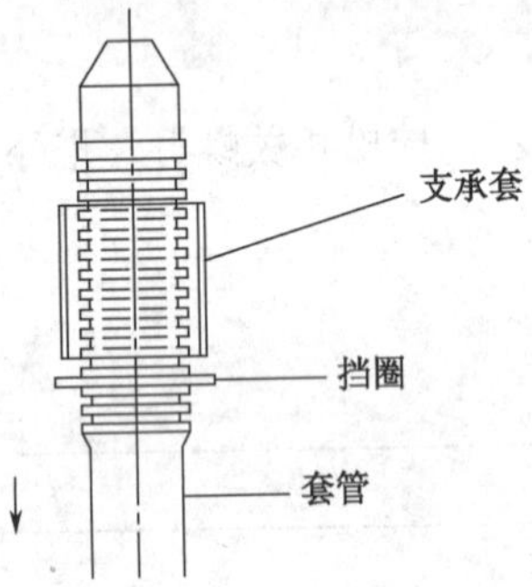

图 2-37</td><td>如果是拉索式操纵机构，调整方法如下：
放松踏板，使踏板在回位弹簧的作用下向上运动，踏板杆与制动支架上的踏板限位板接触。在踏板下方按图 2-37 所示箭头方向将软轴总成的套管向下压，直到感觉阻力明显增加（即离合器分离轴承与膜片弹簧接触时），保持软轴位置不变，从支架总成上的支承套下端开始往下数，在软轴套管上的第二或第三个槽内插入挡圈。
调整后踩下离合器踏板数次，再次检查踏板的自由行程是否在规定范围之内。</td></tr>
<tr><td>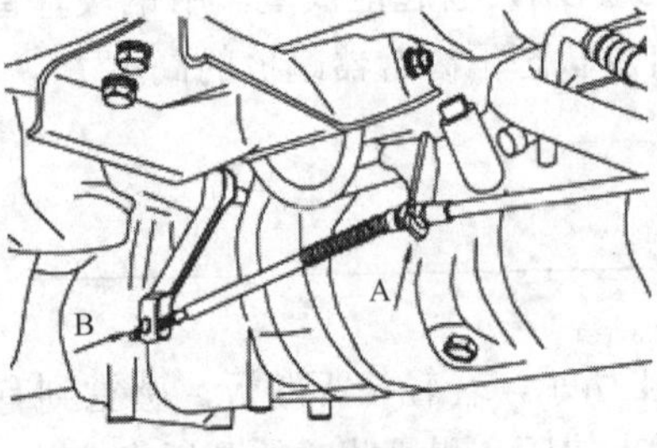

A：锁紧螺母　B：调整螺母
图 2-38</td><td>如果经过上述调整，自由行程仍不符合要求的，可通过改变离合器软轴后端的调整螺母与锁紧螺母的相对位置进行调整，如图 2-38 所示。</td></tr>
<tr><td colspan="2">5．运行试验</td></tr>
<tr><td>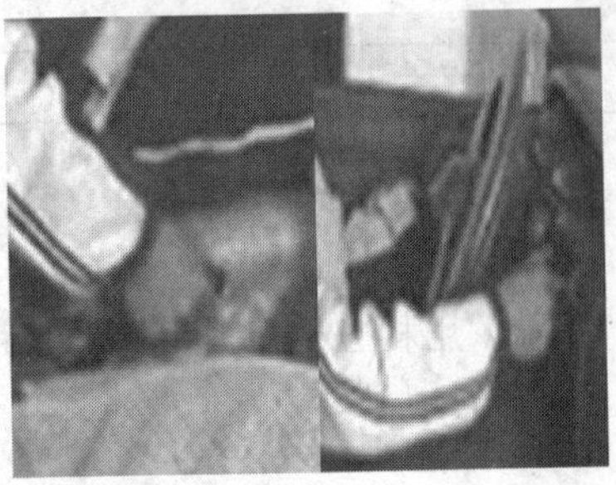
图 2-39</td><td>各车轮用三角木垫好，做好安全防护，车辆前方及周围不能站人。拉紧手刹，变速器换挡杆置于空挡位置，启动发动机，如图 2-39 所示。</td></tr>
</table>

图　解	操作步骤及技术要求
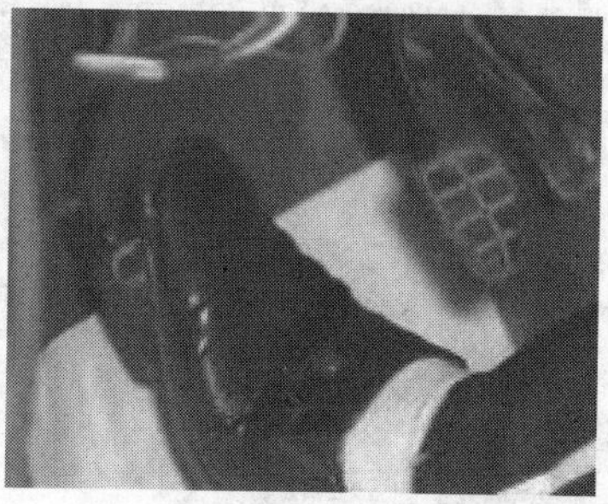 图 2-40	如图 2-40 所示，将离合器踏板踩到底。
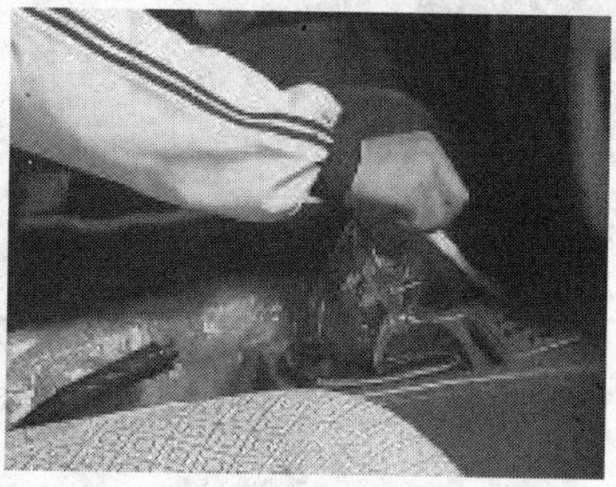 图 2-41	如图 2-41 所示，使换挡杆分别挂入各个挡位，能顺利挂入并退出、无异响，然后挂入一挡，在怠速状态下慢慢松开离合器踏板，发动机转速会降低至熄火，说明离合器自由行程符合要求。 装回已拆下的仪表台护盖等附件。 5S 工作。 结束。

知识链接

离合器

一、离合器概述

离合器安装于发动机与变速器之间，驾驶员可根据行驶需要控制离合器的接合和分离，从而连接或切断发动机与驱动轮之间的动力传递。

二、离合器作用

1．平顺接合动力，保证汽车平稳起步。
2．保证换挡时工作平顺。
3．防止传动系统过载。

三、离合器分类

离合器按传递动力方式不同可以分为摩擦式离合器、液力离合器和电磁离合器三种形式。

1. 摩擦式离合器

摩擦式离合器是指利用主、从动部分的摩擦作用来传递转矩的离合器，如图 2-29 所示。目前摩擦式离合器被广泛应用于轿车、货车以及工程用车上。

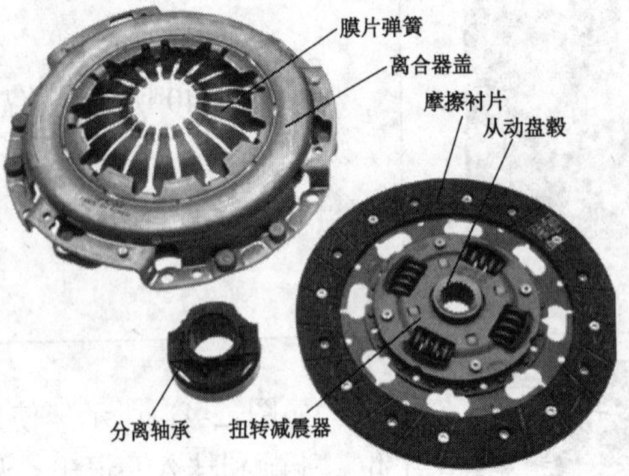

图 2-29 摩擦式离合器结构

2. 液力离合器

液力离合器是指利用液体作为传动介质的离合器，如图 2-30 所示，被用在自动变速器车型中。

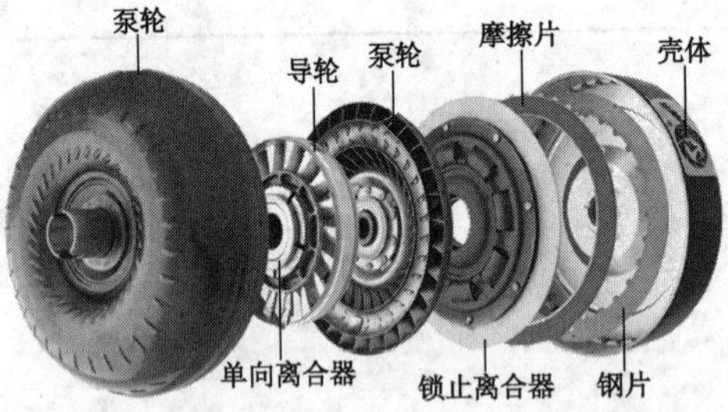

图 2-30 液力离合器

3. 电磁离合器

电磁离合器是指利用磁力传动的离合器，即靠线圈的通断来控制离合器的接合与断开。它在轿车的空调压缩机上被广泛采用，如图 2-31 所示。

图 2-31 电磁离合器

四、摩擦式离合器

1. 基本组成

摩擦式离合器由主动部分、从动部分、压紧机构和操纵机构四部分组成，如图 2-32 所示。

（1）主动部分

发动机飞轮、离合器盖和压盘构成离合器的主动部分。

（2）从动部分

从动部分由从动盘和输出轴组成。

（3）压紧机构

压紧机构由膜片弹簧或装在压盘和离合器盖之间的沿圆周均匀布置的压紧弹簧组成。

（4）操纵机构

操纵机构包括离合器踏板、分离拉杆、调节叉、分离叉、分离套筒、分离轴承、分离杠杆和回位弹簧等。

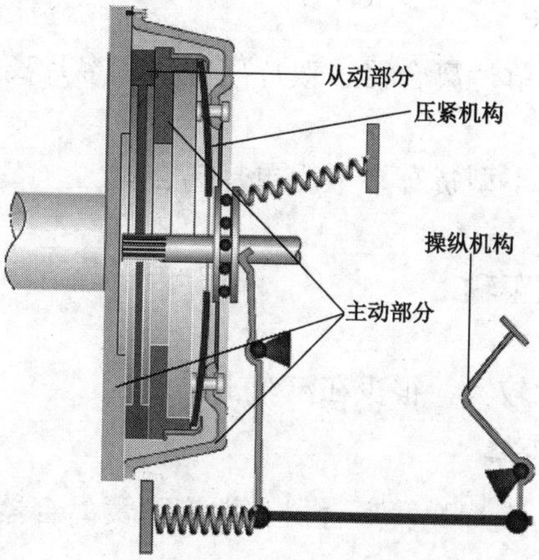

图 2-32 摩擦式离合器组成

2. 摩擦式离合器的基本工作原理（如图 2-33 所示）

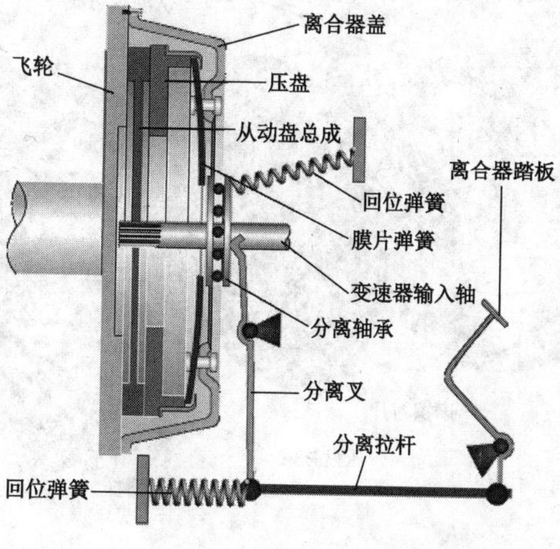

图 2-33 摩擦式离合器基本工作原理

（1）离合器接合状态

发动机工作时，膜片弹簧将压盘、飞轮及从动盘互相压紧，发动机的转矩经飞轮及压盘通过摩擦面的摩擦力矩传至从动盘。

（2）离合器分离过程

踩下离合器踏板，在分离拉杆作用下分离叉推动分离轴承向前移动，分离轴承压向膜片弹簧的内端，膜片内端向前、外端在钢丝支承圈作用下向后运动，从而带动压盘向后运动，解除飞轮、从动盘、压盘三者之间的压紧状态，动力切断。

（3）汽车起步

抬起离合器踏板，分离叉离开分离轴承，分离轴承在回位弹簧的作用下回位，在膜片弹簧作用下压盘前移，从而使飞轮、从动盘、压盘三者之间处于压紧状态产生摩擦力矩，接通动力传递。

五、摩擦式离合器的分类

1. 按从动盘的数目分类

摩擦式离合器可以分为单片离合器、双片离合器和多片离合器。

（1）单片离合器

轿车、客车和部分中、小型货车多采用单片离合器。

（2）双片离合器

双片离合器多用于重型车辆上。

（3）多片离合器

多片离合器因轴向尺寸较大，很少在汽车上采用。

2. 按压紧弹簧的形式分类

摩擦式离合器可以分为膜片弹簧离合器和螺旋弹簧离合器。

（1）膜片弹簧离合器

膜片弹簧离合器采用膜片弹簧作为压紧弹簧，目前应用最为广泛，如图 2-34 所示。

图 2-34　膜片弹簧离合器

（2）螺旋弹簧离合器

螺旋弹簧离合器按螺旋弹簧布置方式可分为周布弹簧离合器（图 2-35）和中央弹簧离合器。周布弹簧离合器主要用于商用载重汽车上。

① 主动部分：发动机飞轮、离合器盖和压盘构成离合器的主动部分。

② 从动部分：从动部分由从动盘和输出轴组成，从动盘带有扭转减震器。

③ 压紧机构：沿圆周分布于压盘和离合器盖之间的压紧弹簧组成了离合器的压紧机构。

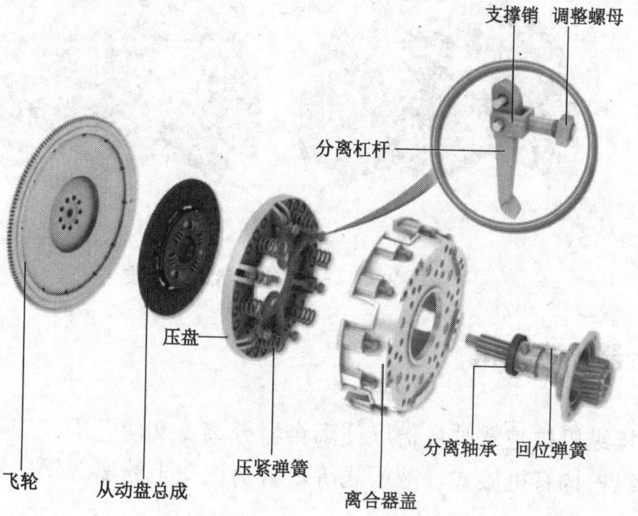

图 2-35　周布弹簧离合器

六、从动盘与扭转减震器

发动机传到汽车传动系统中的转矩是周期性地不断变化着的，这将使传动系统产生扭转振动。如果这一振动的频率与传动系统的自振频率相重合，就会发生共振，从而对传动系统中零件的寿命有很大影响。为了避免共振，缓和传动系统所受的冲击载荷，在不少的汽车传动系统中装设了扭转减震器，且多数将扭转减震器附装在离合器的从动盘中。因此，从动盘还有带扭转减震器和不带扭转减震器之分。

1. 带扭转减震器的从动盘结构（如图 2-36 所示）

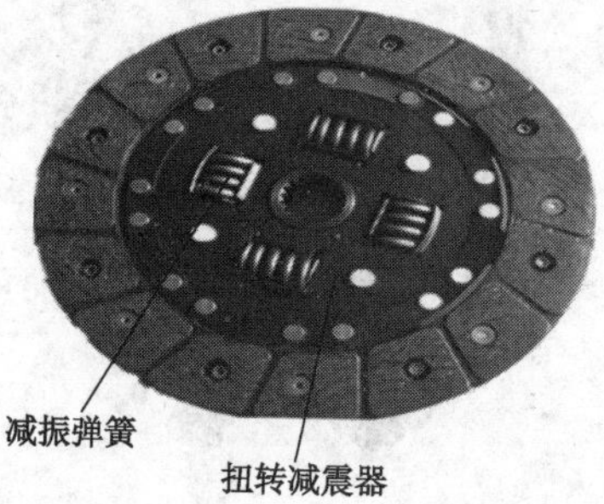

图 2-36　带扭转减震器的离合器从动盘结构图

2. 扭转减震器工作原理（如图 2-37 所示）

（1）从动盘不工作

从动盘不工作时，从动盘本体、从动盘毂及减震器盘三者的窗孔是相互重合的。

（2）从动盘工作

从动盘工作时，两侧的摩擦片所受的摩擦力矩首先传到从动盘本体和减震盘上，再经 6 个弹簧传给从动盘毂。这时弹簧被压缩，吸收传动系统所受的冲击。

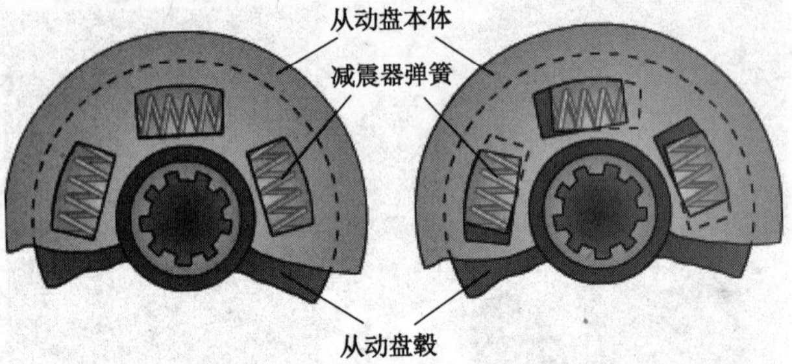

图 2-37 扭转减震器工作原理

七、离合器操纵机构

离合器的操纵机构是驾驶员借以使离合器分离、又使之柔和接合的一套机构，常见的几种离合器操纵机构有机械式、液压式等。目前汽车上的离合器广泛采用的是机械式或液压式操纵机构。

1. 机械式操纵机构

（1）杠杆式离合器操纵机构

杠杆式离合器操纵机构如图 2-38 所示，其结构简单，工作可靠，广泛应用于各型汽车上。例如东风 EQ1090E 型汽车所采用的即为杆系传动机构，但杠杆式传动中杆件间铰接多，摩擦损失大，车架或车身变形以及发动机发生位移时会影响其正常工作。

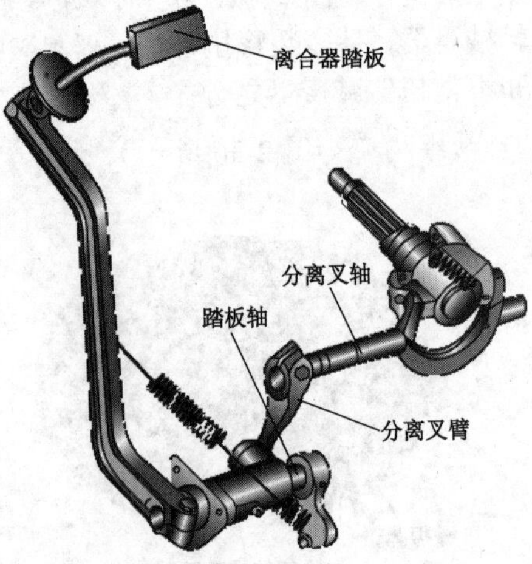

图 2-38 杠杆式离合器操纵机构

（2）绳索式离合器操纵机构

绳索式离合器操纵机构如图 2-39 所示。踩下离合器踏板时，绳索拉动分离叉把分离轴承压向膜片弹簧，使离合器分离。绳索寿命较短，拉伸刚度较小，故只适用于轻型汽车、微型汽车和轿车。例如桑塔纳、捷达轿车离合器的操纵机构中就采用了绳索传动。

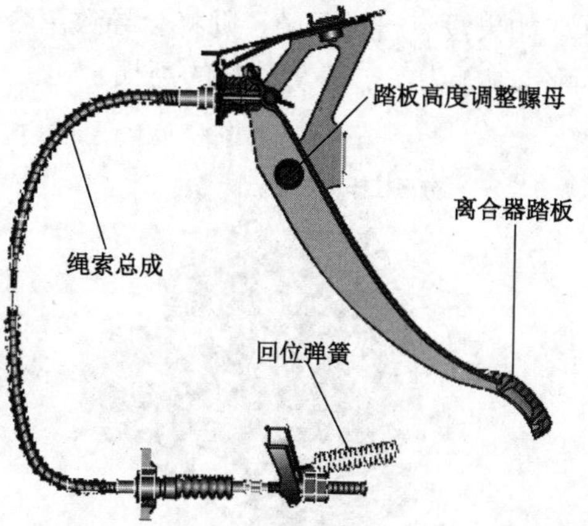

图 2-39　绳索式离合器操纵机构

2. 液压式操纵机构

液压式操纵机构主要由主缸、工作缸和管路系统等组成。当踩下离合器踏板时，主缸产生液压，压力通过油管送到工作缸。此压力用于移动分离叉来实现对离合器的操纵。液压操纵机构具有摩擦阻力小、质量轻、操纵轻便、接合柔和、布置方便、不受车身车架变形的影响等优点，因此应用较为广泛，如图 2-40 所示。

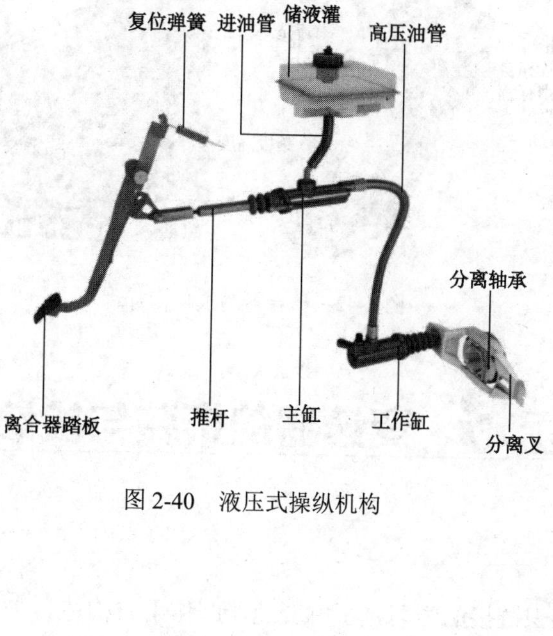

图 2-40　液压式操纵机构

八、离合器的自由间隙和离合器踏板自由行程

1. 离合器的自由间隙

离合器在正常接合状态下，分离杠杆内端与分离轴承之间应留有一个间隙（如图 2-41 所示），一般为几个毫米。如果没有自由间隙，则将会导致离合器打滑，使离合器所能传动的转矩下降，进而使车辆行驶无力，加速从动盘的磨损。

图 2-41　离合器的自由间隙

2. 离合器踏板自由行程

为消除离合器的自由间隙和操纵机构零件的弹性变形所需要的离合器踏板行程称为离合器踏板自由行程，如图 2-42 所示。可通过拧动调节叉来改变分离拉杆的长度来调整离合器踏板自由行程。

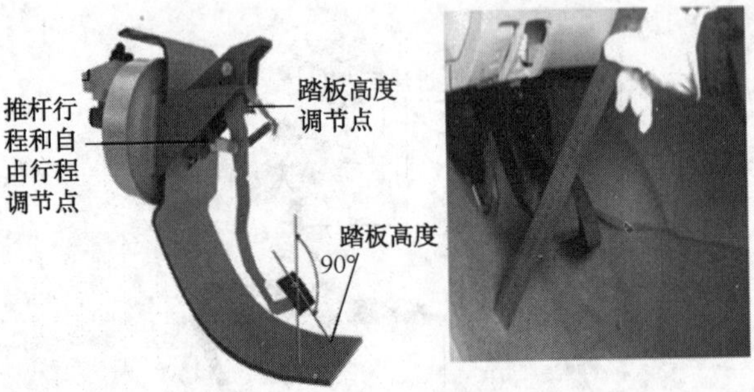

图 2-42　离合器踏板自由行程

任务 3　变速器的拆装与检修技术

任务要求

1. 学生通过知识链接的学习，了解变速器的作用与构造。

2．学生通过知识链接的学习，能分析变速器的工作原理。

3．学生能分解与装配变速器。

4．学生能把变速器换挡操纵机构拆装。

任务引导

相关知识点学习：要求学生实训课前参考有关资料独立完成。

相关知识点：要求学生实训课前独立完成以下内容。

1．变速器的类型有______________________________。

2．变速器的组成部分有______________________________。

3．变速器同步器类型有______________________________。

4．变速器的传动比指______________________________。

5．传动比大于1属于______________________________。

6．传动比小于1属于______________________________。

7．传动比等于1属于______________________________。

8．变速器中防止同时挂进两个挡的机构是______________________________

______________________________。

9．变速器中防止跳挡的机构是______________________________

______________________________。

10．同步器锁环内锥面上的齿槽有什么作用______________________________

______________________________。

11．汽车为什么要挂1挡起步______________________________

______________________________。

12．传动比与转速及扭矩的关系是______________________________

______________________________。

13．变速器的常见故障有______________________________、

______________________________。

14．变速器换挡操纵机构的类型有______________________________

______________________________。

15．变速器能实现换挡最终依靠改变（　　）来完成。

A．各对齿轮的传动比　　B．发动机转速

C．离合器的接合程度　　D．牵引力大小

16．传动比等于（　　）。

A．从动齿轮转速除以主动齿轮转速　　B．主动齿轮齿数除以从动齿齿数

C．主动齿轮转速除以从动齿轮转速　　D．主从动齿轮转速相加

17．两对啮合齿轮的总传动比等于（　　）。

A．两对啮合齿轮传动比的乘积　　B．两对啮合齿轮传动比之和

C．两对啮合齿轮传动比之差　　D．两对啮合齿轮传动比相除

18．传动比大于1时，从动轮会（　　）。

A．增速　　B．减速

C．与主动轮速度相同　　D．没有影响

19．传动比小于1时，从动轮的扭矩会（　　）。
A．增大　　B．不变　　C．减小　　D．可大可小

20．两个互相啮合的齿轮其旋转方向（　　）。
A．相同　　B．相反
C．根据工作不同而不同　　D．无法判断

21．三个互相啮合的齿轮，第一个与第三个的旋转方向（　　）。
A．相同　　B．相反
C．根据工作不同而不同　　D．无法判断

22．用来确保主轴和变速器齿轮锁定在一起同速转动的部件称为（　　）
A．拨叉　　B．同步器接合套　　C．挡杆

23．换挡操纵机构调整不当会造成（　　）
A．齿轮撞击　　B．跳挡　　C．换挡困难

24．五菱鸿途汽车变速器有（　　）。
A．四个前进挡一个倒挡　　B．三个前进挡一个倒挡
C．五个前进挡　　D．五个前进挡一个倒挡

25．变速器自锁装置失效后可能会引起（　　）。
A．跳挡　　B．同时挂入两个挡位
C．不同步　　D．无法判断

26．五菱鸿途汽车变速器属于（　　）。
A．两轴式变速器　　B．一轴式变速器
C．三轴式变速器　　D．四轴式变速器

任务实施

1．从车上拆装变速器总成。
2．对五菱变速器进行分解、检测与装配。
3．变速器操纵机构的拆装。
4．完成本次任务实训报告。

（1）从车上拆装变速器

图　　解	操作步骤及技术要求
 图 2-43	车型为五菱面包车。 如图 2-43 所示，把车辆开入举升工位，按照举升机的操作规程把车辆举升到合适的高度。

图　解	操作步骤及技术要求
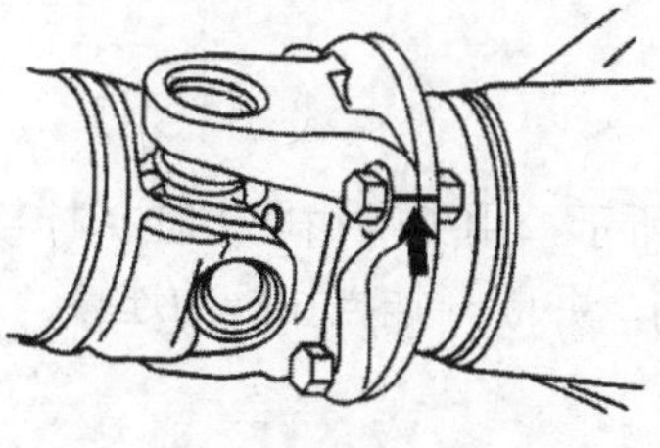 图 2-44	如图 2-44 所示，在凸缘节叉上与后桥减速器凸缘上刻接配记号。
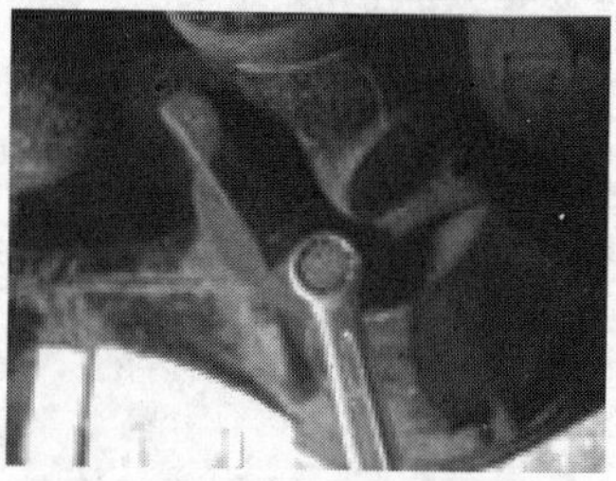 图 2-45	如图 2-45 所示，拆下万向节叉与主减速器凸缘的连接螺钉。
 图 2-46	如图 2-46 所示，拆下离合器分离机构拉索连接螺钉。
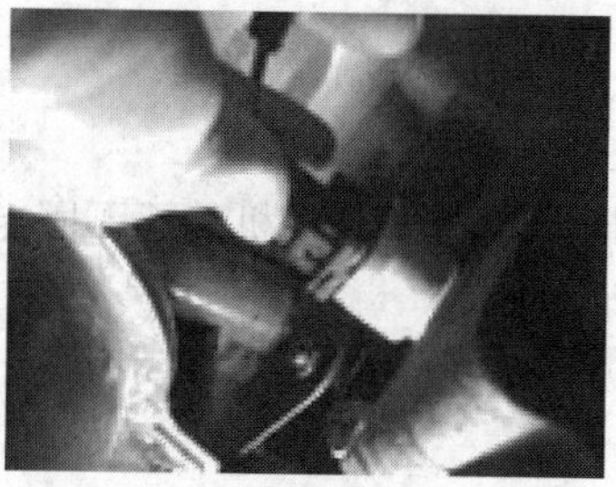 图 2-47	如图 2-47 所示，分别拔下里程表车速传感连接插头、倒挡灯开关连接插头和曲轴位置传感器连接插头等。
 图 2-48	如图 2-48 所示，用尖嘴钳取下选挡杆与拉杆球节的开口销，并断开选挡拉杆的连接。

<table>
<tr><th>图　解</th><th>操作步骤及技术要求</th></tr>
<tr><td>
图 2-49</td><td>如图 2-49 所示，用尖嘴钳取下挂挡杆与拉杆球节的开口销，并断开挂挡拉杆的连接。</td></tr>
<tr><td>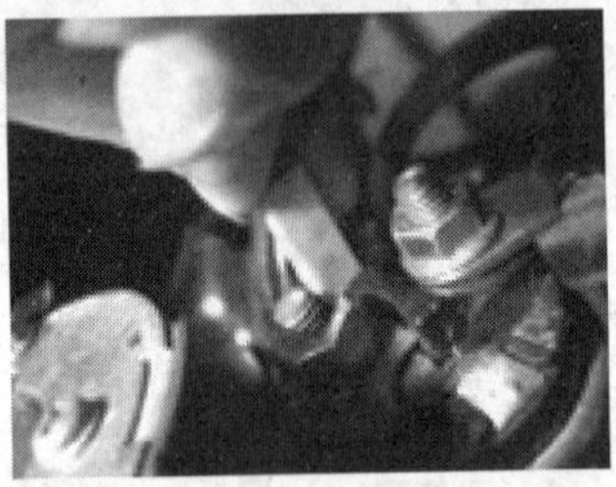
图 2-50</td><td>如图 2-50 所示，取出起动机磁力开关连接线插头。</td></tr>
<tr><td>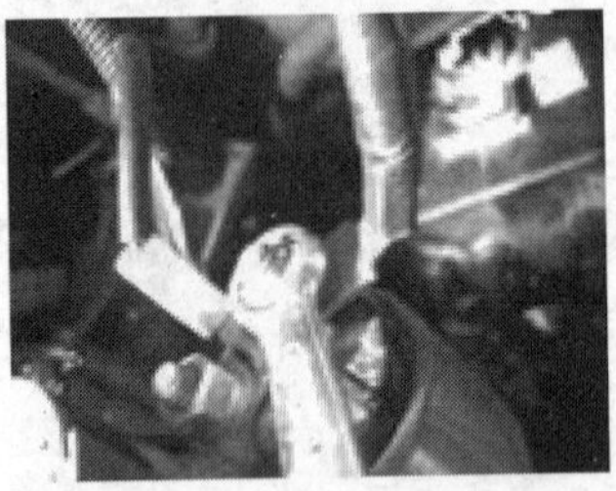
图 2 51</td><td>如图 2-51 所示，松开取出起动机电源连接线紧固螺钉，并取下连接线。</td></tr>
<tr><td>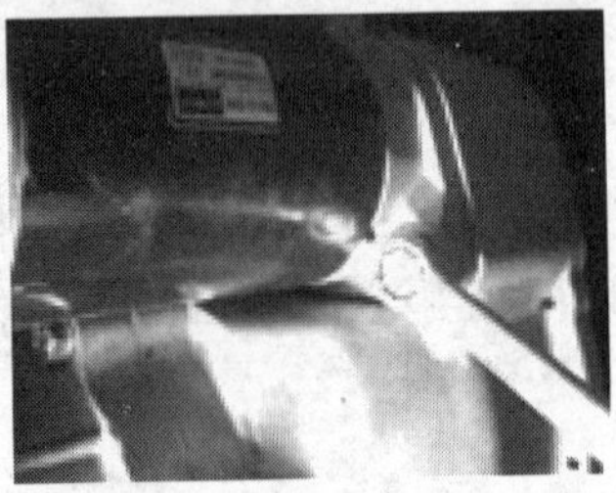
图 2-52</td><td>如图 2-52 所示，松开起动机的两颗固定螺栓，并取下起动机。</td></tr>
<tr><td>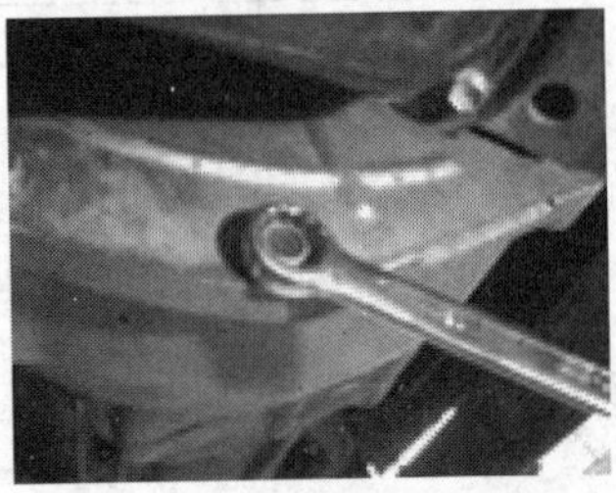
图 2-53</td><td>如图 2-53 所示，松开飞轮护板与变速器壳体固定螺钉。</td></tr>
</table>

图　　解	操作步骤及技术要求
 图 2-54	如图 2-54 所示，在变速器前端松开发动机体与变速器壳两颗紧固螺栓。
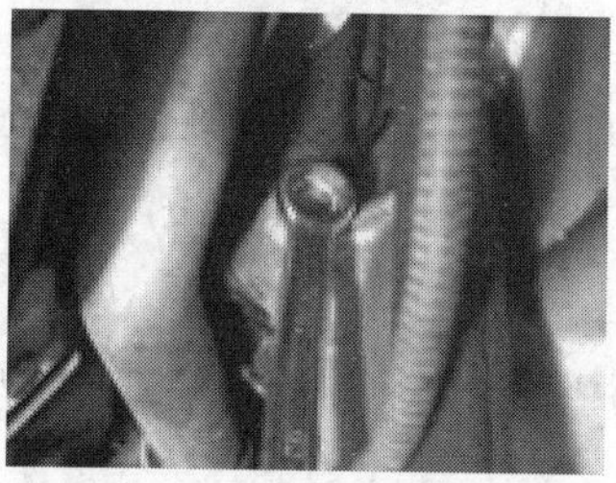 图 2-55	如图 2-55 所示，在变速器后端松开发动机体与变速器壳其他紧固螺栓。
 图 2-56	如图 2-56 所示，拆下变速器后悬挂吊环与车架固定螺栓。
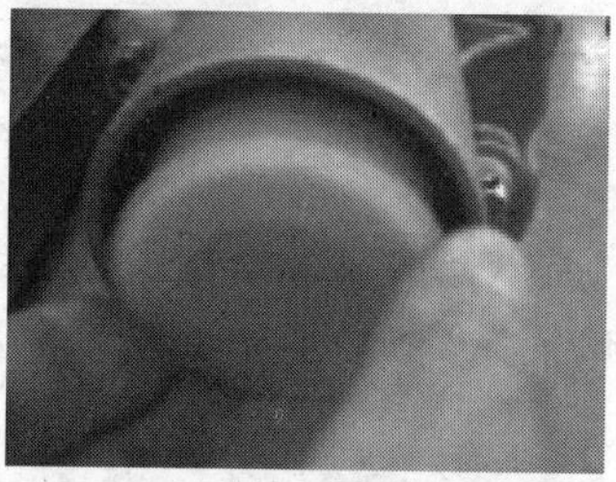 图 2-57	如图 2-57 所示，拔出传动轴，并塞上堵头避免变速器润滑流出。
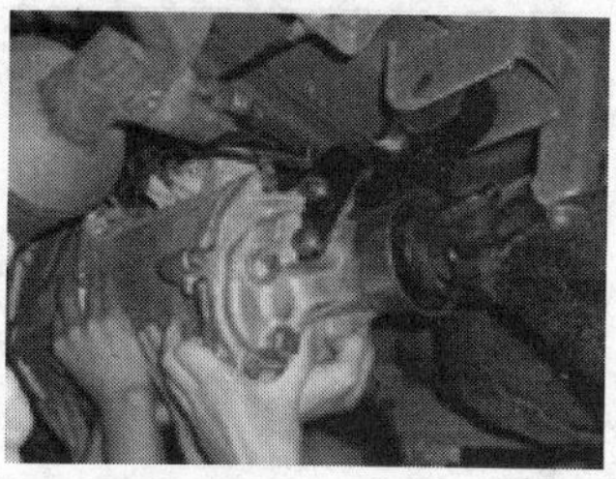 图 2-58	如图 2-58 所示，抬下变速器总成，也可用辅助举升器降下变压器总成。 安装过程与拆卸顺序相反，不再赘述。 5S 工作。 结束。

（2）变速器总成拆装分解与检修

图　解	操作步骤及技术要求
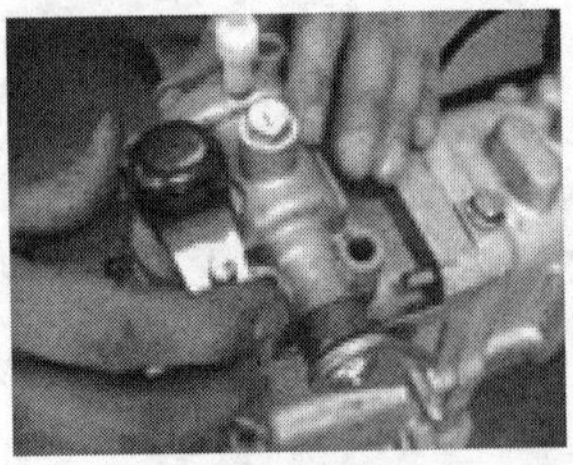 图 2-59	总成为五菱面包车变速器。 如图 2-59 所示，拆卸换挡箱上盖。
1．拆卸变速器箱体	
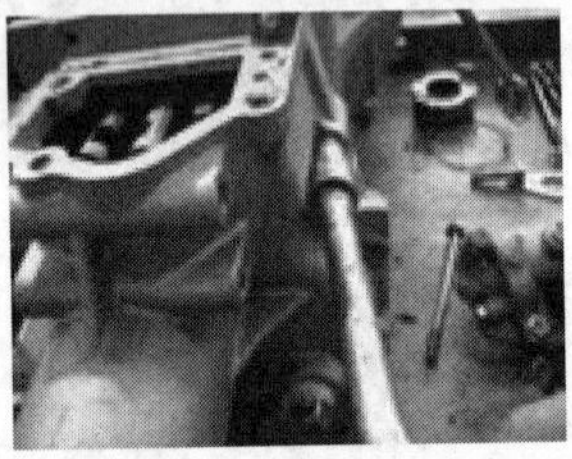 图 2-60	如图 2-60 所示，拆卸变速器延伸箱紧固螺钉。
 图 2-61	如图 2-61 所示，拆下变速器前盖延伸箱。
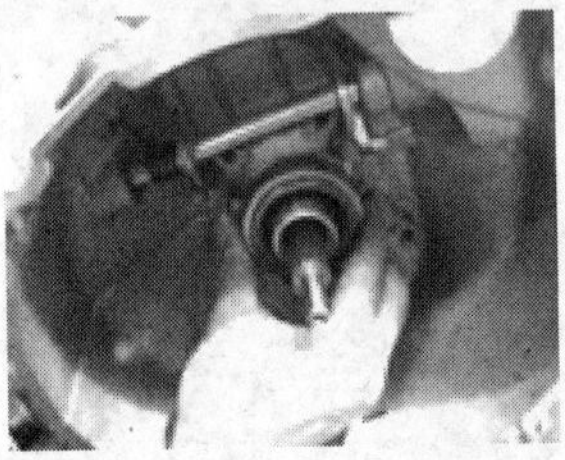 图 2-62	如图 2-62 所示，取下离合器分离轴承。先从保持架上卸下弹簧，再取出离合器分离轴承。
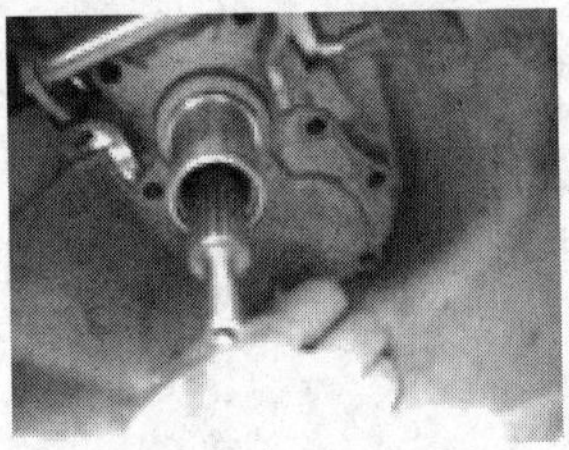 图 2-63	如图 2-63 所示，拆卸变速器前端盖固定螺钉。

图　　解	操作步骤及技术要求
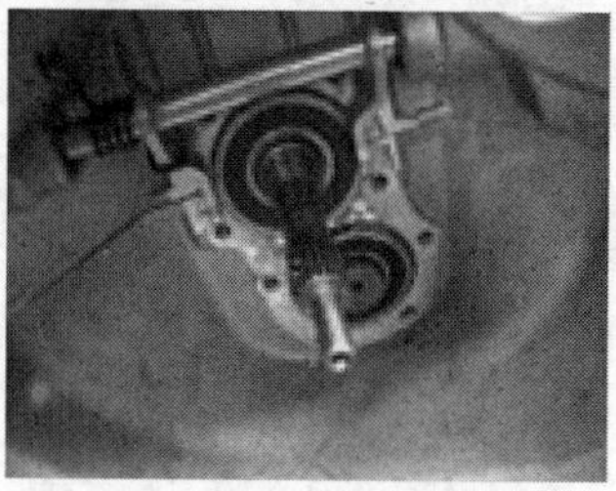 图 2-64	如图 2-64 所示，拆下变速器前端盖。
 图 2-65	如图 2-65 所示，拆卸变速器上盖固定螺钉。
 图 2-66	如图 2-66 所示，取下变速器上盖。
2．一、二轴组件拆卸	
 图 2-67	如图 2-67 所示，取出第一、第二轴组件。
 图 2-68	如图 2-68 所示，取下直接挡四挡齿轮、轴承和同步器锁环组件。

图　　解	操作步骤及技术要求
 图 2-69	如图 2-69 所示，取下三、四挡同步器花键毂开口的弹性卡簧。
 图 2-70	如图 2-70 所示，取下三、四挡同步器接合套及花键毂等组件。
 图 2-71	如图 2-71 所示，取出三挡齿轮及滚针轴承。
 图 2-72	如图 2-72 所示，调转第二轴另一端，拆卸里程表齿轮两弹性卡簧及里程表齿轮。
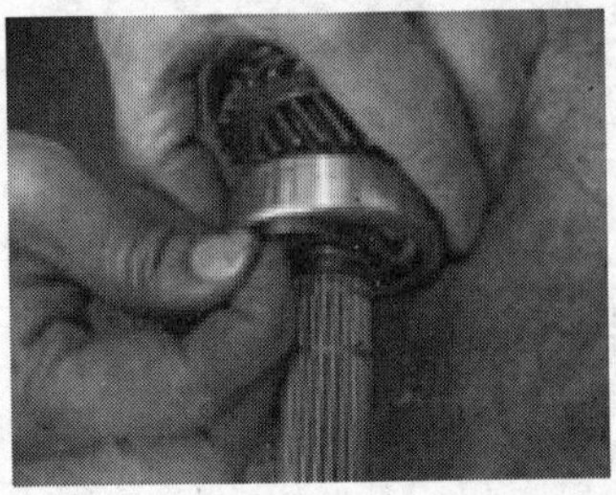 图 2-73	如图 2-73 所示，取出轴承卡簧。

图　解	操作步骤及技术要求
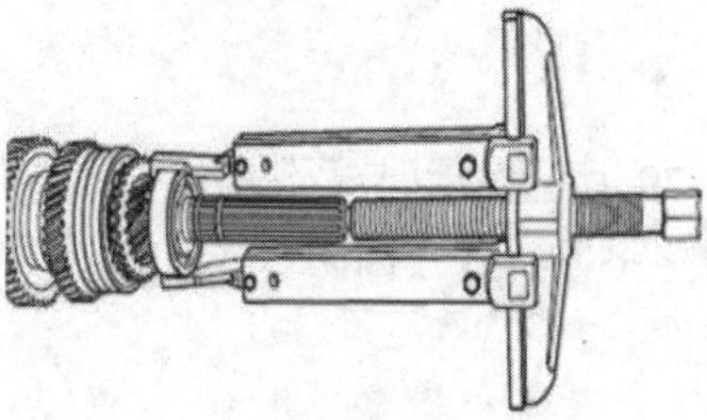 图 2-74	如图 2-74 所示，用拉码器拉出第二轴后轴承。
 图 2-75	如图 2-75 所示，从第二轴上取下第二轴轴后的轴承垫圈和钢球。
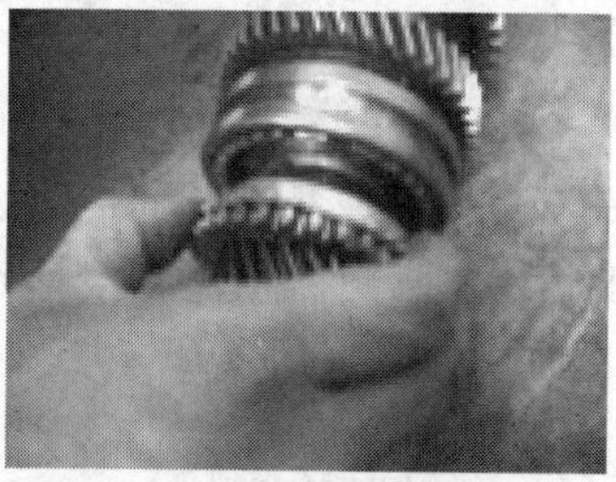 图 2-76	如图 2-76 所示，取下超速挡五挡齿轮及同步器锁环组件。
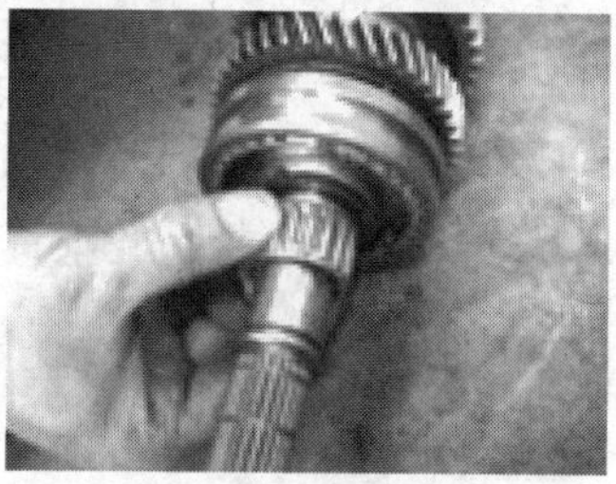 图 2-77	如图 2-77 所示，取下五挡齿轮滚针轴承。
 图 2-78	如图 2-78 所示，取下五挡齿轮滚针轴承轴套。

图　解	操作步骤及技术要求
 图 2-79	如图 2-79 所示，用卡簧钳拆下五档同步器卡簧和调整垫，取出五挡同步器的接合套及花键毂等组件。
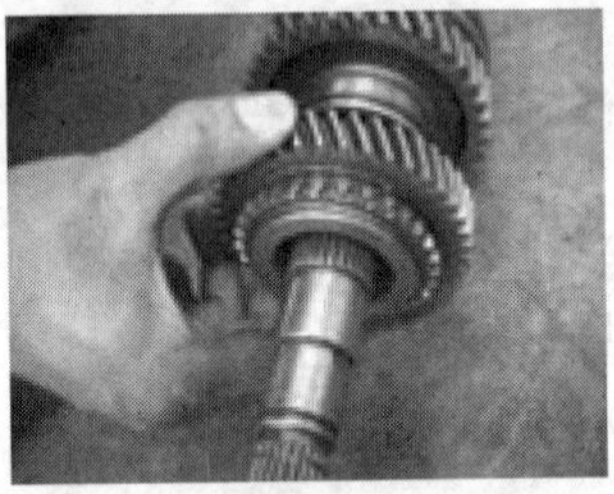 图 2-80	如图 2-80 所示，取出倒挡齿轮。
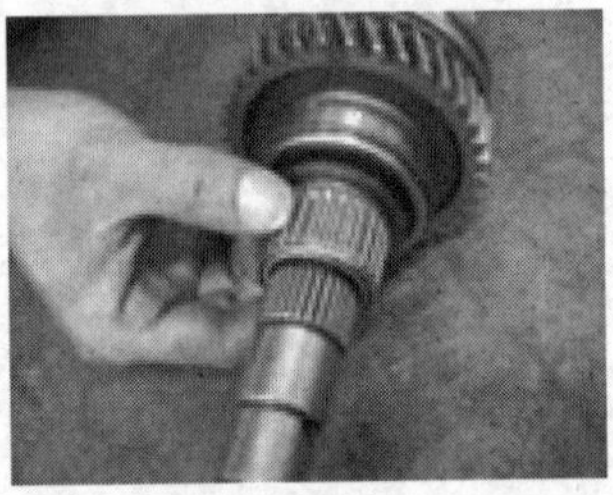 图 2-81	如图 2-81 所示，取出倒挡齿轮滚针轴承。
 图 2-82	如图 2-82 所示，取出倒挡齿轮滚针轴承轴套。
 图 2-83	如图 2-83 所示，取出第二轴前轴承后垫圈，从轴上取出垫圈的定位钢球。

图　　解	操作步骤及技术要求
 图 2-84	如图 2-84 所示，取出第二轴前轴承（若太紧，先用拉码器拉出）。
 图 2-85	如图 2-85 所示，取出第二轴前轴承前垫圈，从轴上取出垫圈的定位钢球。
 图 2-86	如图 2-86 所示，取出一挡齿轮、滚针轴承及轴套。
 图 2-87	如图 2-87 所示，取出一、二挡同步器。
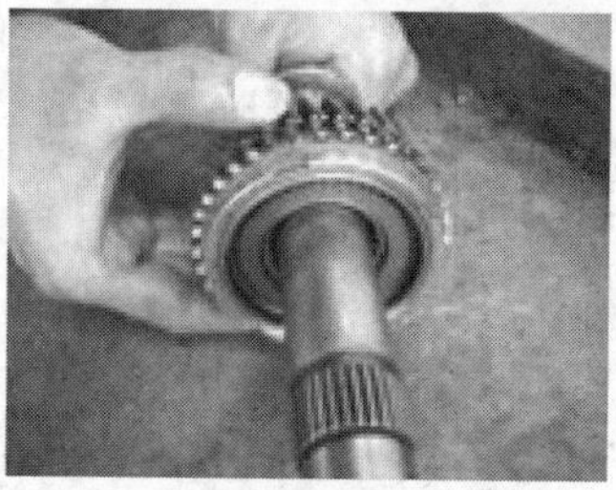 图 2-88	如图 2-88 所示，取出二挡齿轮及同步器锁环。

图　解	操作步骤及技术要求
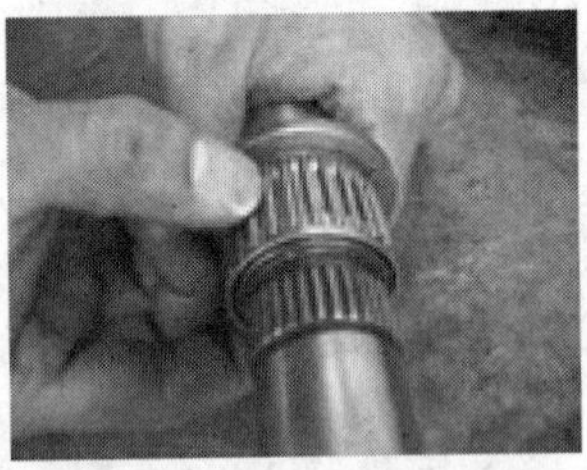 图 2-89	如图 2-89 所示，取出二挡滚针轴承。
3．同步器拆卸	
 图 2-90	如图 2-90 所示，用螺钉旋具撬起同步器花键毂里滑块的张紧弹簧。
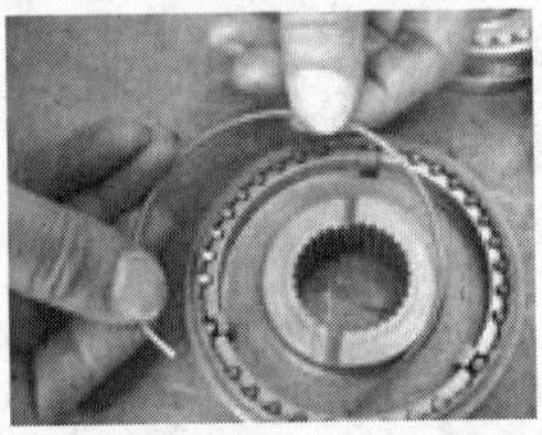 图 2-91	如图 2-91 所示，取出张紧弹簧。把同步器花键毂与接合套翻到另一面，用同样的方法拆出同步器滑块的张紧弹簧。
 图 2-92	如图 2-92 所示，提起接合套并往下压花键毂，使两者分离。
 图 2-93	如图 2-93 所示，取下滑块。 同样的方法拆卸另外两个同步器。

图　　解	操作步骤及技术要求
4．检查	
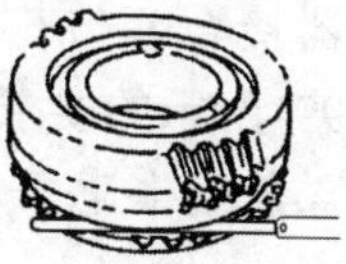 图 2-94	如图 2-94 所示，将同步器锁环贴合在配对的齿轮锥面上，检查齿轮结合齿和锁环端面的间隙。如果间隙小于 0.5mm，则必须更换零件；如果间隙过大，则应调整到合适的间隙 0.8～1.2mm。
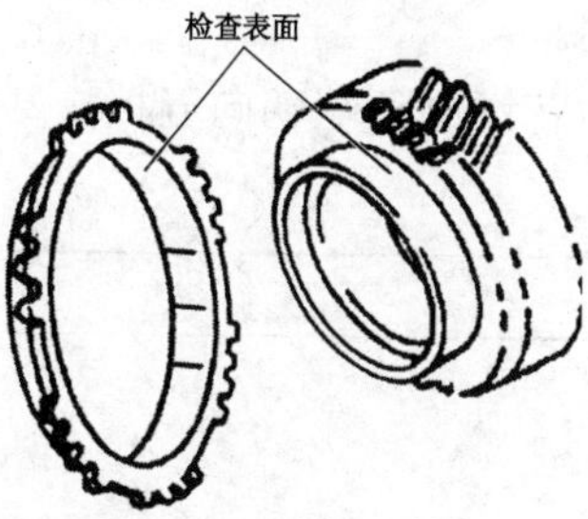 图 2-95	如图 2-95 所示，检查齿轮外锥面和齿环内锥面的磨损情况。若有异常磨损则必须更换零件。 另外还应检查第二轴花键有无严重磨损和损坏，若有，则必须更换输出轴。
5．同步器装配	
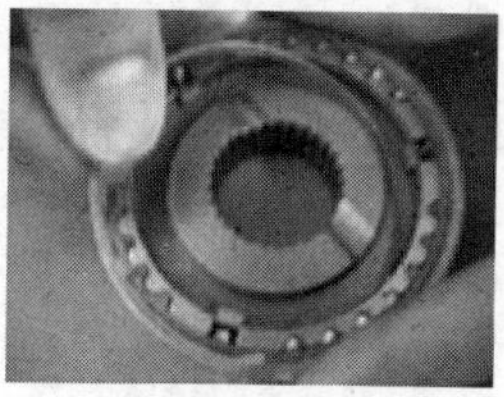 图 2-96	如图 2-96 所示，花键毂与接合套组合好后平放在平台上，从花键毂的三个滑块槽口插入滑块，使张紧弹簧一端伸进花键毂上对应的孔内，其凸包应紧贴同步器滑块的凹槽，使滑块压向接合套。
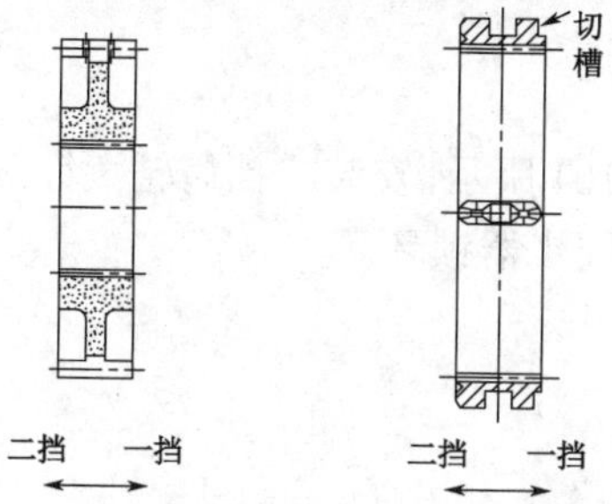 图 2-97	一、二挡同步器接合套与花键毂的装配方向应严格按图 2-97 所示的要求进行，接合套的切槽要朝向一挡齿轮。
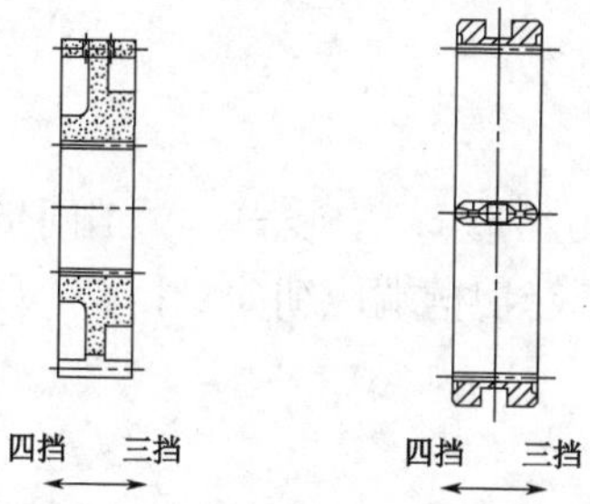 图 2-98	三、四挡同步器接合套与花键毂的装配方向应严格按图 2-98 所示的要求进行。注意花键毂两边的不同结构，朝向要正确，宽毂一端朝三挡。

图　解	操作步骤及技术要求
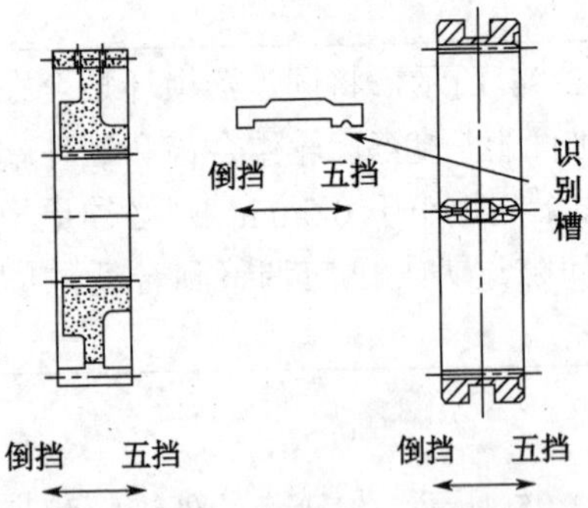 图 2-99	五挡倒挡同步器接合套与花键毂的装配方向应严格按图 2-99 所示的要求进行。注意花键毂两边的不同结构，长毂一边朝五挡齿轮。 特别注意五挡同步器滑块有识别槽的一端要朝向五挡。 接合套内花键倒角端朝向五挡。
6．第一、二轴组合件装配	
 图 2-100	如图 2-100 所示，把主轴（第二轴）竖起，便于安装其他组件。
 图 2-101	如图 2-101 所示，安装二挡齿轮滚针轴承、二挡齿轮及同步器锁环。
 图 2-102	如图 2-102 所示，安装一、二挡同步器。注意接合套切槽端应朝向一挡。

图　解	操作步骤及技术要求
 图 2-103	如图 2-103 所示，安装一挡轴套、滚针轴承及齿轮。
 图 2-104	如图 2-104 所示，安装主轴前轴承垫圈定位钢球及垫圈。垫圈锥面朝向轴承。
 图 2-105	如图 2-105 所示，安装主轴前轴承、后垫圈及定位钢球。 注意轴承锥面应朝向轴承。
 图 2-106	如图 2-106 所示，安装倒挡齿轮轴套、滚针轴承及倒挡齿轮。
 图 2-107	如图 2-107 所示，安装五挡同步器、调整垫片及卡簧。 注意同步器花键毂的朝向，长毂一端朝向五挡。

<table>
<tr><th>图　解</th><th>操作步骤及技术要求</th></tr>
<tr><td>
图 2-108</td><td>如图 2-108 所示，安装五挡齿轮轴套、滚针轴承及五挡齿轮。</td></tr>
<tr><td>
图 2-109</td><td>如图 5-109 所示，安装主轴后轴承垫圈及定位钢球。</td></tr>
<tr><td>
图 2-110</td><td>如图 2-110 所示，安装主轴后轴承。</td></tr>
<tr><td>
图 2-111</td><td>如图 2-111 所示安装主轴后轴承卡簧。</td></tr>
<tr><td>
图 2-112</td><td>如图 2-112 所示，分别安装里程表齿轮前卡簧、齿轮及后卡簧。</td></tr>
</table>

图　解	操作步骤及技术要求
 图 2-113	如图 2-113 所示，把主轴及安装好的组件平放，在主轴前端安装三挡齿轮滚针轴承、齿轮及同步器锁环。
 图 2-114	如图 2-114 所示，安装三、四挡同步器及卡簧。 注意同步器花键毂的朝向，宽毂一端朝三挡。
 图 2-115	如图 2-115 所示，安装四挡齿轮滚针轴承。
 图 2-116	如图 2-116 所示，安装四挡齿轮及同步器锁环等组件。
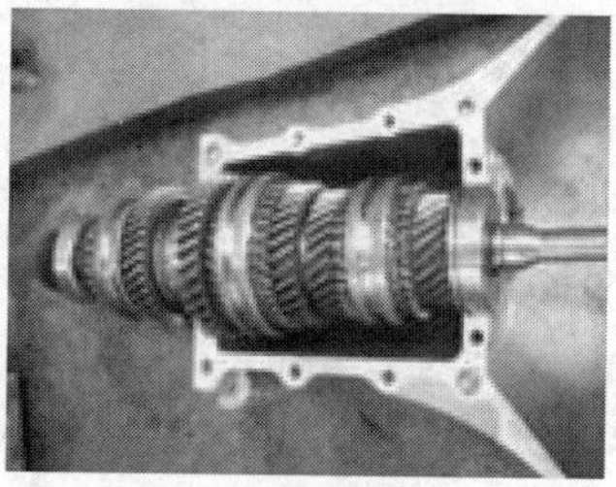 图 2-117	如图 2-117 所示，把第一、二轴组件装入变速器下箱内。

图　解	操作步骤及技术要求
 图 2-118	如图 2-118 所示，给变速器各齿轮、接合套拨叉槽及轴承涂适量润滑油。 各箱盖的安装与拆卸顺序相反，不再赘述。 5S 工作。 结束。

（3）变速器操纵机构的拆装

图　解	操作步骤及技术要求
 图 2-119	如图 2-119 所示，松开变速器盖固定螺钉并取出变速器盖。
 图 2-120	如图 2-120 所示，松开操纵杆支承座盖螺钉，并取出座盖。
 图 2-121	如图 2-121 所示，取下锥形弹簧。

图　解	操作步骤及技术要求
 图 2-122	如图 2-122 所示，取出变速器操纵杆。
 图 2-123	如图 2-123 所示，把变速器盖反过来，取下拨叉固定螺钉上的防松铁丝。
 图 2-124	如图 2-124 所示，松开拨叉固定螺钉，冲出拨叉轴。
 图 2-125	如图 2-125 所示，取出四、五挡拨叉和拨叉轴。

图　解	操作步骤及技术要求
 图 2-126	如图 2-126 所示，用细铁丝勾出自锁弹簧及定位钢球。
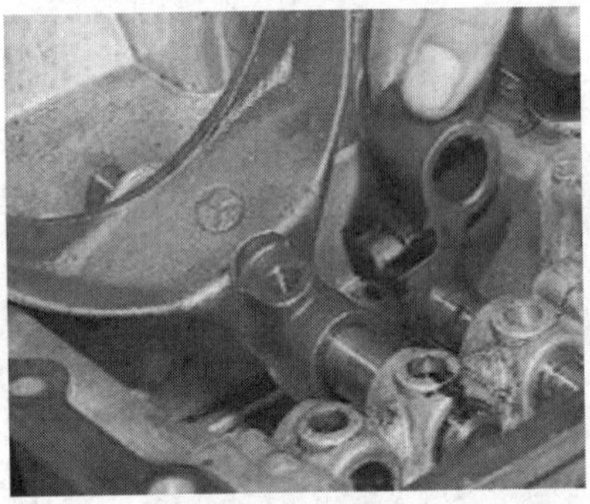 图 2-127	用同样的方法取出一、倒挡拨叉和拨叉轴，并取出倒挡锁，如图 2-127 所示。
 图 2-128	如图 2-128 所示，拆卸检查倒挡锁销。 用同样的方法拆下二、三挡的拨叉和拨叉轴。
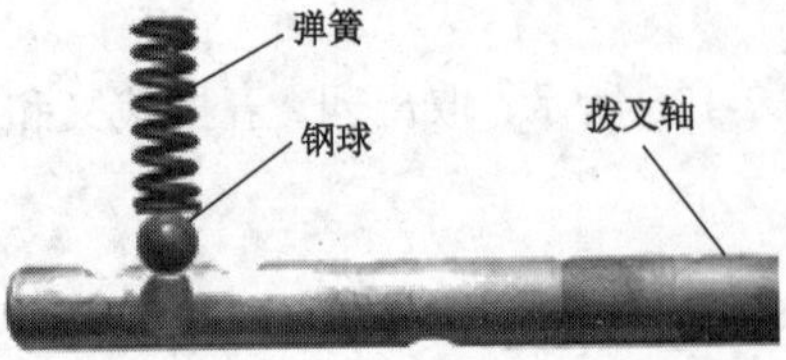 图 2-129	如图 2-129 所示，检查自锁装置的弹簧及钢球应处于完好状态。

图　解	操作步骤及技术要求
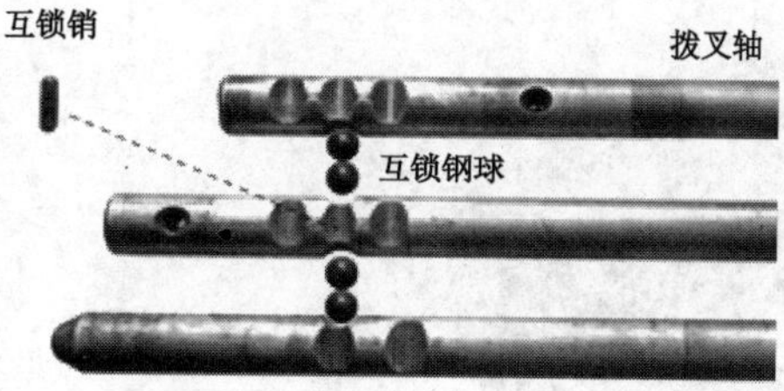 图 2-130	如图 2-130 所示，检查互锁装置的钢球及锁销应处于完好状态。 装配过程与拆装步骤相反，不再赘述。 5S 工作。 结束。

知识链接

手动变速器

一、变速器概述

1. 变速器作用

（1）实现变速、变矩。

（2）实现倒车。

（3）实现中断动力传动。

2. 变速器的分类

（1）变速器按传动比变化方式不同，可分为有级式变速器、无级式变速器和综合式变速器（自动变速器）。

① 有级式变速器

有级式变速器采用齿轮传动。通常有 3～5 个前进挡和 1 个倒挡。所谓变速器挡数即指其前进挡个数。

② 无级式变速器

无级式变速器简称 CVT，它的传动比的变化是连续的。CVT 具有操作简单、油耗小、动力损失小、加速快等优点，在中、高级轿车上应用得越来越多，如图 2-131 所示。

③ 综合式变速器（自动变速器）

综合式变速器（自动变速器）是指由液力变矩器和行星齿轮式有级变速器组成的液力机械式变速器，一般都由电脑来实现自动换挡，目前应用较为广泛。如图 2-132 所示。

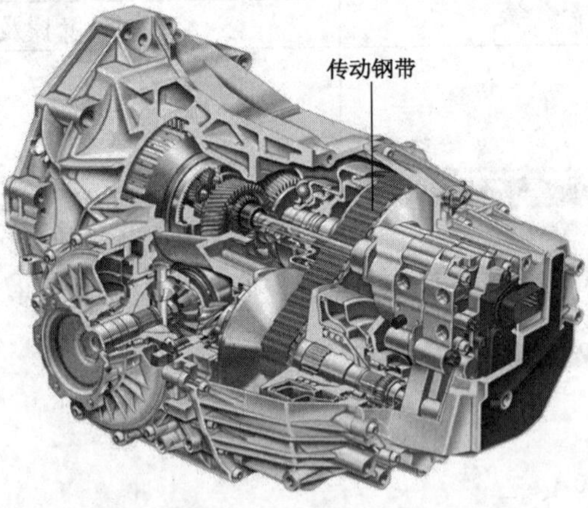

图 2-131　无级变速器

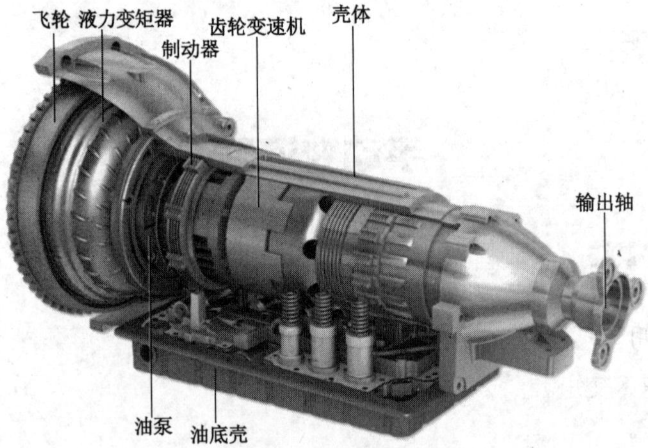

图 2-132　自动变速器

（2）变速器按按操纵方式不同，可分为有手动变速器、自动变速器和手动自动一体变速器。

① 手动变速器

手动变速器简称 MT，通过驾驶员用手直接操纵换挡机构进行挡位变换。齿轮式有级变速器大多都采用这种操纵方式。手动变速器按照工作轴（不包括倒挡轴）的数目不同可分为两轴式（图 2-133）和三轴式（图 2-134）。

图 2-133　手动两轴式变速器

图 2-134　手动三轴式变速器

② 自动变速器

自动变速器简称 AT，它的传动比选择和换挡是自动进行的。驾驶员只需操纵加速踏板就可以控制车速。自动变速器按变速机构的不同可分为平行轴式（图 2-135）和行星齿轮式（图 2-136）。

图 2-135　平衡轴式自动变速器

图 2-136　行星齿轮式自动变速器

③ 手自一体变速器

手自一体变速器在高档轿车上采用较多。它的挡位设计与自动挡相仿，只需将前进挡 D 挡往旁边一拨，就可以通过前推后拉，实现挡位的自动切换，驾驶者可以享受到把握换挡时机的操控感。如图 2-137 所示。

图 2-137　手自一体变速器

3. 普通齿轮传动的基本原理

普通齿轮变速器是利用不同齿数的齿轮啮合传动来实现转矩和转速的改变。

（1）变向原理（图 2-138）

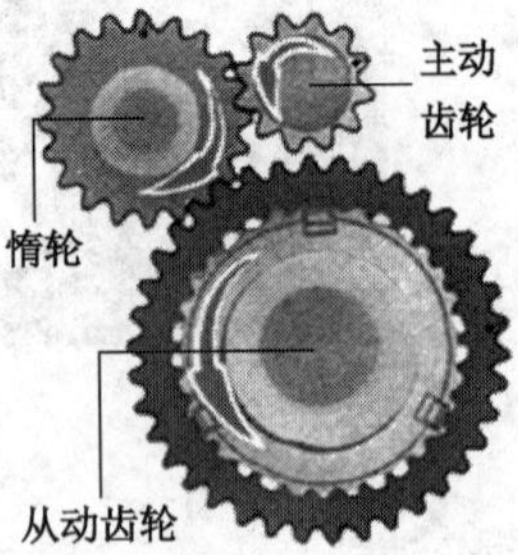

图 2-138　变向原理

相啮合的一对齿轮旋向相反，每经一传动副，其轴方向改变一次；如再加一个倒挡轴，变成三对传动副传递动力，则输入轴与输出轴的转向相反。

（2）变速变矩原理（图 2-139）

图 2-139　变速变矩原理

规律：大齿轮带动小齿轮，增速降扭传动；

小齿轮带动大齿轮，降速增扭传动。

（3）传动比（i）

$$传动比=\frac{主动齿轮转速}{从动齿轮转速}=\frac{从动齿轮齿数}{主动齿轮齿数}$$

$$i=\frac{n_{主}}{n_{从}}=\frac{z_{从}}{z_{主}}$$

n——齿轮的转速；z——齿轮的齿数。

$i>1$，减速挡，且 i 越大，挡位越低。

$i=1$，直接挡，传动效率最高。

$i<1$，超速挡。

二、手动变速器的结构与原理

1. 手动变速器的结构

手动变速器由变速传动机构和操纵机构两大部分组成。

（1）变速传动机构

变速传动机构是变速器的主体部分，主要由一系列相互啮合的齿轮副及其支承轴以及作为基础的壳体组成，其主要作用是改变传动比和旋转方向。

（2）变速操纵机构

它的作用是实现换挡。

2. 动力传递路线（以五菱手动三轴式变速器为例）（图 2-140）。

（1）一挡（图 2-141）

一挡：离合器传递的动力经输入轴（第一轴）→第一轴常啮合齿轮（A）→中间轴常啮合齿轮（B）→中间轴→中间轴一挡齿轮（E）→输出轴一挡齿轮（J）→输出轴一挡齿轮齿圈→一、二挡同步器接合套→一、二挡同步器花键毂→输出轴（第二轴）。

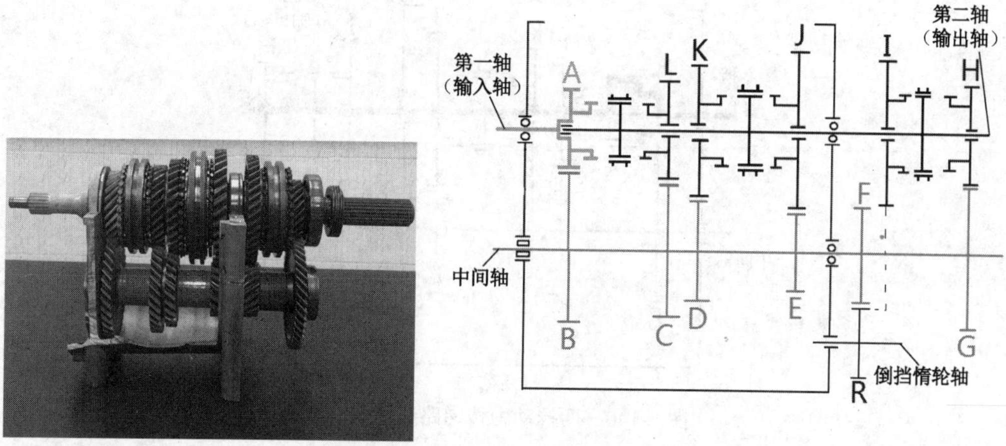

图 2-140 五菱手动三轴式变速器传动机构实物图与简图

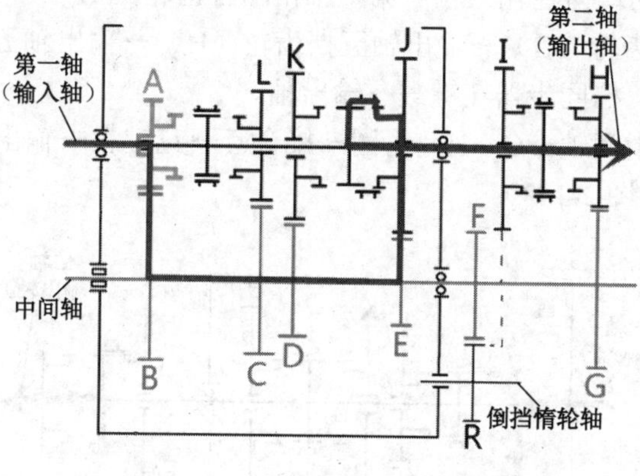

图 2-141 一挡动力传递路线示意图

（输入轴→A→B→中间轴→E→J→齿圈→接合套→花键毂→输出轴）。

（2）二挡

二挡：离合器传递的动力经输入轴→第一轴常啮合齿轮（A）→中间轴常啮合齿轮（B）→中间轴→中间轴二挡齿轮（D）→输出轴二挡齿轮（K）→输出轴二挡齿轮齿圈→一、二挡同步器接合套→一、二挡同步器花键毂→输出轴。

（输入轴→A→B→中间轴→D→K→齿圈→接合套→花键毂→输出轴）。

（3）三挡

3 挡：离合器传递的动力经输入轴→第一轴常啮合齿轮（A）→中间轴常啮合齿轮（B）→中间轴→中间轴三挡齿轮（C）→输出轴三挡齿轮（L）→输出轴三挡齿轮齿圈→三、四挡同步器接合套→三、四挡同步器花键毂→输出轴。

（输入轴→A→B→中间轴→C→L→齿圈→接合套→花键毂→输出轴）。

（4）四挡（直接挡）（图 2-142）

四挡：离合器传递的动力经输入轴→第一轴常啮合齿轮（A）→第一轴四挡齿轮齿圈→三、四挡同步器接合套→三、四挡同步器花键毂→输出轴。

（输入轴→A→齿圈→接合套→花键毂→输出轴）。

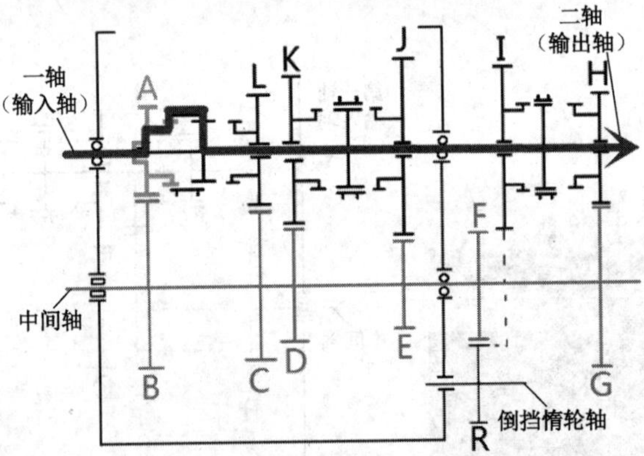

图 2-140　四挡动力传递路线示意图

（5）五挡（超速挡）

五挡：离合器传递的动力经输入轴→第一轴常啮合齿轮（A）→中间轴常啮合齿轮（B）→中间轴→中间轴五挡齿轮（G）→输出轴五挡齿轮（H）→输出轴五挡齿轮齿圈→五、R 挡同步器接合套→五、R 挡同步器花键毂→输出轴。

（输入轴→A→B→中间轴→G→H→齿圈→接合套→花键毂→输出轴）。

（6）倒挡（R 挡）（图 2-143）

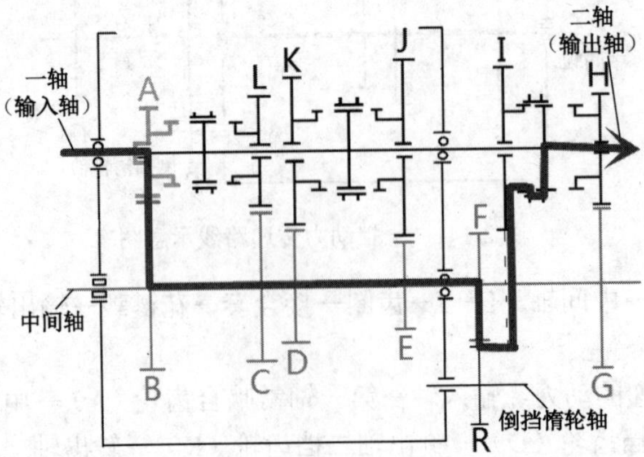

图 2-143　倒（R）挡动力传递路线示意图

倒（R）挡：离合器传递的动力经输入轴→第一轴常啮合齿轮（A）→中间轴常啮合齿轮（B）→中间轴→中间轴倒挡齿轮（F）→倒挡惰轮（R）→输出轴倒挡齿轮（I）→输出轴倒挡齿轮齿圈→五、R 挡同步器接合套→五、R 挡同步器花键毂→输出轴。

（输入轴→A→B→中间轴→F→R→I→齿圈→接合套→花键毂→输出轴）。

三、同步器

1. 同步器的功用

使接合套与待啮合的齿圈迅速同步，缩短换挡时间，且防止在同步前啮合而产生换挡冲击。

2. 同步器的分类

按工作原理分：常压式、惯性式和自行增力式，目前广泛应用的是惯性式同步器。

惯性式同步器按锁止装置不同，可分为锁环式惯性同步器（图 2-144）和锁销式惯性同步器（图 2-145）。轿车和轻、中型货车广泛采用锁环式惯性同步器。

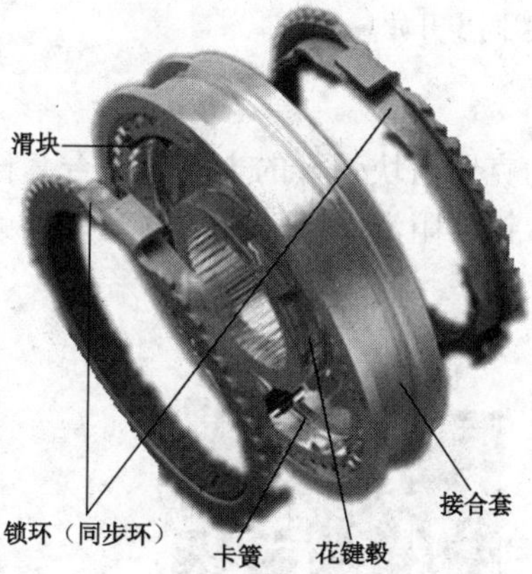

图 2-144　锁环式同步器

图 2-145　锁销式同步器

锁环式同步器主要由同步器齿毂（花键毂）、接合套、滑块、同步环（锁环）等零件组成。（图 2-146）。

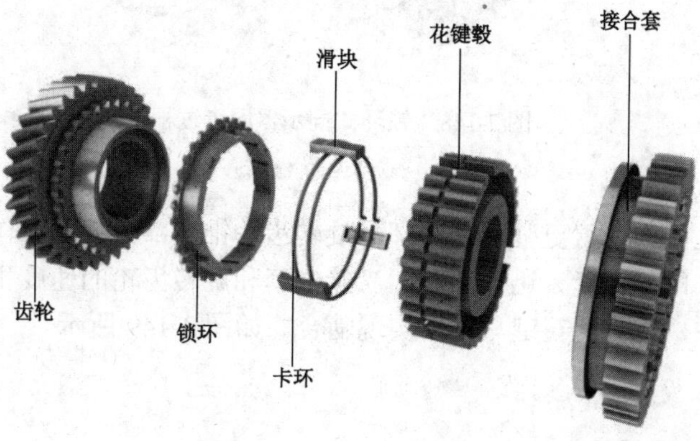

图 2-146　锁环式同步器组成

3. 锁环式同步器工作原理

（1）同步开始

空挡时，每个旋转齿轮与相应的从动齿轮啮合并在轴上空转。移动换挡杆时，装在接合套凹槽内的换挡叉按箭头所示的方向移动。由于滑块中央突起部嵌入接合套凹槽内，滑块也同时移动（箭头方向）并将锁环推到旋转齿轮锥体部分从而导致同步开始，如图 2-147 所示。

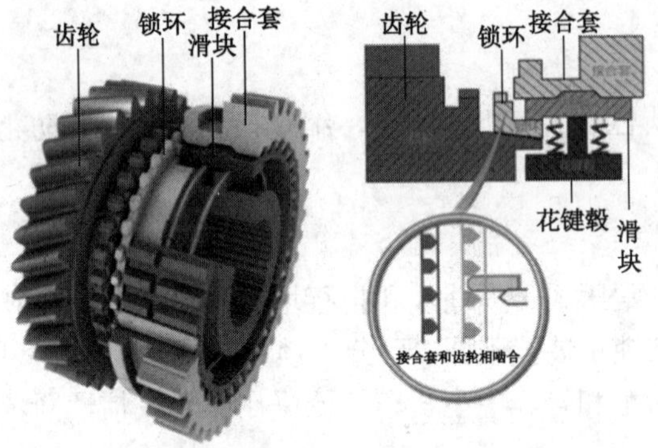

图 2-147　锁环式同步器同步开始

（2）同步过程中

当换挡杆进一步移动时，施加到接合套上的力克服滑块弹簧的力，使接合套移动。锁环在旋转齿轮的带动下，沿转动方向作稍许转动。锁环阻滞了接合套的移动，避免在未同步前进入啮合而发生齿轮撞击，如图 2-148 所示。

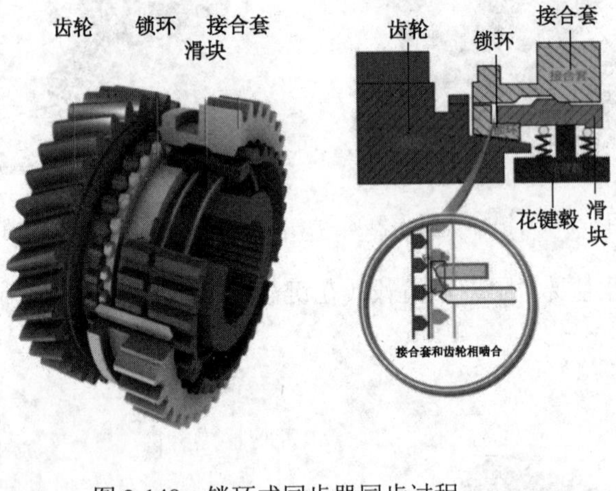

图 2-148　锁环式同步器同步过程

（3）同步结束

施加到锁环上的力变得更强，在锁环和旋转齿轮锥形部分的摩擦作用下，使得旋转齿轮的速度与锁环（即接合套）迅速同步。当接合套和旋转齿轮的速度相等时，锁环开始逆旋转方向转动稍许，接合套花键与锁环实现啮合。如图 2-149 所示。

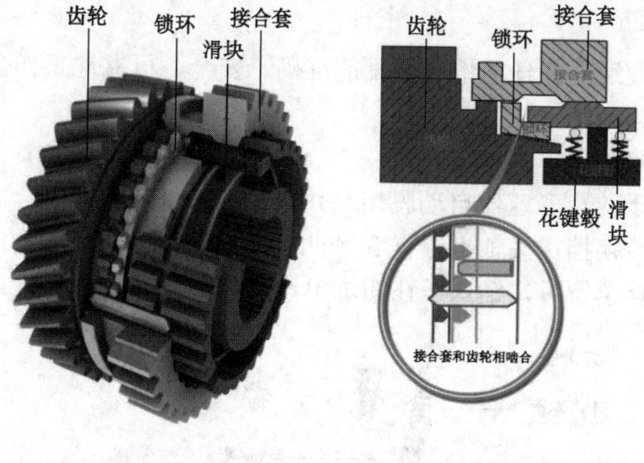

图 2-149　锁环式同步器同步结束

四、变速器操纵机构

变速器操纵机构的作用是保证驾驶员根据使用条件，准确可靠地将变速器换入所需要的挡位。

变速器操纵机构按照变速操纵杆（变速杆）位置的不同，可分为直接操纵式和远距离操纵式两种类型。

1. 直接操纵式

变速器的位置在驾驶员附近，变速杆由驾驶室底板伸出，驾驶员可直接操纵。这种操纵机构具有换挡位置容易确定、换挡快、换挡平稳等特点，主要应用于发动机前置后轮驱动的汽车。如图 3-150 所示。

直接操纵式机构一般由变速杆、拨块、拨叉、拨叉轴及安全装置等组成。

2. 远距离操纵式

在有些汽车上，由于变速器离驾驶员座位较远，则需要在变速杆与拨叉之间加装一些辅助杠杆或一套传动机构，构成远距离操纵机构。这种操纵机构多用于发动机后置后轮驱动的汽车。如图 3-151 所示。

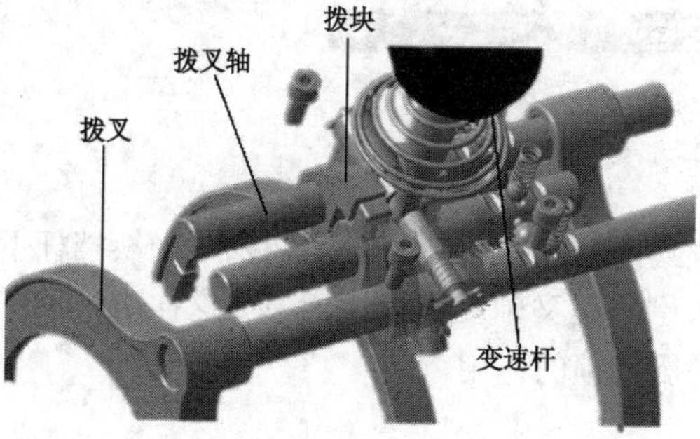

图 2-150　变速器直接操纵式机构

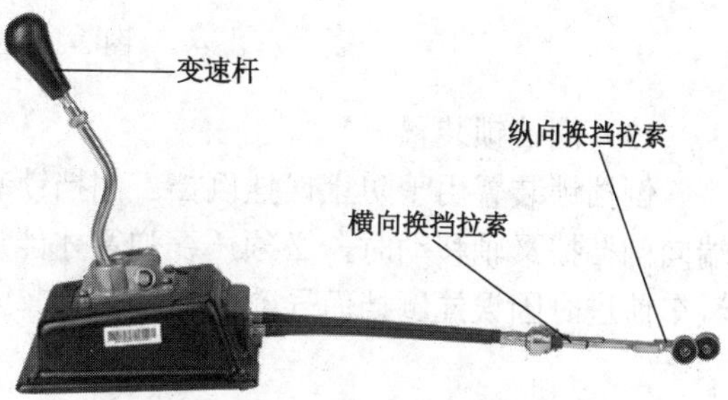

图 2-151　变速器间接操纵式机构

3. 换挡锁装置

作用：保证变速器在任何情况下都能准确、安全、可靠地工作。包括自锁装置、互锁装置和倒挡锁装置。

（1）自锁装置

自锁装置用于防止变速器自动脱挡，并保证轮齿以全齿宽啮合。自锁装置的结构原理如图 2-152 所示，换挡拨叉轴上方有 3 个凹坑，上面有被弹簧压紧的钢珠，当拨叉轴位置处于空挡或某一挡位置时，钢珠压在凹坑中，起到了自锁作用。

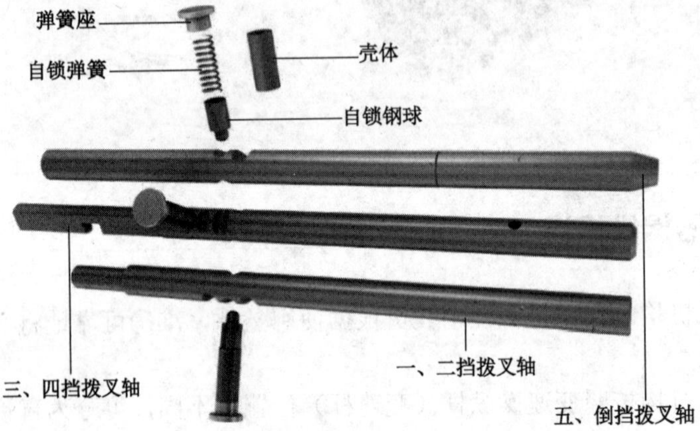

图 2-152　自锁装置

（2）互锁装置

用于防止同时挂上两个挡位。互锁装置的结构原理如图 2-23 所示，当中间拨叉轴移动挂挡时，另外两个拨叉轴被钢球锁住，防止同时挂上两个挡而使变速器齿轮卡死或损坏，起到了互锁作用。如图 3-153 所示。

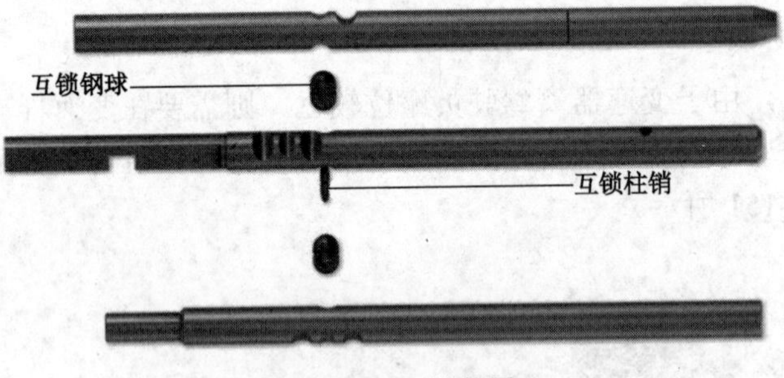

图 2-153　互锁装置

（3）倒挡锁装置

倒挡锁装置用于防止误挂倒挡。倒挡锁装置的结构原理如图 3-154 所示，当换挡杆下端向倒挡拨叉轴移动时，必须压缩弹簧才能进入倒挡拨叉轴上的拨块槽中。这样防止了在汽车前进时因误挂倒挡而导致零件损坏，起到了倒挡锁的作用。

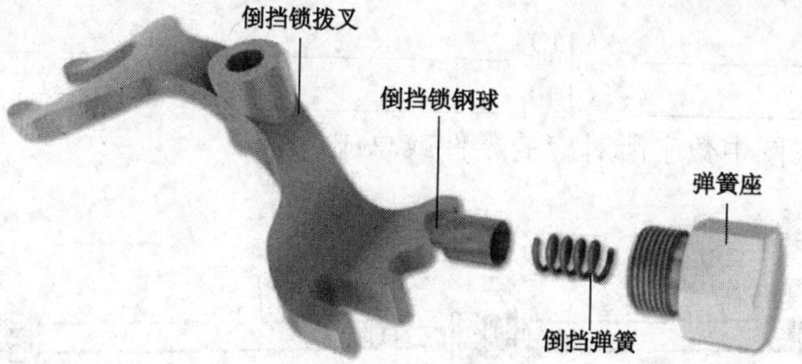

图 2-154　倒挡锁装置

任务 4　万向传动装置的拆装与检修技术

任务要求

1．学生通过知识链接的学习，知道万向传动装置作用与构造。
2．学生通过知识链接的学习，了解其他万向节的结构类型。
3．学生通过知识链接的学习，知道各种万向节的工作原理。
4．学生能在车上拆装万向传动装置。

任务引导

相关知识点学习：要求学生实训课前参考有关资料独立完成。
相关知识点：要求学生实训课前独立完成以下内容。
1．万向节的类型有________________________________。
2．万向传动装置的组成有________________________________。
3．等速的万向节有________________________________。
4．写出下图数字所对应的零件或总成名称。

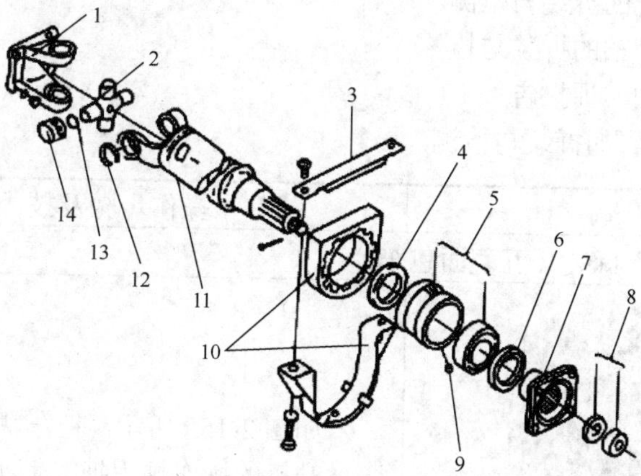

（1）________________；（2）________________；（3）________________；
（4）________________；（5）________________；（6）________________；
（7）________________；（8）________________；（9）________________；

（10）________；（11）________；（12）________；
（13）________；（14）________。

5．正确写出下图中数字所对应的零件或总成名称。

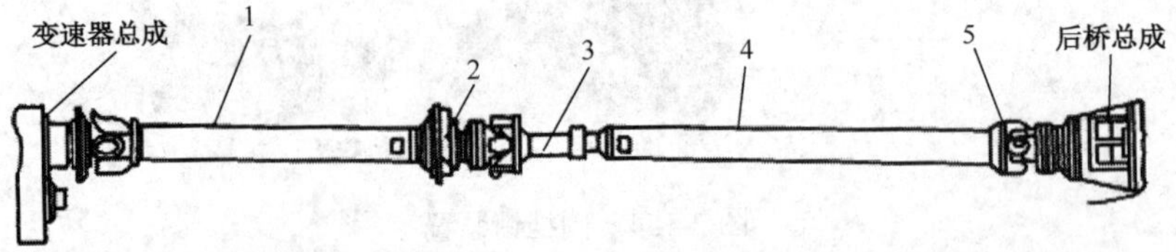

（1）________；（2）________；（3）________；
（4）________；（5）________。

6．正确写出下图中十字轴万向节中数字所对应的零件名称。

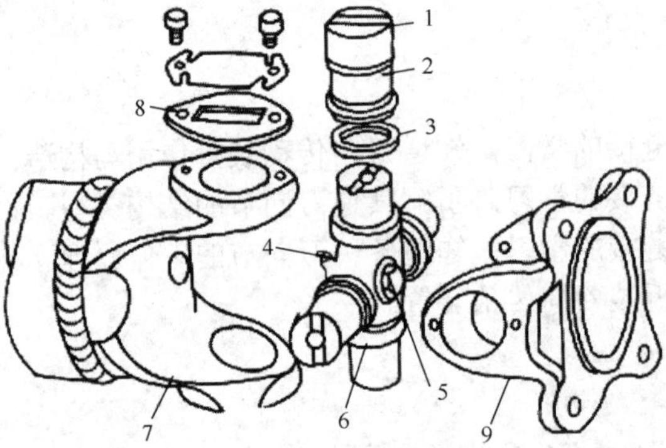

（1）________；（2）________；（3）________；
（4）________；（5）________；（6）________；
（7）________；（8）________；（9）________。

任务实施

1．万向传动装置的拆装与检测。
2．前桥驱动传动轴的拆装与检修。
3．完成本任务的实训报告。
（1）万向传动装置的拆装与检测

图　解	操作步骤及技术要求
1．传动轴从车上拆装（五菱面包车）	
 图 2-155	如图 2-155 所示，把车辆开入举升工位，按照举升机的操作规程把车辆举升到合适的高度。

图　解	操作步骤及技术要求
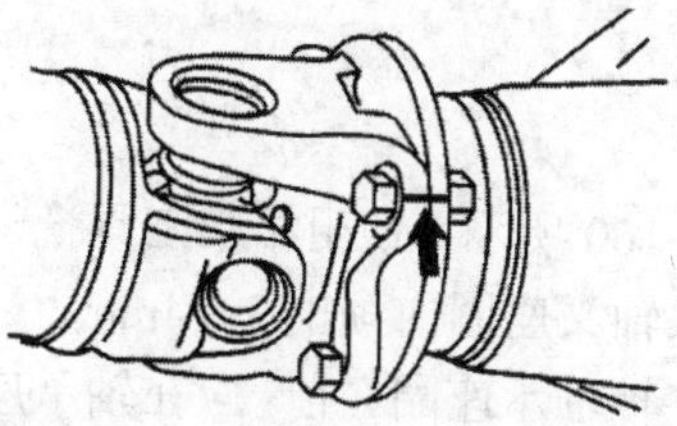 图 2-156	在凸缘节叉上与后桥减速器凸缘上刻接配记号，如图 2-156 所示。
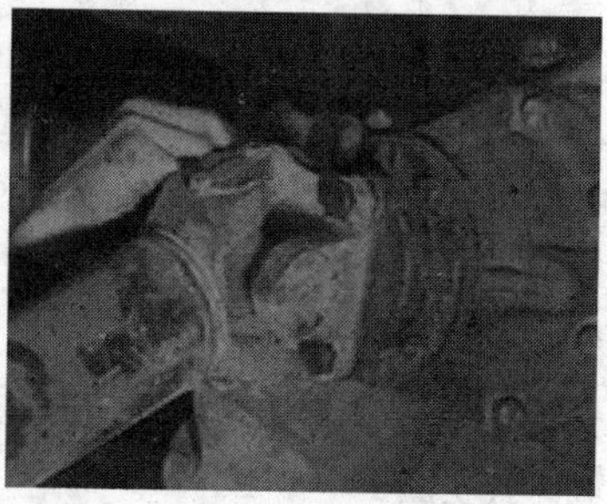 图 2-157	适当支撑传动轴，拆卸凸缘叉连接螺栓，如图 2-157 所示。
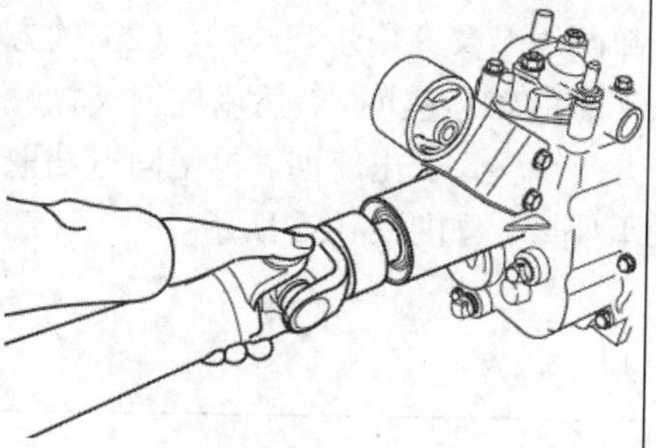 图 2-158	如图 2-158 所示，将传动轴滑动叉从变速器输出轴连接花键中抽出，取下传动轴总成。 安装过程与拆卸相反，对齐原刻好的记号，以避免破坏传动轴的动平衡。
2．十字轴万向节拆卸	
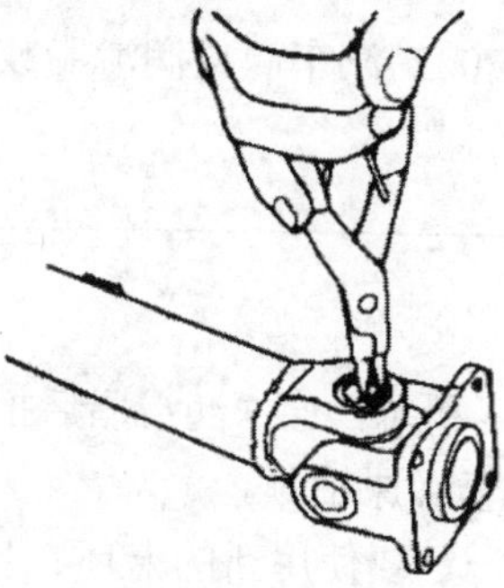 图 2-159	（1）如图 2-159 所示，使用卡簧钳，拆下弹性挡圈。

图解	操作步骤及技术要求
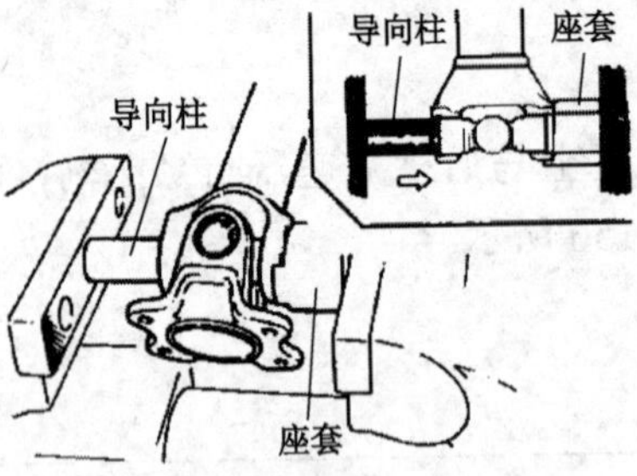 图 2-160	（2）如图 2-160 所示，使用相应工具把十字轴的轴承座圈从轴叉座圈内顶出 3～4mm。 在顶出十字轴轴承座圈之前，应在轴承座圈和轴叉座圈之间涂抹渗透性润滑剂。
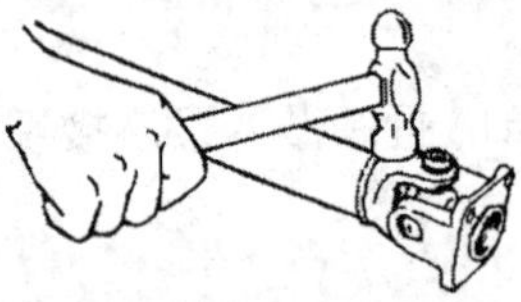 图 2-161	（3）如图 2-161 所示，用榔头敲击轴管上万向节叉，拆出轴承座圈。 注意切勿敲击传动轴管。 重复步骤（2）、（3），用同样的方法取出万向节叉另一侧的轴承座圈。
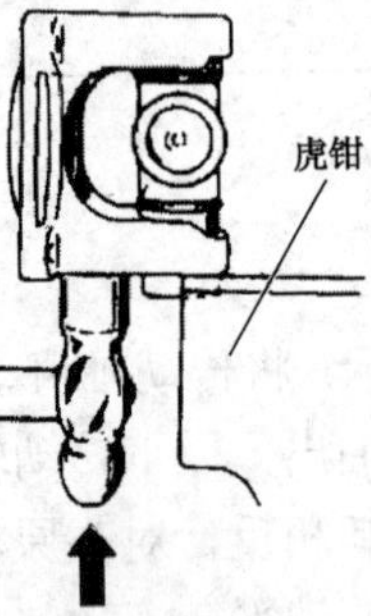 图 2-162	（4）拆卸凸缘节叉。用步骤（1）、（2）的方法顶出凸缘叉侧的轴承座圈，然后用虎钳夹住轴承座圈，敲击凸缘叉，取出座圈。再用同方法取出另一侧轴承座圈，如图 2-162 所示。
3．十字轴万向节的装配	
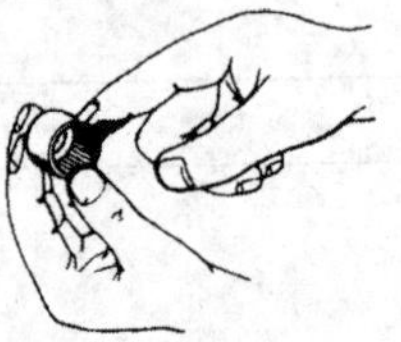 图 2-163	（1）如图 2-163 所示，给十字轴轴承座圈涂抹润滑脂。 润滑脂规格：7022 汽车高级润滑脂或锂基高级润滑脂。
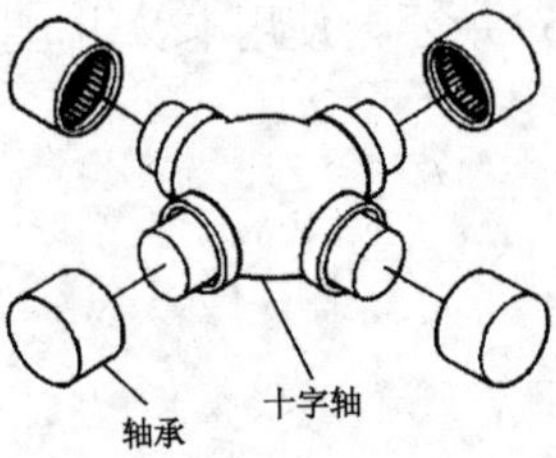 图 2-164	（2）如图 2-164 所示，涂抹润滑脂后把没有安装到的轴承座圈套回原轴颈。 重新组装时，一定要使用新的卡环、十字轴和轴承，拆下的卡环、十字轴和轴承禁止再使用。

图　　解	操作步骤及技术要求
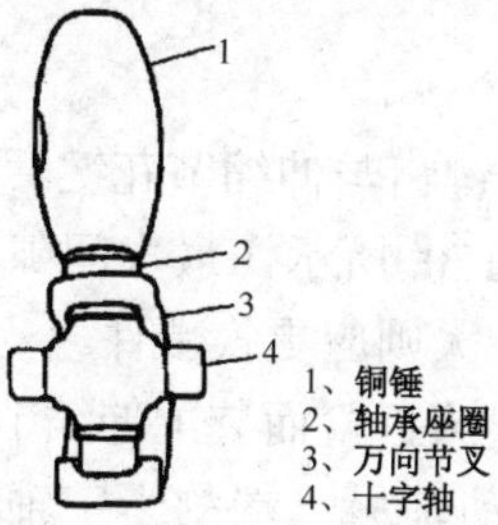 图 2-165	（3）如图 3-165 所示，把轴承座圈插入传动轴轴管叉内，用榔头敲击，直到它与叉面平齐为止。同时，用手应使十字轴提起，使其始终插入轴承座圈内，防止轴承座圈内的滚针掉出。 注意：十字轴上的油嘴应朝向传动轴管一侧，而非凸缘节叉一侧，以便油枪能顺利注入润滑脂。
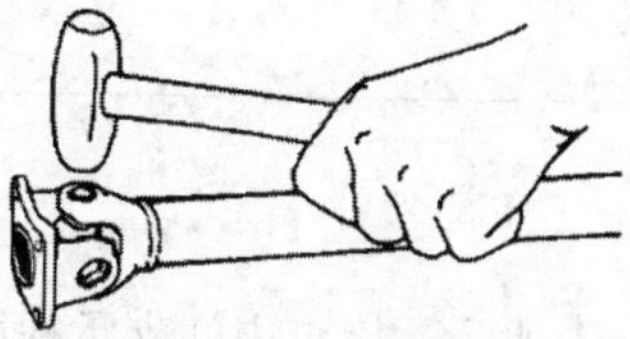 图 2-166	（4）如图 2-166 所示，把相对侧的另一轴承座圈插入轴管叉内，用榔头通过冲子敲击，直到它与轴叉内卡簧槽侧面平齐为止。 敲入轴承座圈时，为避免损坏万向节的轴叉，应在轴承座圈上放一块金属板或硬质木板。
 图 2-167	（5）如图 2-167 所示，安装弹性挡圈。 重复（3）～（5）的步骤，按照相同的方法，将十字轴轴承座圈安装到凸缘节叉内。
4．万向传动装置的检测	
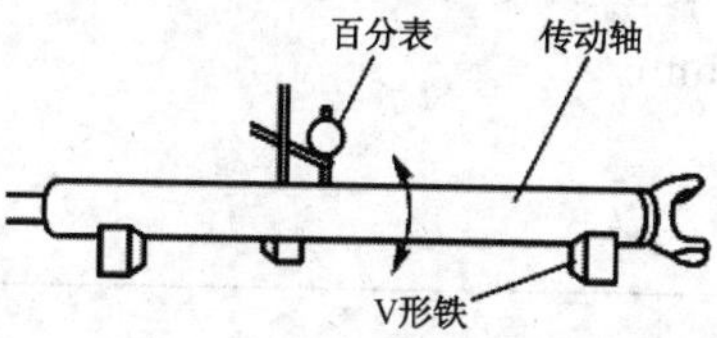 图 2-168	（1）传动轴弯曲度检查，如图 2-168 所示，用百分表检查传动轴弯曲度。 五菱车型弯曲限度在 0.5mm 以下；东风 EQ1090 型汽车最大跳动量在 0.8mm 以下，若超过该值，应当到专业厂进行校正，并需经动平衡校正，或更换新件。
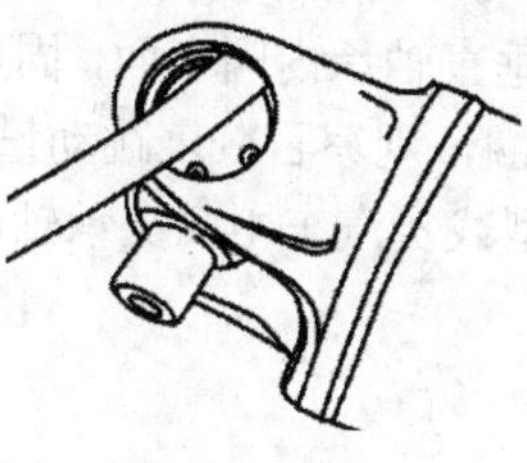 图 2-169	（2）轴承座轴颈轴向侧隙检查，如图 2-169 所示，用厚薄规检查轴颈轴向侧隙，标准数值 0～0.06mm。若超过该值，应当到专业厂进行校正，或换件。

图　解	操作步骤及技术要求
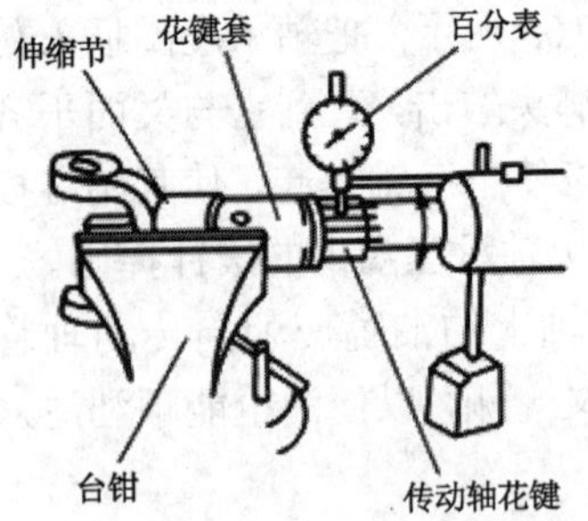 图 2-170	(3)传动轴花键齿与伸缩节花键套配合间隙的检查。如图 2-170 所示，最大间隙不得超过 0.4mm，若间隙过大则应更换新件。 注意：因更换或拆检而装配伸缩节时，要使其上十字轴与传动轴另一端的十字轴处于同一直线上。
 图 2-171	(4) 如图 2-171 所示，检查中间支承橡胶垫环有无老化，中间支架有无裂损，橡胶垫环与中间支架配合是否松动，如有问题应更换橡胶垫环及修复中间支架。
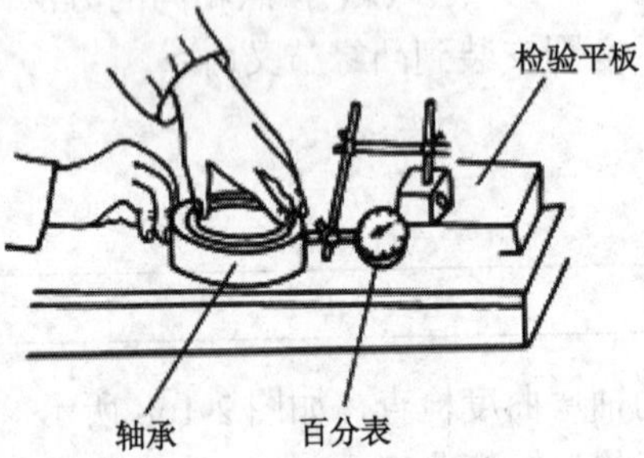 图 2-172	(5)检查中间支承轴承径向间隙。如图 2-172 所示，用手固定轴承内圈，另一只手推动轴承外圈，观察百分表跳动量。 东风 EQI092 型载货汽车中间支承轴承径向间隙不大于 0.8mm。
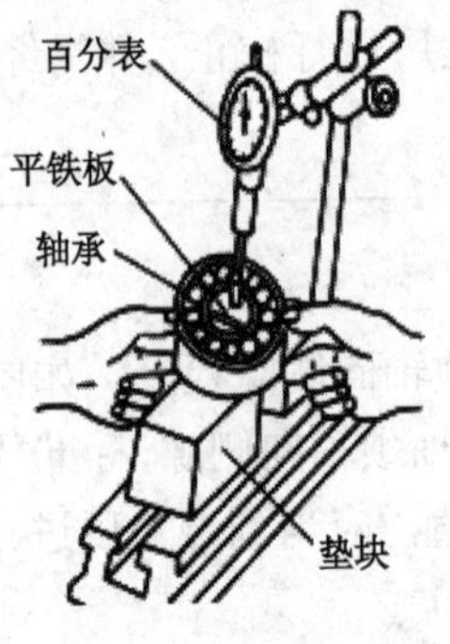 图 2-173	(6)检查中间支承轴承轴向间隙。如图 2-173 所示，百分表表头垂直轴承内圈表面，固定轴承外圈，推动轴承内圈，观察百分表跳动量。 东风 EQI092 型载货汽车中间支承轴承径向间隙不大于 0.3mm。

图　解	操作步骤及技术要求
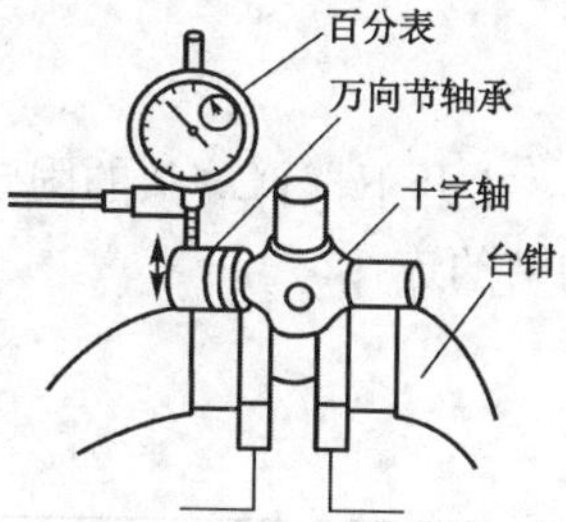 图 2-174	（7）轴承与十字轴颈配合间隙的检测。如图 2-174 所示，如十字轴颈与滚针轴承配合间隙超过 0.25mm，轴承外圈有裂纹等，应更换新件。

（2）前桥驱动传动轴的拆装与检修

图　解	操作步骤及技术要求
1．传动轴拆卸	
 图 2-175	如图 2-175 所示，松开两前轮固定螺母。
 图 2-176	如图 2-176 所示，举升车辆至合适高度，落下安全锁。 拆下两前轮。
 图 2-177	如图 2-177 所示，用挡块插入前制动盘散热孔，防止轮毂单向转动，用扳手拧松并取出轮毂固定螺母。

<table>
<tr><th>图　　解</th><th>操作步骤及技术要求</th></tr>
<tr><td>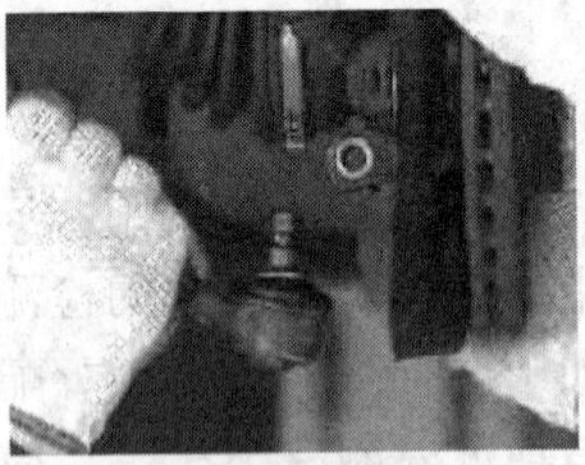
图 2-178</td><td>如图 2-178 所示，松开下摆臂球头的固定螺母，断开球头与转向节的连接。</td></tr>
<tr><td>
图 2-179</td><td>如图 2-179 所示，松开并取出传动轴内万向节与凸缘的固定螺钉。</td></tr>
<tr><td>
图 2-180</td><td>如图 2-180 所示，用手往外拉制动盘，断开传动轴与驱动桥的连接。</td></tr>
<tr><td>
图 2-181</td><td>如图 2-181 所示，用拉码顶出轮毂端传动轴，并取下传动轴。</td></tr>
<tr><td colspan="2">2．球笼式万向节的拆卸</td></tr>
<tr><td>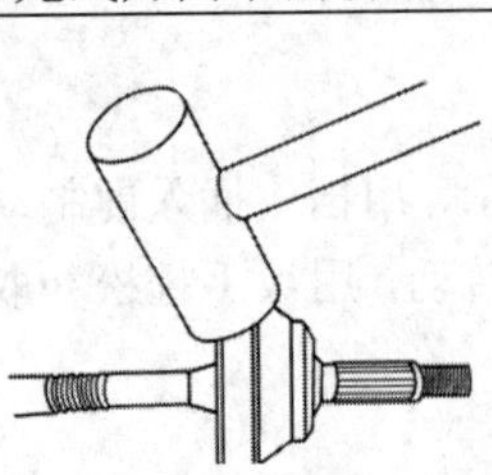
图 2-182</td><td>如图 2-182 所示，用台钳把传动轴固定好，使用橡胶锤往外敲击万向节球壳，取下外万向节。</td></tr>
</table>

图　解	操作步骤及技术要求
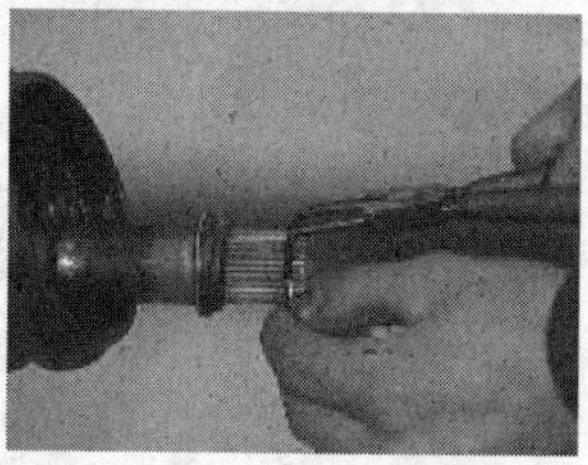 图 2-183	如图 2-183 所示，分别取下外万向节轴端的卡簧、隔套圈、碟形圈和橡胶护套。
 图 2-184	如图 2-184 所示，用卡簧钳拆卸内万向节球毂弹簧锁圈。
 图 2-185	如图 2-185 所示，取下内万向节及橡胶护套。
3．清洗	
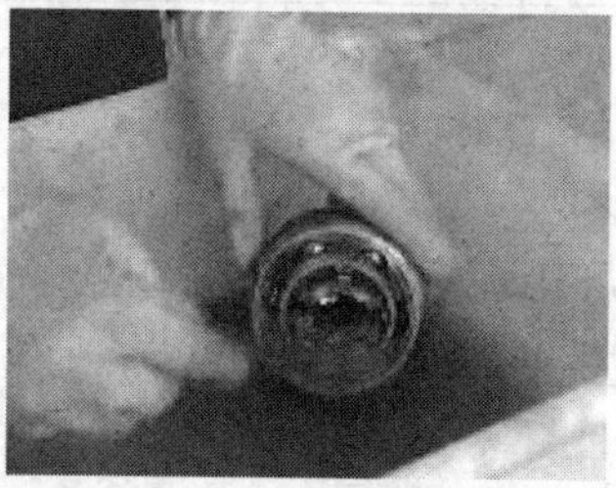 图 2-186	如图 2-186 所示，除了橡胶护套，把其余拆下的零件清洗干净。
 图 2-187	如图 2-187 所示，拆卸球笼式万向节，在球壳与球毂做好装配记号。

图　解	操作步骤及技术要求
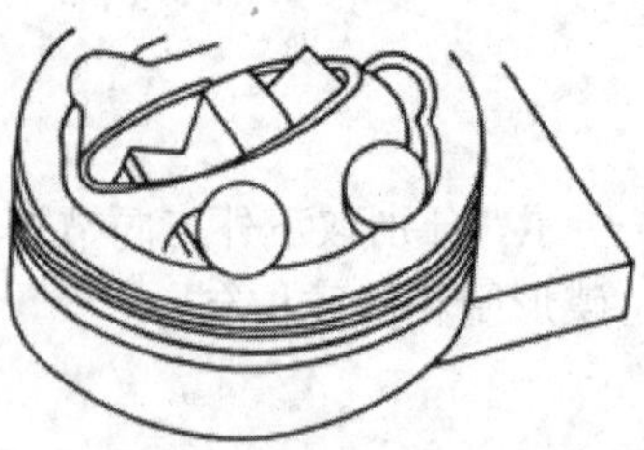 图 2-188	如图 2-188 所示，用手转动球笼及球毂，取出钢球。
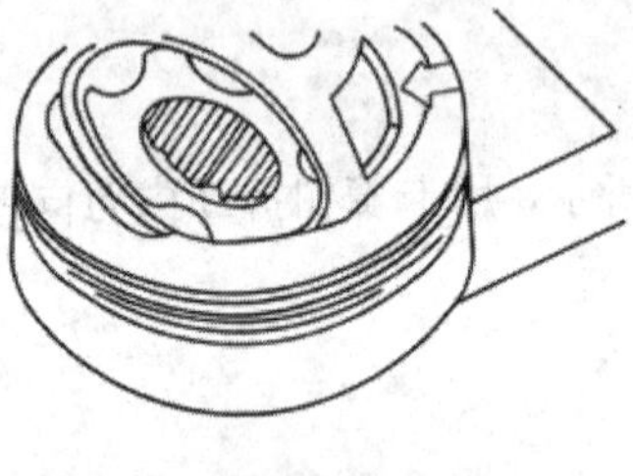 图 2-189	用力转动球笼直至两方孔与球毂垂直方向，取出球笼及球毂，如图 2-189 所示。
4．检查	
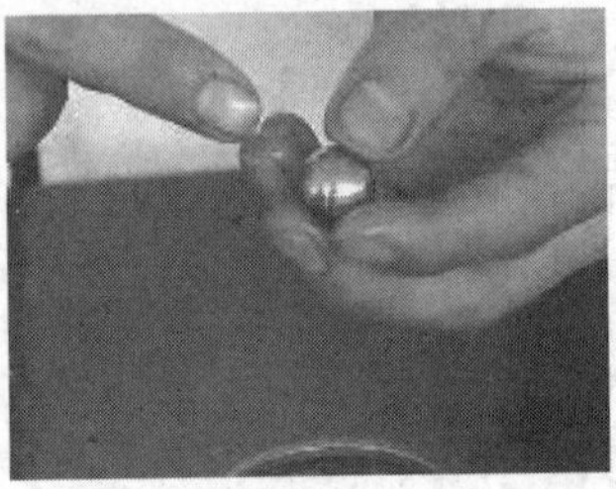 图 2-190	如图 2-190 所示，钢球应无划痕斑点等损伤。否则更换整个万向节。
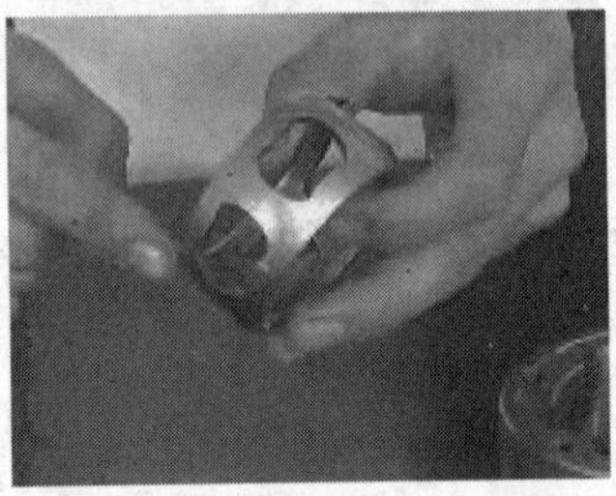 图 2-191	如图 2-191 所示，检查球笼应无开裂变形，否则更换万向节总成。
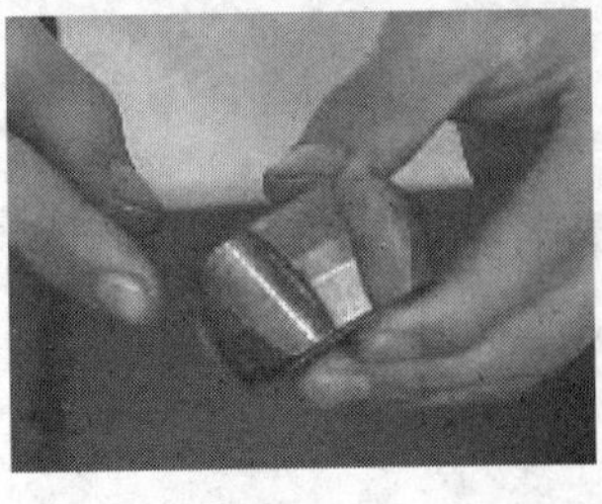 图 2-192	如图 2-192 所示，检查球毂轨道应无斑点、凹陷或不规则磨损等，否则更换万向节总成。

图　解	操作步骤及技术要求
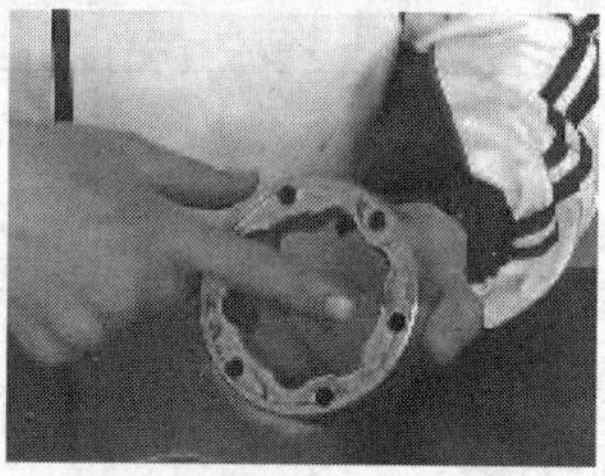 图 2-193	如图 2-193 所示，检查球壳轨道应无斑点、凹陷或不规则磨损等，球壳无形，否则更换万向节总成。
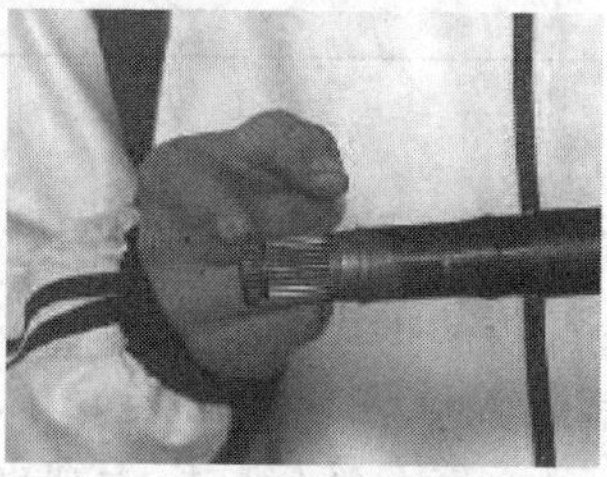 图 2-194	如图 2-194 所示，检查传动轴应无变形，轴端花键完好无明显磨损，否则更换万向节总成。
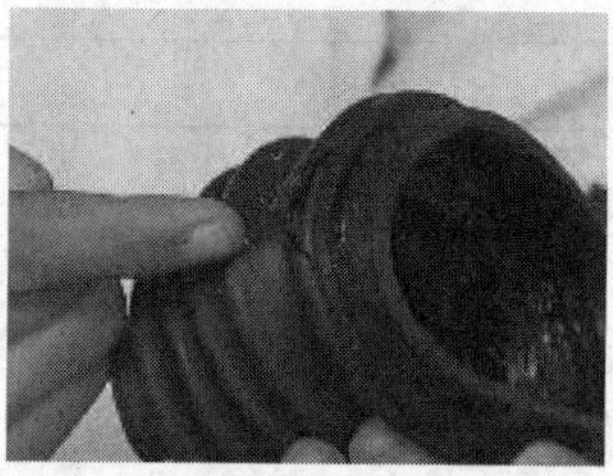 图 2-195	如图 2-195 所示，检查橡胶护套，如有破损应更换。
5．球笼式万向节的装配	
 图 2-196	如图 2-196 所示，对齐原来的记号把球毂和球笼先装入球壳内，然后分别装入钢球。
 图 2-197	如图 2-197 所示，装配好万向节后，用手内外摇转动球毂，球毂应摆动顺滑无卡滞，证明装配正确，否则应重新安装。

图　解	操作步骤及技术要求
6．外万向节与传动轴的装配	
 图 2-198	如图 2-198 所示，分别装入橡胶护套、碟形圈、隔套圈、卡簧。碟形圈凹面朝向万向节，隔套圈平面朝碟形圈。
 图 2-199	如图 2-199 所示，台钳把传动轴固定好，用橡胶锤敲击轴端，使传动轴压入球毂内。 橡胶护套大端装入球壳，然后装好小端夹箍，从大端充入少量空气，然后装好大端夹箍。
7．内万向节与传动轴的装配	
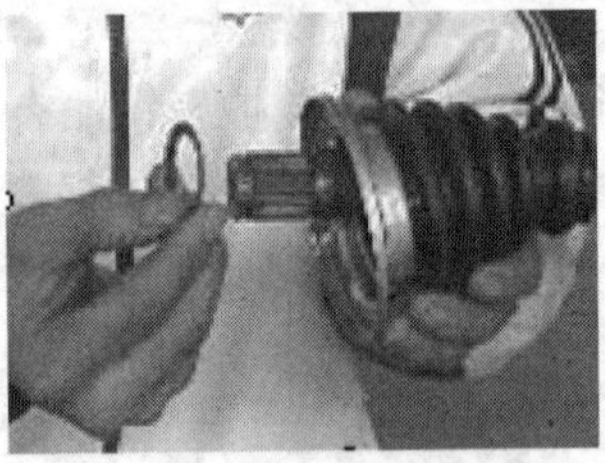 图 2-200	如图 2-200 所示，在与外万向节连接的传动轴端装入橡胶护套、碟形垫圈，碟形垫圈的凹面朝向万向节。
 图 2-201	如图 2-201 所示，装入万向节总成。
 图 2-202	如图 2-202 所示，在轴端装入卡簧，使万向节不能向轴外端移动。 装好大小端夹箍。 其他装复过程与拆卸顺序相反，不再赘述。 5S 工作。 结束。

知识链接

万向传动装置

一、万向传动装置的功用

在汽车上任何一对轴间夹角和相对位置经常发生变化的转轴之间传递动力。

二、万向传动装置的组成

万向传动装置一般由万向节和传动轴等组成。但部分汽车的发动机与驱动桥之间距离较远，必须将传动轴分为两段，在其中部加装中间支承。如图 2-203 所示。

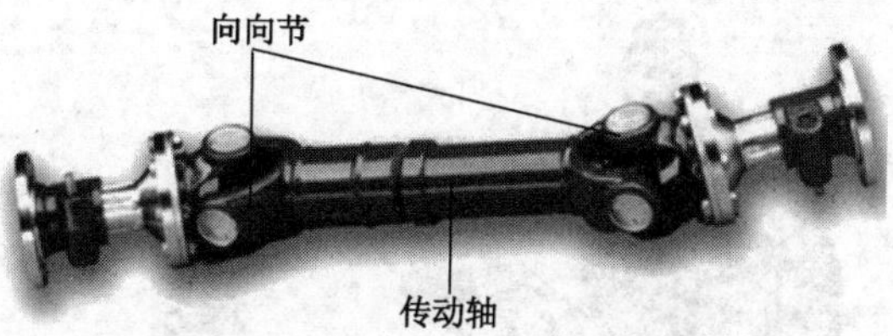

图 2-203　万向传动装置的组成

三、万向传动装置常见布置形式

1. 位于变速器与驱动桥之间（图 2-204）

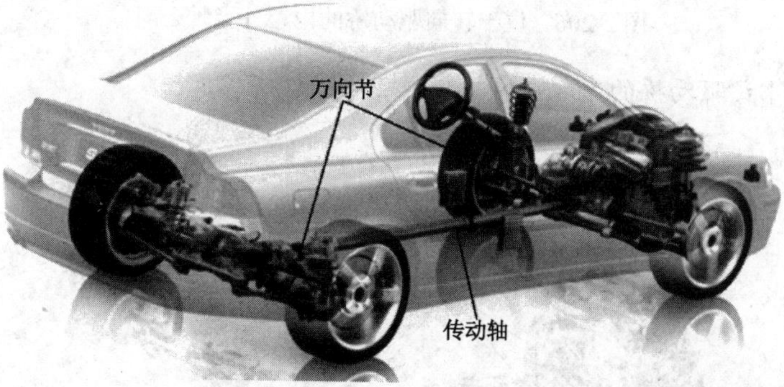

图 2-204　位于变速器与驱动桥之间

2. 位于变速器与分动器、分动器与驱动桥之间（图 2-205）

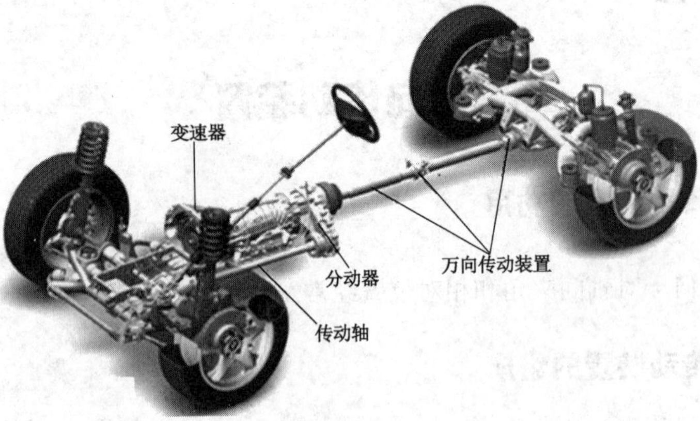

图 2-205　位于变速器与分动器、分动器与驱动桥之间

3. 位于转向驱动桥的内、外半轴之间（图 2-206）

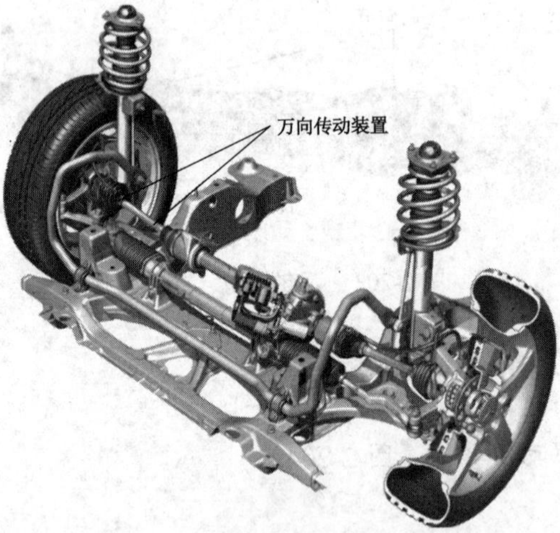

图 2-206　位于转向驱动桥的内、外半轴之间

4. 位于断开式驱动桥的半轴之间（图 2-207）

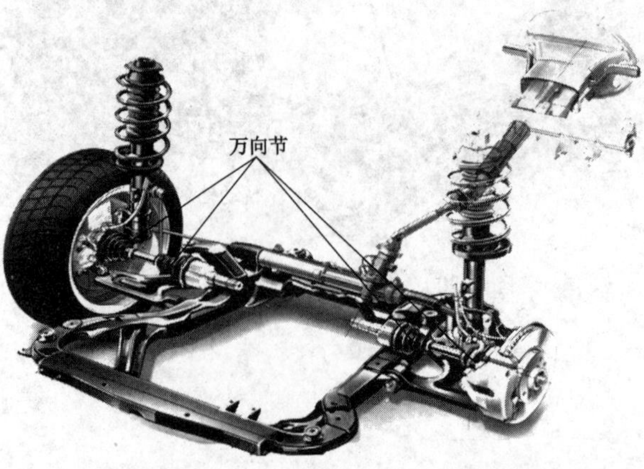

图 2-207　位于断开式驱动桥的半轴之间

5. 位于转向机构中的转向轴与转向器之间（图 2-208）

图 2-208　位于转向机构中的转向轴与转向器之间

四、万向节

万向节是实现变角度动力传递的机件，用于需要改变传动轴线方向的位置。按其刚度大小，可分为刚性万向节和挠性万向节。

刚性万向节按其速度特性分为不等速万向节（常用的为十字轴式）、准等速万向节（双联式和三销轴式）和等速万向节（包括球叉式、球笼式万向节）。目前在汽车上应用较多的是十字轴式刚性万向节和等速万向节。

1. 十字轴式万向节

十字轴式万向节主要由万向节叉、十字轴及轴承座圈等组成，如图 2-209 所示。两个万向节叉分别与主、从动轴相连，其叉形上的孔分别套在十字轴的四个轴颈上。当主动轴转动时，从动轴既可随之转动，又可绕十字轴中心在任意方向摆动，这样满足了夹角和距离同时变化的需要。

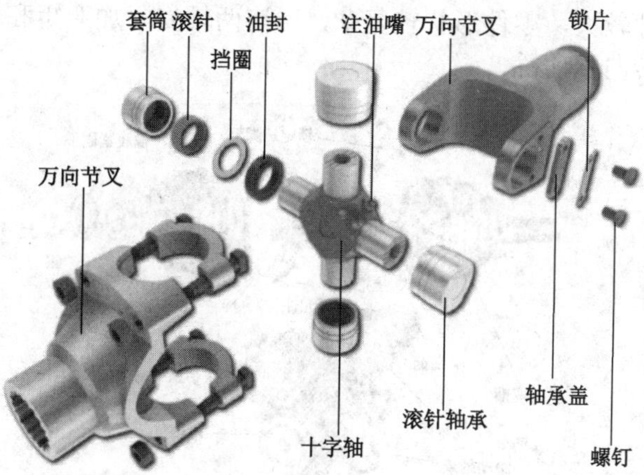

图 2-209　十字轴式万向节

2. 球叉式万向节

球叉式万向节由主动叉、从动叉、四个传动钢球、定心钢球、定位销及锁止销组成。如图 2-210 所示。球叉式万向节通常用于中小型越野汽车的转向驱动桥中。

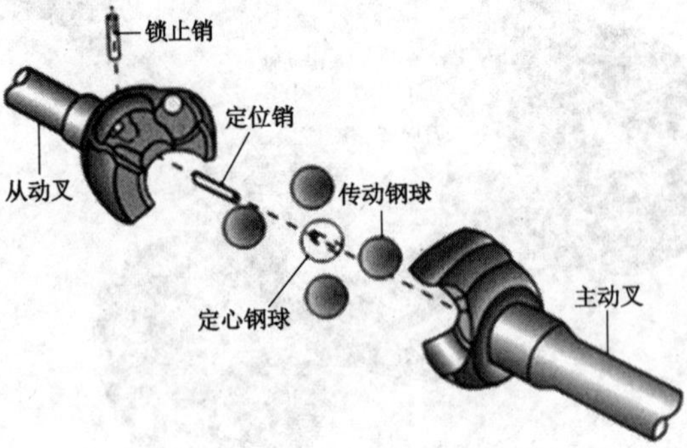

图 2-210 球叉式万向节

3. 球笼式万向节

球笼式万向节主要由星形套、保持架、球形壳及钢球等组成，如图 2-211 所示。动力由中段半轴传至星形套，经六个钢球、球形壳输出。无论中段半轴（主动轴）和球形壳轴（从动轴）之间的夹角发生什么变化，传力钢球的中心都始终不变，位于两轴交角的平分面上，并且到两轴线的距离相等，从而保证了主、从动轴以相等的角速度旋转。

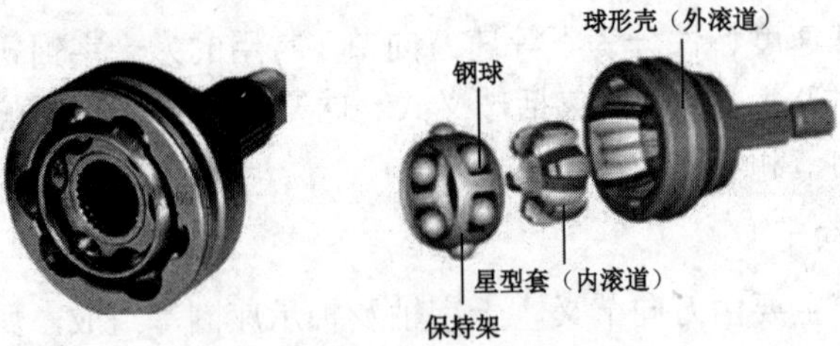

图 2-211 球笼式万向节

4. 三销轴式万向节

销轴式万向节由两个偏心轴叉，两个三销轴和六个滚针轴承组成，如图 2-212 所示。易于密封，外形尺寸较大，零件形状较复杂，所连两轴受附加弯矩和轴向力。常用于个别中、重型越野车的转向驱动桥。

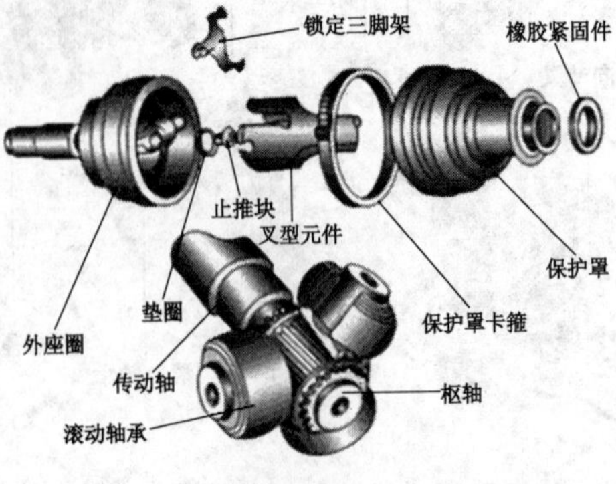

图 2-212 自由三枢轴式万向节

五、传动轴和中间支承

1. 传动轴

传动轴是连接变速器（或分动器）与驱动桥的部件，其作用是将变速器（或分动器）传来的扭矩传给驱动桥。传动轴有空心轴和实心轴两种，在传动轴的两端分别焊有带花键的轴头和万向节叉。如图 2-213 所示。

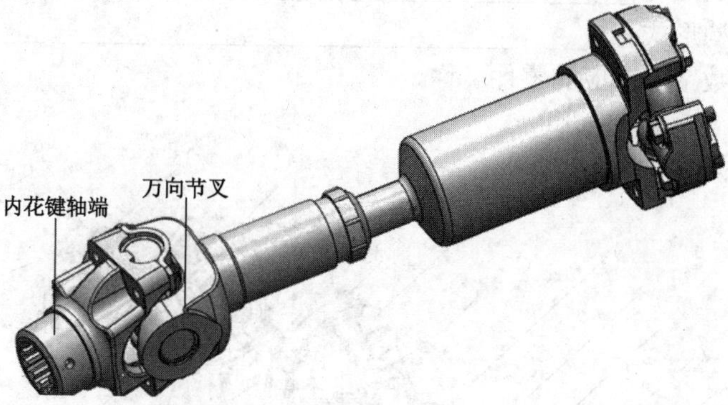

图 2-213　传动轴

2. 中间支承

传动轴分段时，应加中间支承，通常中间支承安装在车架横梁上，它具有补偿传动轴轴向和角度方向变化或车架变形等所引起的位移的作用，如图 2-214 所示。

图 2-214　中间支承

任务 5　主减速器与差速器的拆装与检修技术

任务要求

1. 学生通过知识链接的学习，知道主减速器的结构类型。
2. 学生通过知识链接的学习，知道驱动桥的结构类型。
3. 学生通过知识链接的学习，分析差速器的工作原理。

4．学生学会小汽车主减速器与差速器的拆装与调整的操作过程。

任务引导

相关知识点学习：要求学生实训课前参考有关资料独立完成。

相关知识点：要求学生实训课前独立完成以下内容。

1．主减速器的类型有____。

2．驱动桥的类型有____。

3．半轴的结构形式有____。

4．写出下图数字所对应的零件名称。

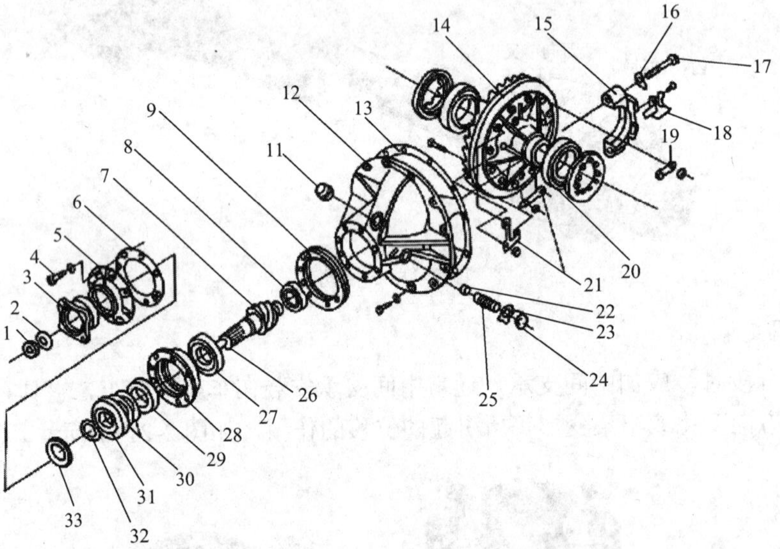

（1）____________；（2）____________；（3）____________；

（4）____________；（5）____________；（6）____________；

（7）____________；（8）____________；（9）____________；

（10）____________；（11）____________；（12）____________；

（13）____________；（14）____________；（15）____________；

（16）____________；（17）____________；（18）____________；

（19）____________；（20）____________；（21）____________；

（22）____________；（23）____________；（24）____________；

（25）____________；（26）____________；（27）____________；

（28）____________；（29）____________；（30）____________；

（31）____________；（32）____________；（33）____________；

5．汽车行驶中差速器的行星齿轮自转时，汽车（　　）。

A．一定是在转弯　B．直线行驶　C．不能确定

6．无论差速与否，差速器都具有（　　）左右传递扭矩的特性。

A．等量　B．不等量　C．等量与不等量

7．啮合印痕在从动齿轮大端时，应使主动锥齿轮（　　）从动锥齿轮。

A．离开　　B．靠近　　C．先靠近后离开

8．在主减速所有调整项目里，应首先调整（　　）。

A．啮合间隙　　B．印痕　　C．轴承预紧度

任务实施

1．小汽车主减速器的拆装与检修。

2．小汽车差速器的拆装。

3．完成本任务的实训报告。

（1）小汽车主减速器的拆装与检修

图　解	操作步骤及技术要求
车型为五菱面包车 1．检查后桥传动系统总游隙	
 图 2-215	如图 2-215 所示，把车辆开入举升工位，按照举升机的操作规程把车辆举升到合适的高度。
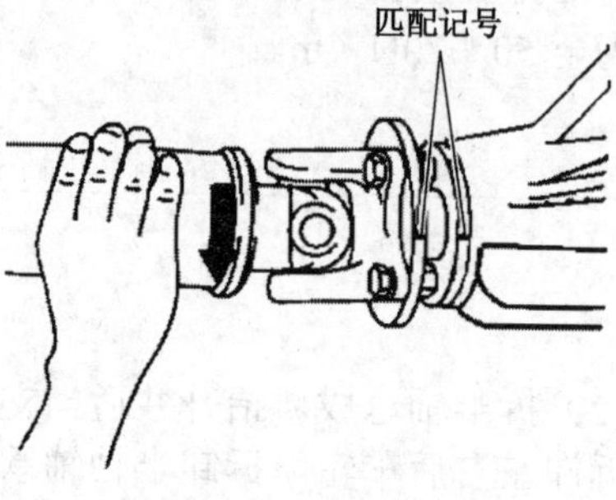 图 2-216	把变速箱换挡杆置于空挡，拉起驻车制动手柄。顺时针将传动轴转到底，打上匹配记号，如图 2-216 所示。
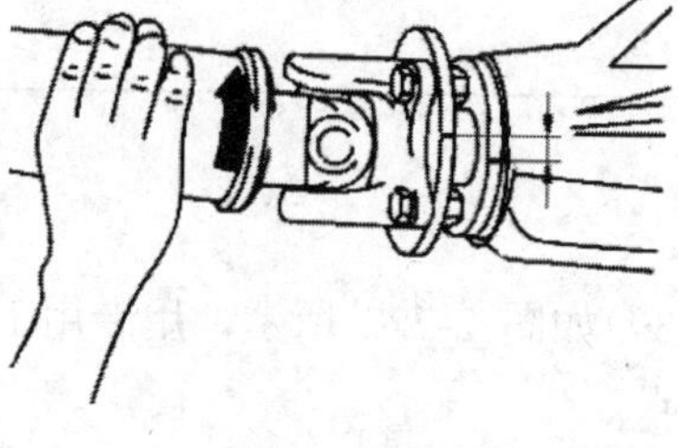 图 2-217	如图 2-217 所示，再反时针将传动轴转到底，测量匹配记号距离。此距离即为后桥传动系统总游隙，极限值为 5mm。 如游隙超过极限值，应将减速器总成拆下并进行调整。

图　　解	操作步骤及技术要求
2．后桥及减速器外壳发热检查	
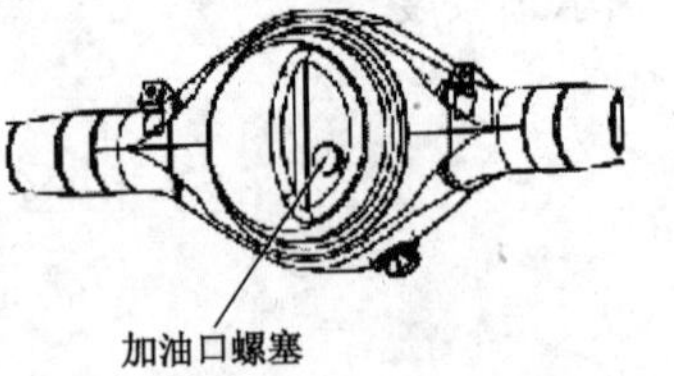 图 2-218	可能是由轴承预紧度太大。齿轮啮合侧隙过小、润滑油不足或润滑油规格不对引起，应及时排除。应经常清洁通气塞，保持气孔通畅。 先检查液面，将汽车水平举至合适高度，并拉紧手刹。卸下加油口螺塞，如图 2-218 所示。
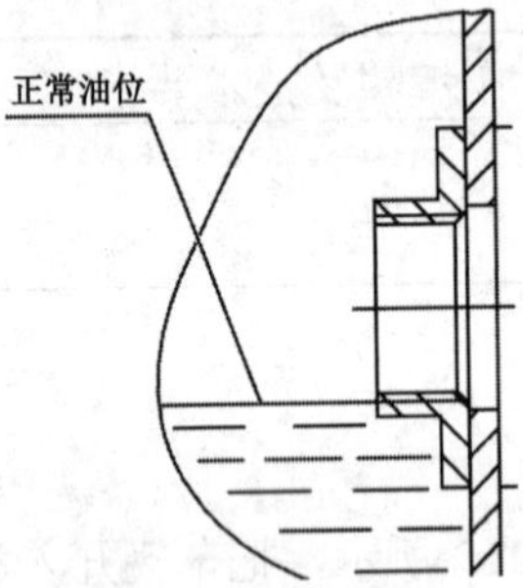 图 2-219	如图 2-219 所示，手指伸进加油口感觉油面位置，正常位置应平加油口。若油位正常，安装并拧紧加油口螺塞，扭矩至 40～60N・m。 告诫：车辆行驶后，油温很高，应让温度降低后才进行油位检查。用手感觉放油口螺塞，不再烫手即可。
2．从车上拆下主减速器	
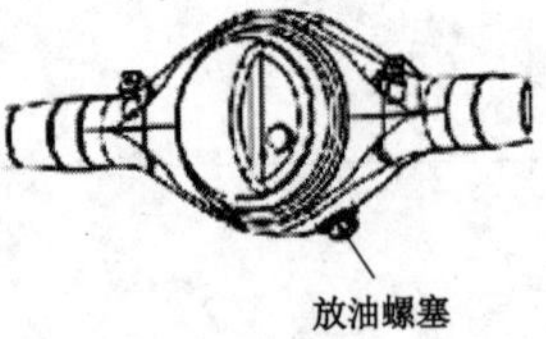 图 2-220	（1）如图 2-220 所示，卸下放油口螺塞，将油排尽重新装上放油口螺塞，紧固扭矩为至 50～70N・m。
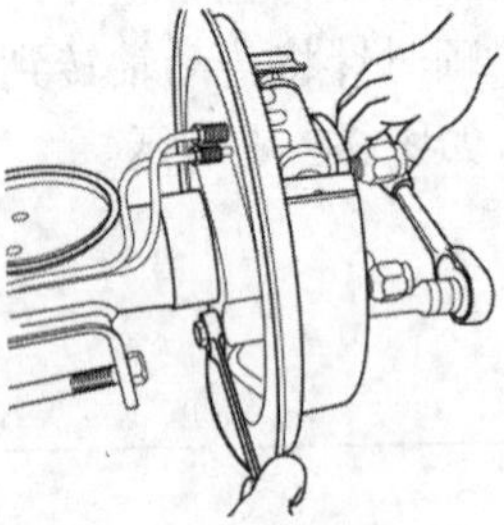 图 2-221	（2）拆半轴总成。抬升并适当支承车辆，拆卸左右后车轮。拆卸半轴轴承盖与后桥连接螺栓，如图 2-221 所示。
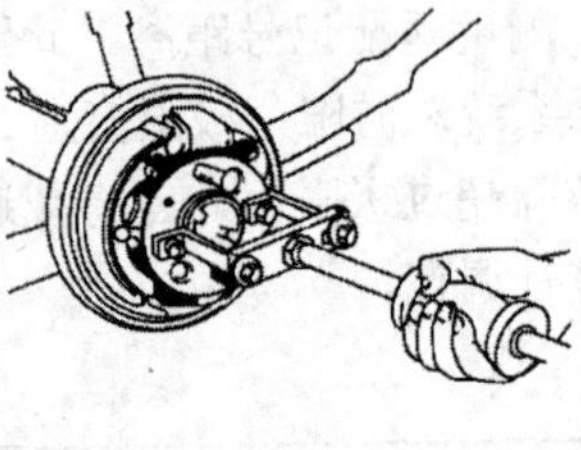 图 2-222	（3）如图 2-222 所示，用专用工具拉出半轴。

图　解	操作步骤及技术要求
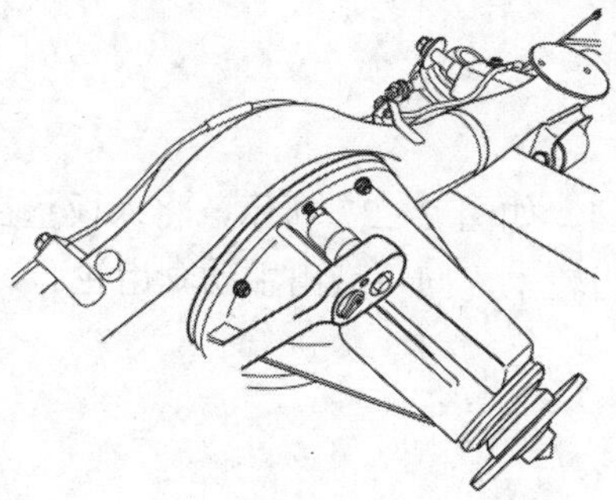 图 2-223	（4）如图 2-223 所示，拆卸主减速器壳体与后桥的固定螺栓。
3．分解主减速器	
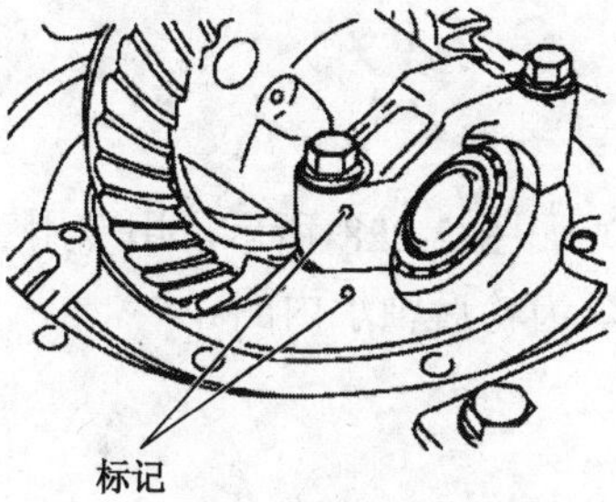 图 2-224	（1）如图 2-224 所示，从后桥上取下主减速器。 在差速器轴承座与盖间作配对记号，使得在分解后重装时能保证该零件按原位装配。
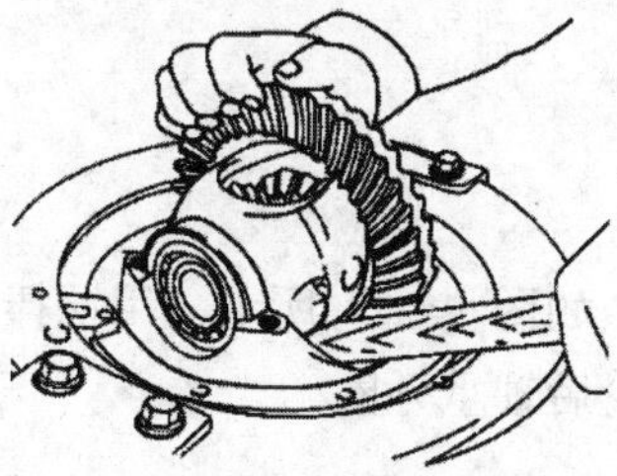 图 2-225	（2）如图 2-225 所示，松开轴承盖螺钉并取下轴承盖，用木棒从壳体中撬起并拿下从动锥齿轮及差速器。
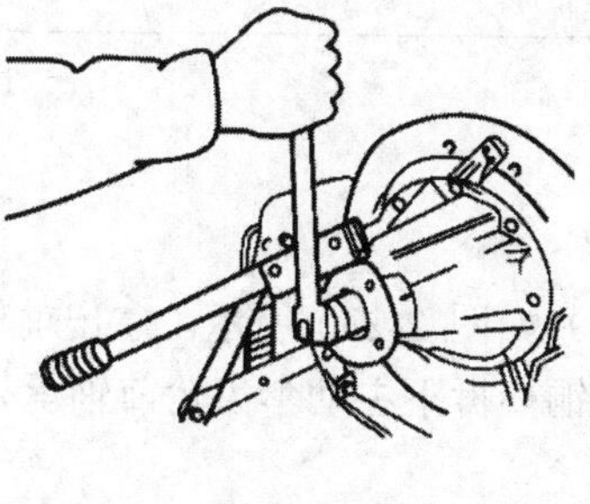 图 2-226	（3）如图 2-226 所示，用专用工具固定法兰盘，然后松开锁紧螺母，拆下的锁紧螺母不得重复使用，须更换新的螺母。在主动伞齿轮和连接法兰上做位置标记，然后取出连接法兰，并拉出油封。

图　解	操作步骤及技术要求
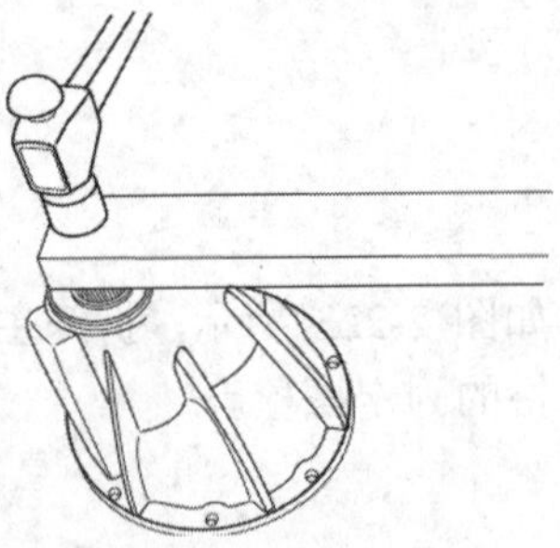 图 2-227	（4）如图 2-227 所示，将木板垫在主动伞齿轮上，向下敲出主动伞齿轮。
4．更换主动锥齿轮（主动伞齿轮）前后轴承	
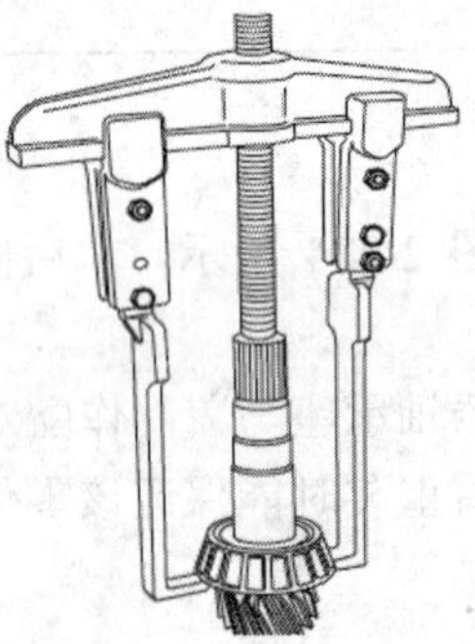 图 2-228	（1）如图 2-228 所示，用专用工具拉出主动伞齿轮后轴承内圈。
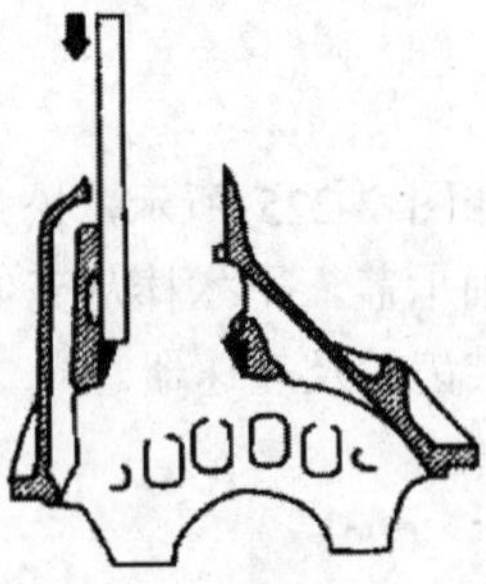 图 2-229	（2）如图 2-229 所示，用铜棒拆卸主动伞齿轮后轴承外圈。
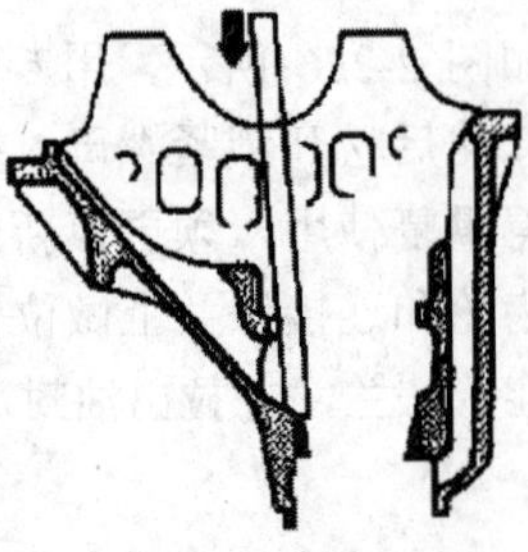 图 2-230	（3）如图 2-230 所示，拿出前轴承内圈，用铜棒拆下主动伞齿轮前轴承外圈。

图　解	操作步骤及技术要求
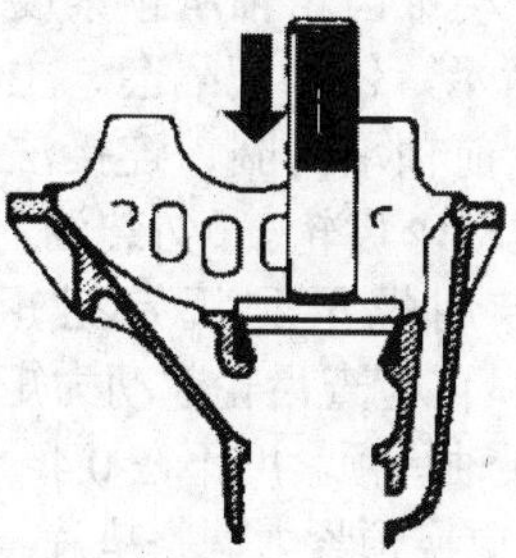 图 2-231	（4）如图 2-231 所示，用专用工具将主动伞齿轮轴承外圈压入壳体。
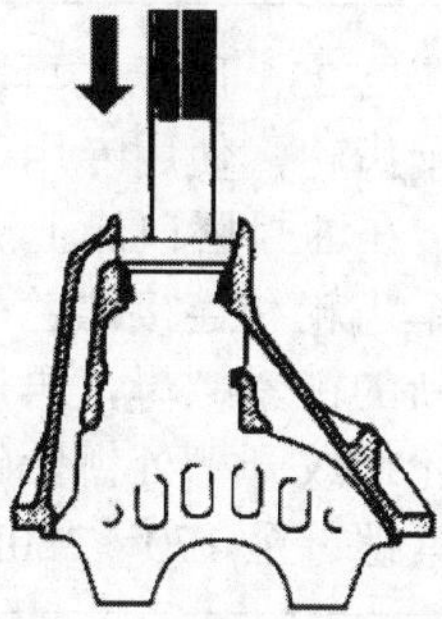 图 2-232	（5）如图 2-232 所示，用专用工具安装主动伞齿轮前轴承外圈。
5．安装并调整主动锥齿轮	
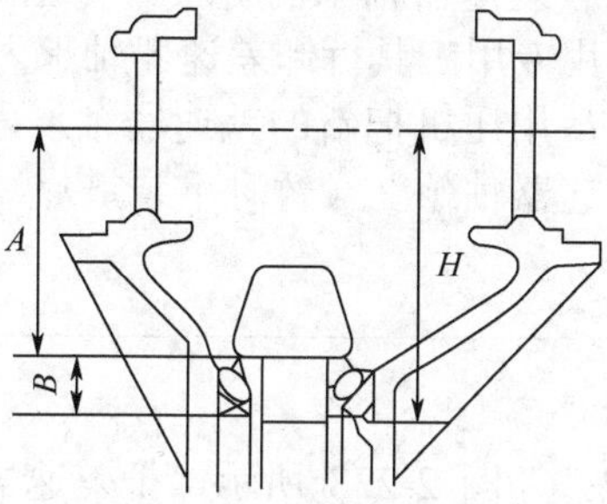 图 2-233	（1）如图 2-233 所示，分别测出差速器轴承中心线至主动伞齿轮后轴承孔端面距离 *H*，后轴承的高度 *B*，再按主动锥齿轮的实际安装距离 *A*（标注在主动伞齿轮的小端面上，如该端未标注出来，则正好是理论值 86mm），可算出调整垫片厚度：$D=H-B-A$。
 图 2-234	（2）如图 2-234 所示，把上述选定厚度的安装距调整垫片（垫片数量应最少）装入主动伞齿轮，再将后轴承内圈压入，一定要压到底。

图　解	操作步骤及技术要求
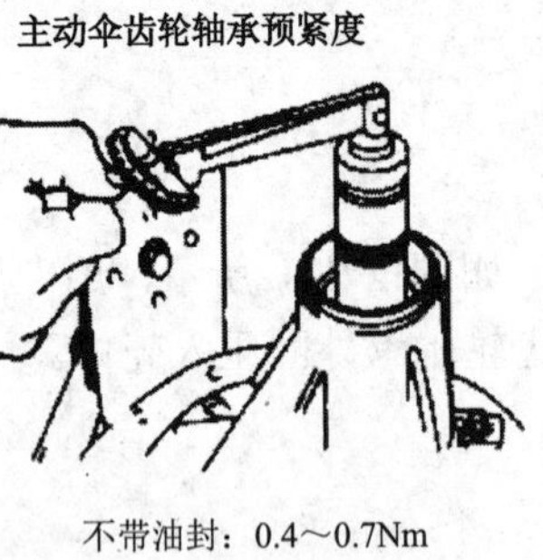 图 2-235	（3）主动锥齿轮轴承预紧度调整。如图 2-235 所示，依次把隔套、主动伞齿轮调整垫片、前轴承内圈、连接法兰、专用螺母装入主动伞齿轮。（勿装油封）。 拧紧专用螺母到规定扭矩（170～220N·m），再检查齿轮起动力矩（轴承预紧度）。如果轴承预紧度不在 0.4～0.7N·m）范围内，应更换预紧力调整垫片。如果轴承预紧度比标准值大时，适当增加调整垫片的厚度，反之则减少垫片厚度。
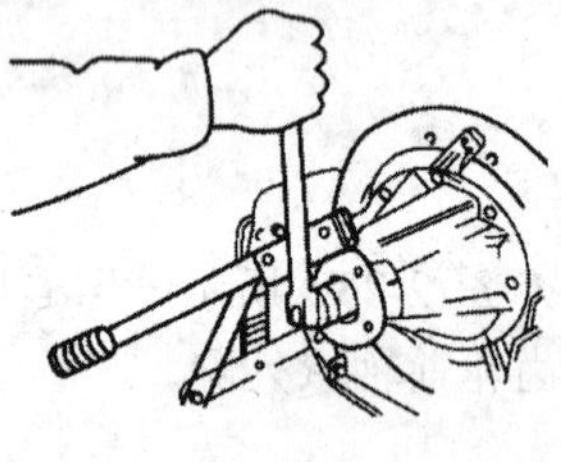 图 2-236	（4）如图 2-236 所示，再次拆下连接法兰和主动伞齿轮，使用专用工具把油封装入轴承座，在油封唇口涂上润滑脂。 使主动伞齿轮和连接法兰的位置标记对齐，紧固新的锁紧螺母，再用专用工具在主动伞齿轮螺纹开槽处铆紧锁紧螺母。紧固新的锁紧螺母至 170～220N·m。
6．差速器轴承预紧度及减速齿轮侧隙的调整	
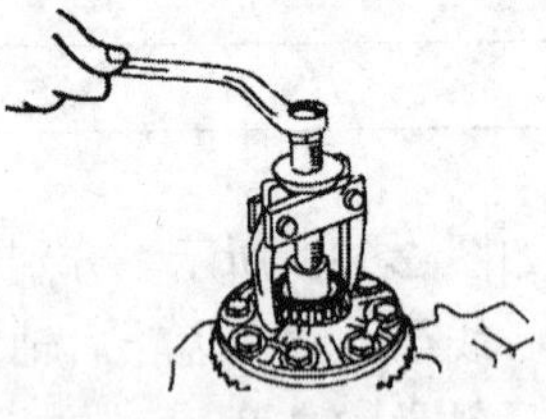 图 2-237	（1）差速器轴承的更换。如图 2-237 所示，用专用工具拆卸差速器轴承内圈。 然后用压机把新的差速器轴承内圈压紧到差速器轴颈上（暂时不装垫片）。
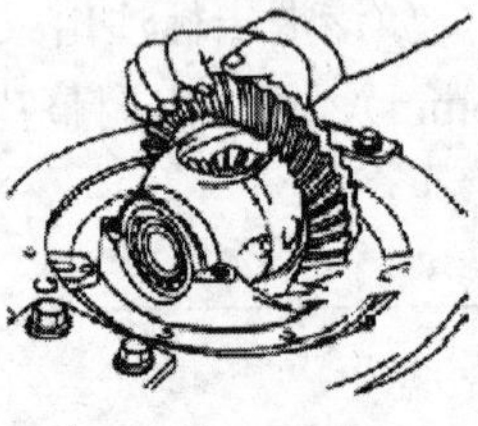 图 2-238	（2）如图 2-238 所示，把差速器总成装到轴承座内，并将之推向一侧（连轴承外圈）测量轴承座与差速器轴承外圈端面的间隙。
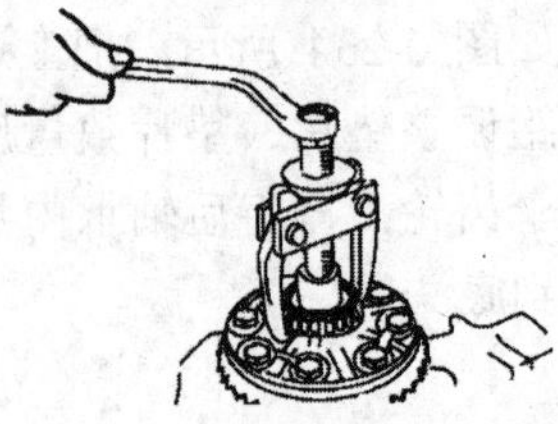 图 2-239	（3）如图 2-239 所示。再次从差速器壳上拆下轴承内圈，以便安装差速器轴承调整垫片。单侧差速器轴承调整垫片的厚度=所测间隙的一半+0.05mm（这是为保证轴承预紧度而提供的厚度）。

<table>
<tr><th>图 解</th><th>操作步骤及技术要求</th></tr>
<tr><td>
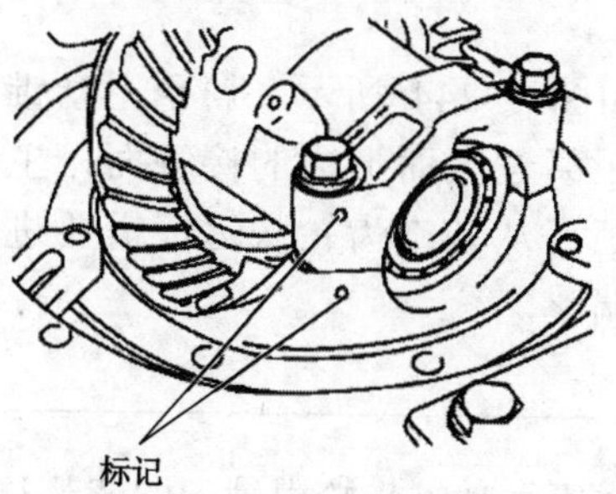

图 2-240
</td><td>
（4）根据上述单侧调整垫片的厚度选择调整垫片（片数要最少）两份分别装入差速器壳两侧，再压入轴承内圈。

对上位置标记装上两侧轴承盖，连接螺栓上到规定扭矩（拧紧力矩：35～40N・m），如图 2-240 所示。
</td></tr>
<tr><td>
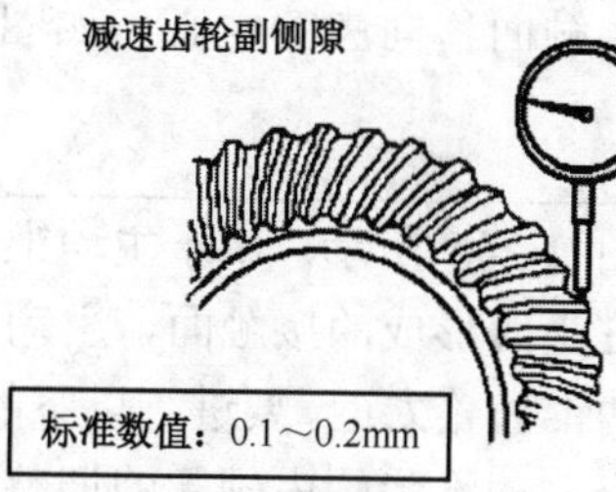

图 2-241
</td><td>
（5）检查减速齿轮副侧隙。把百分表触头触及被动伞齿大端凸面的适当位置，固定主动伞齿轮，然后往复转动被动伞齿轮，测量齿轮副的侧隙，如图 2-241 所示。

标准值为 0.1～0.2mm。
</td></tr>
<tr><td>
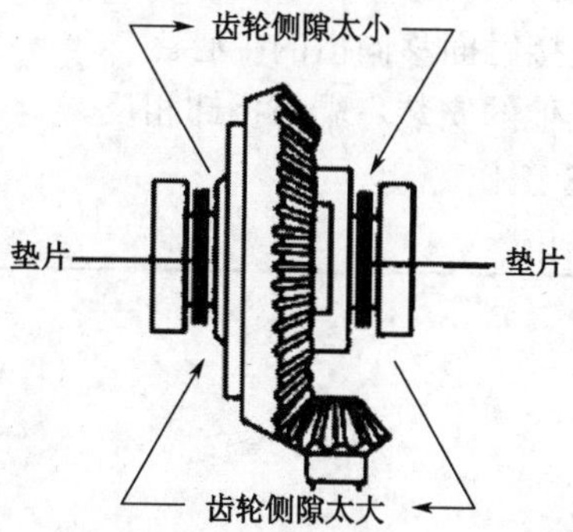

图 2-242
</td><td>
（6）如图 2-242 所示，如侧隙不合要求，按图进行调整到合适为止。一侧减少的垫片加到另一侧。
</td></tr>
<tr><td colspan="2">7. 主动伞齿轮与被动伞齿轮齿面啮合的检查与调节。</td></tr>
<tr><td>
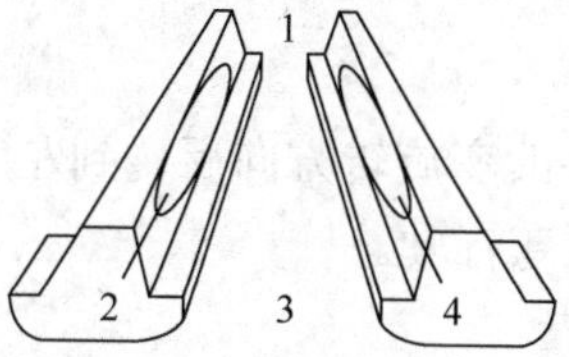

图 2-243
</td><td>
标准齿轮的接触形式如图 2-243 所示，1 代表齿的小端；2 代表从动锥齿轮前直方向的齿面；3 代表齿的大端；4 代表从动锥齿轮后退方向的齿面。
</td></tr>
</table>

图　解	操作步骤及技术要求
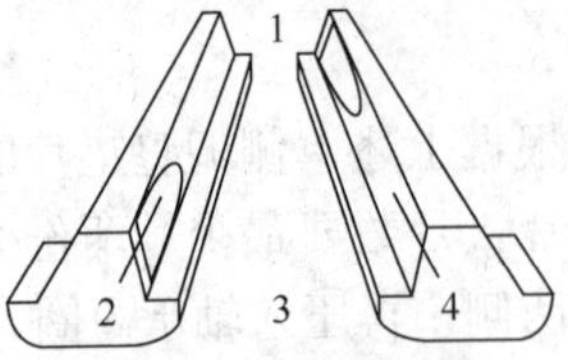 图 2-244	如图 2-244 所示，属于主动锥齿轮安装距离过大而形成的接触面，主动锥齿轮距离从动锥齿轮太远，需要进行以下的调整。
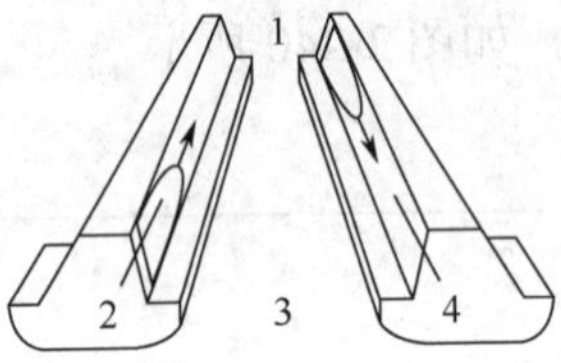 图 2-245	加厚主动锥齿轮内轴承的调整垫片，使主动锥齿轮适当靠近从动锥轮，同时把从动锥齿轮外移，以获得要求的侧间隙，从而使接触面移向齿的中心，如图 2-245 所示。
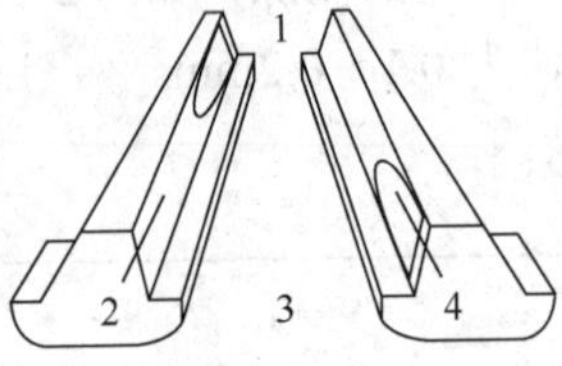 图 2-246	如图 2-246 所示，属于主动锥齿轮安装距离过小而形成的接触面，主动锥齿轮距离从动锥齿轮太近。要进行以下的调整： 减少主动锥齿轮内轴承的调整垫片，使主动锥齿轮适当离开从动锥轮，同时把从动锥齿轮内移，以获得要求的侧间隙，从而使接触面移向齿的中心。 其他的安装步骤与拆卸相反。 5S 工作。 结束。

知识链接

驱 动 桥

一、驱动桥的作用与组成

1. 驱动桥的作用

将万向传动装置传来的发动机转矩经减速、增扭并改变旋转方向后传到左右驱动轮，使左右驱动轮以相同的转速直线行驶或以不同的转速转弯行驶。

2. 驱动桥的组成

驱动桥由主减速器、差速器、半轴、桥壳组成，如图 2-247 所示。

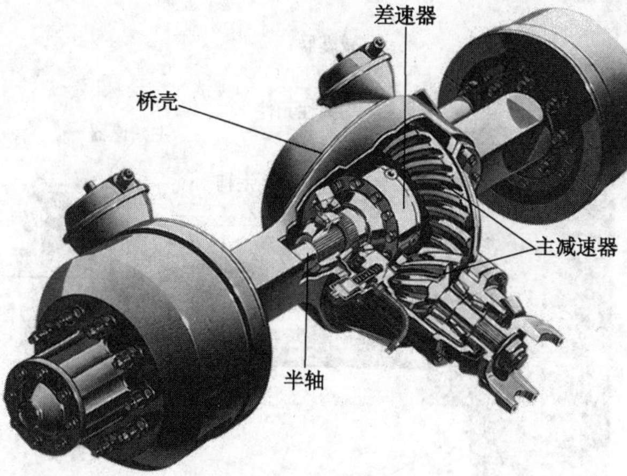

图 2-247 驱动桥

二、驱动桥的类型

驱动桥按结构形式可分为非断开式和断开式两种。

1. 非断开式驱动桥

非断开式驱动桥也称整体式驱动桥。当车轮采用非独立悬架时，驱动桥采用非断开式。非断开式驱动桥的驱动桥壳由中间的主减速器壳和两边与之刚性连接的半轴套管组成，通过悬架与车身或车架相连。两侧车轮安装在此刚性桥壳上，半轴与车轮不可能在横向平面内做相对运动。当某一侧车轮通过地面的凸出物或凹坑升高或下降时，整个驱动桥及车身都要随之发生倾斜，车身波动大。如图 2-248 所示。

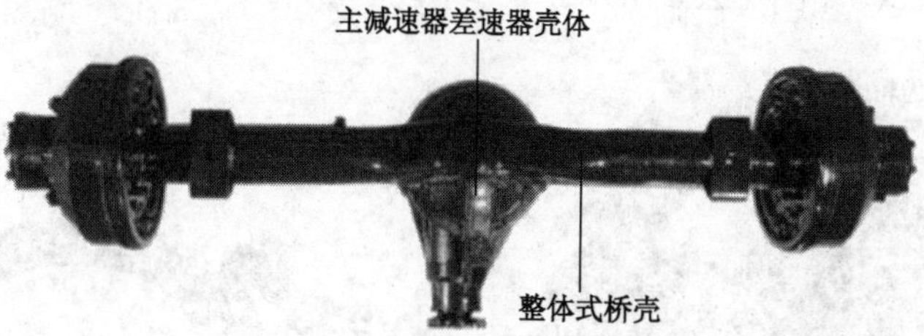

图 2-248 非断开式车桥

2. 断开式驱动桥

当驱动轮采用独立悬架时，两侧的驱动轮分别通过弹性悬架与车架相连，两车轮可彼此独立地相对于车架上下跳动。如图 2-249 所示。

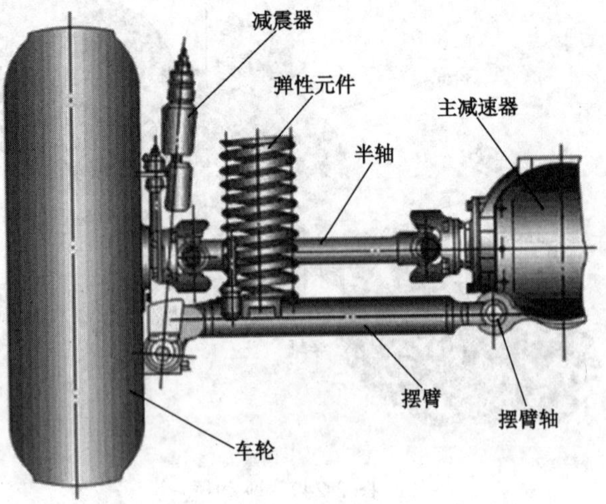

图 2-249　断开式驱动桥

三、主减速器

1. 主减速器的作用

主减速器的作用是降低传动轴传来的转速，增大输出扭矩，改变旋转方向，并将动力传递的方向改变后传给差速器，使传动轴左右旋转变为半轴的前后旋转。(减速增扭、改变力的传递方向)

2. 主减速器的结构

主减速器由一对大小啮合锥齿轮构成，小齿轮与输出轴制成一体，大齿轮由铆钉与差速器的外壳连在一起，如图 2-250 所示。

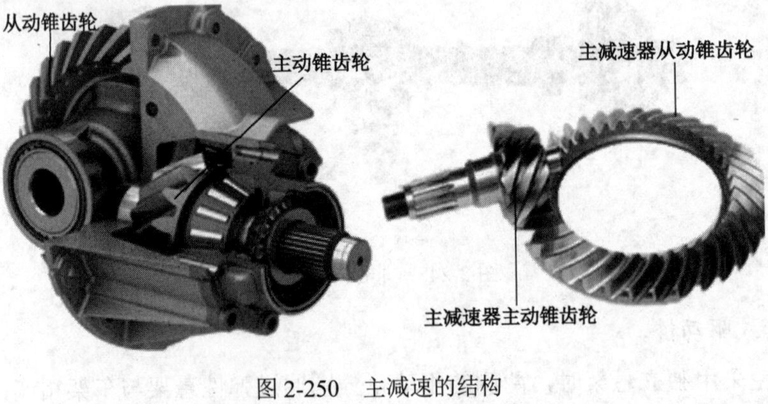

图 2-250　主减速的结构

工作原理：它依靠小齿轮带动大齿轮来实现减速，采用圆锥齿轮传动则可以改变转矩传递方向。

3. 主减速器的分类

按减速齿轮副的级数分：单级和双级主减速器。

按主减速器速比挡数分：单速和双速主减速器。

按主减速器所在位置分：中央主减速器和轮边主减速器。

（1）单级主减速器（图 2-251）

单级主减速器结构简单，体积小，质量轻，传动效率高，一般用于轿车和轻、中型货车上。

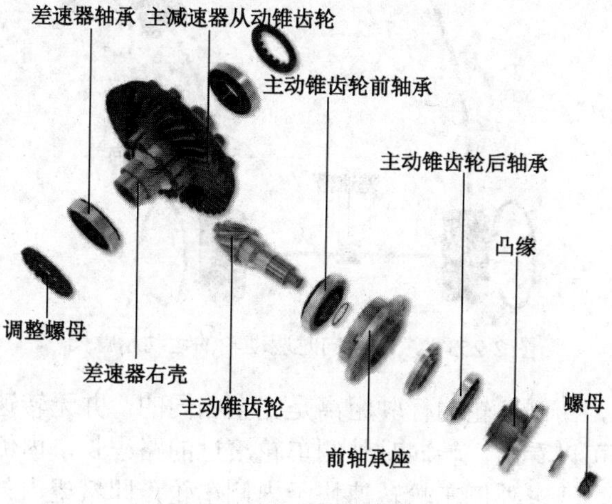

图 2-251　单级主减速器

（2）双级主减速器（图 2-252）

可以获得较大的减速比，且保证汽车的最小离地间隙足够大，以提高汽车通过性。

传动方式：第一级为锥齿轮传动；第二级为圆柱斜齿轮传动。

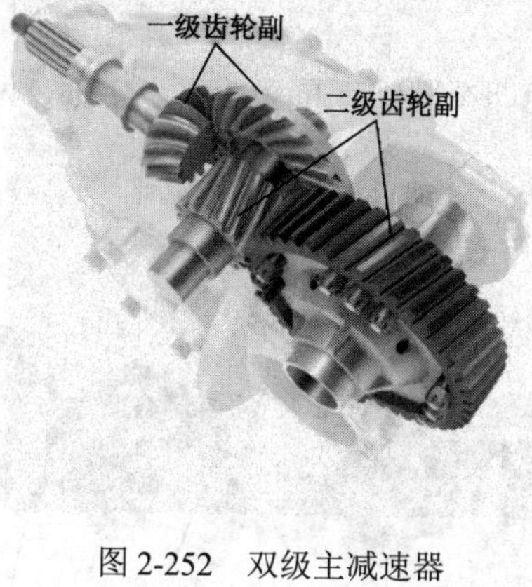

图 2-252　双级主减速器

四、差速器

1. 差速器的作用

差速器的作用除了把主减速器传来的动力传给驱动轮外，当左右车轮行驶条件不同时，能自动调整左右驱动车轮以不同的转速旋转，使车轮保持滚动行驶状态。在转弯时能够让左右车轮不同速运动，如图 2-253 所示。

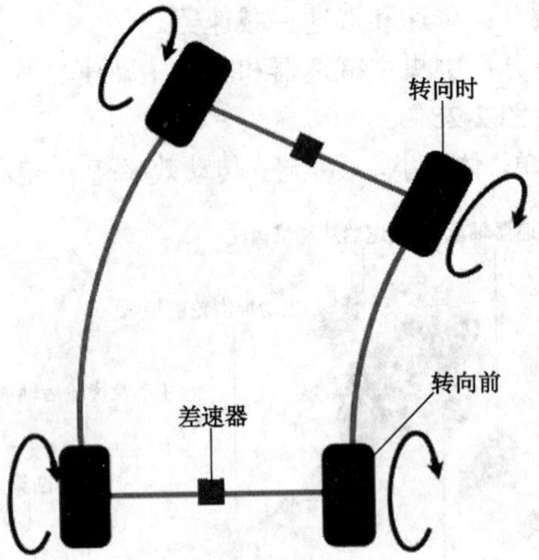

图 2-253　汽车转向时驱动轮的运动示意图

车辆直线行驶时，两侧车轮的行驶距离是完全相同的，并无转速差异。从汽车转向时驱动轮的运动示意图可以看出，转向时外侧车轮滚过的路程长，内侧车轮滚过的路程短，由于通过的时间相等，要求外侧车轮转速快于内侧车轮，即希望内外侧车轮转速不同。差速器可以自动调节两侧车轮转速，从而使车辆平稳前进。

2. 差速器的结构

按照差速器的工作特性，可以将其分为普通齿轮式差速器和防滑式差速器。

（1）普通齿轮式差速器

普通齿轮式差速器有两行星齿轮和四行星齿轮差速器两种。

① 四行星齿轮差速器

四行星齿轮差速器主要由四个圆锥行星齿轮、十字轴、两个圆锥半轴齿轮和差速器壳等组成，如图 2-254 所示。

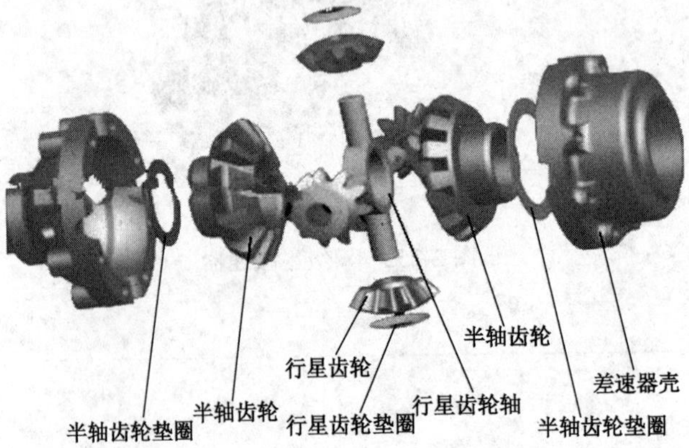

图 2-254　四行星齿轮差速器

② 两行星齿轮差速器

两行星齿轮差速器主要由两个圆锥行星齿轮、一字轴、两个圆锥半轴齿轮和差速器壳等组成，如图 2-255 所示。适用于传递扭矩较小的、中型以下的货车或轿车上。

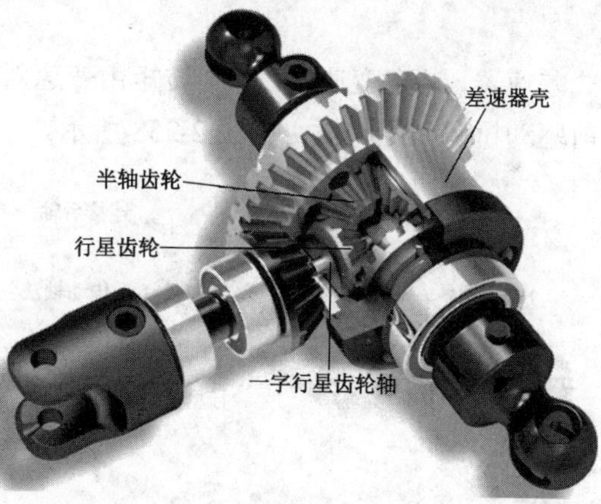

图 2-255　两行星齿轮差速器

（2）强制锁止式差速器

强制锁止式差速器就是在行星锥齿轮差速器上装设了一个差速锁。当需要时，由驾驶员操纵差速锁，使差速器不起差速作用，即相当于把左右两半轴联锁成一个整体，破坏差速器平分扭矩的特性，以达到所需要的行驶要求，如图 2-256 所示。

图 2-256　强制锁止式差速器

（3）摩擦自锁式差速器

它是在普通行星锥齿轮差速器的基础上发展而成的。它在两半轴齿轮背面与差速器壳之间各装有一套摩擦式离合器，以增加差速器内摩擦力矩，如图 2-257 所示。

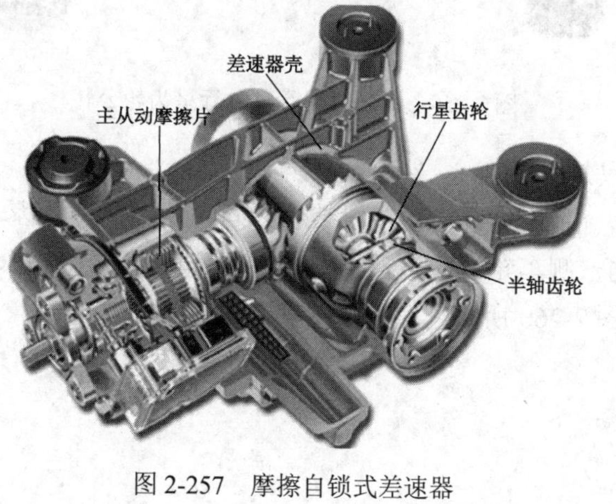

图 2-257　摩擦自锁式差速器

（4）托森差速器

它是一种轴间自锁式差速器，装在变速器后端。转矩由变速器输出轴传给托森差速器，再由差速器直接分配给前驱动桥和后驱动桥，如图 2-258 所示。

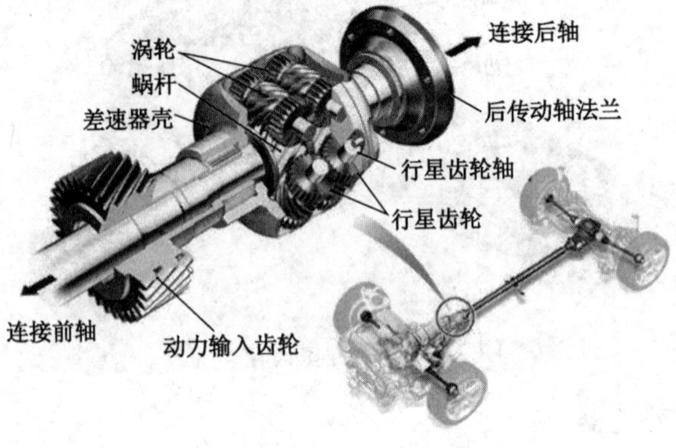

图 2-258　托森差速器

3. 差速器的工作原理

主减速器传来的动力带动差速器壳转动，经过行星齿轮轴、行星齿轮、半轴齿轮、半轴，最后传给两侧驱动车轮。

（1）汽车直线行驶时

行星齿轮绕半轴齿轮转动公转，两侧车轮以相同速度转动，$n_1=n_2=n_0$（n_1为左轮转速，n_2为右轮转速，n_0为差速器壳体转速）。如图 2-259 所示。

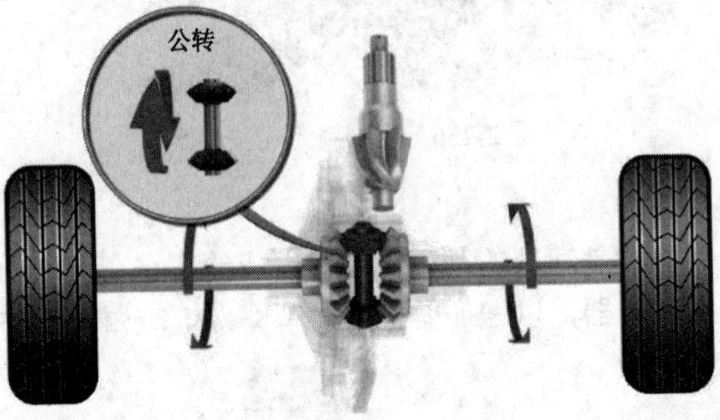

图 2-259　汽车直线行驶时行星齿轮公转

（2）汽车转向行驶时

当汽车转弯时，行星齿轮绕半轴轴线转动的同时，还绕行星齿轮轴轴线转动，有自转又有公转，阻力大的一侧车轮转速小于阻力小一侧车轮转速，且左、右车轮之间的转速关系为 $n_1+n_2=2n_0$。如图 2-260 所示。

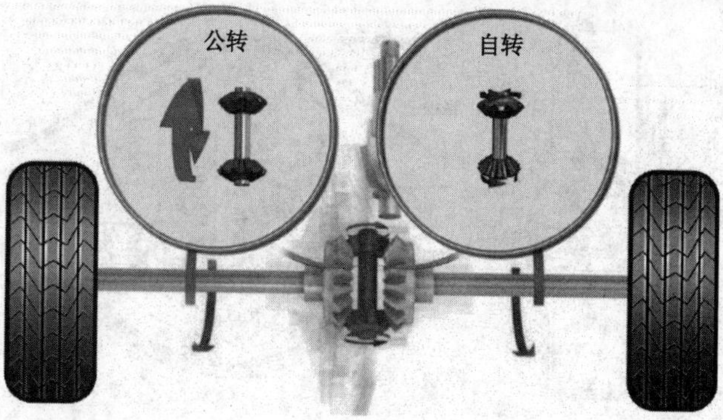

图 2-260 汽车转向行驶时行星齿轮既公转又自转

五、半轴与桥壳

1. 半轴

半轴的功用是将差速器传来的动力传给驱动轮。因其传递的转矩较大，常制成实心轴。

现在的汽车常采用全浮式半轴支承和半浮式半轴支承两种形式。

（1）全浮式半轴支承

全浮式半轴支承广泛应用于各种类型的载货汽车上。图 2-261 中这样的支承形式使半轴与桥壳没有直接联系。它易于拆装，只需拧下半轴凸缘上的螺钉，即可将半轴从半轴套管中抽出。

全浮式半轴支承的特点：承受扭矩，不承受弯矩。

图 2-261 全浮式半轴支承结构图

（2）半浮式半轴支承

半浮式半轴外端的悬伸部分不仅要求承受扭矩，同时也承受弯矩。半轴内端通过花键与半轴齿轮连接，不承受弯矩。它结构简单，广泛应用于反力和弯矩较小的各类轿车上。如图 2-262 所示。

半浮式半轴支承的特点：既承受扭矩又承受弯矩。

2. 桥壳

（1）桥壳的作用

支承并保护主减速器、差速器和半轴等；与从动桥一起支承汽车的重量；承受由车轮传来的各种反力及力矩，并经悬架传给车架。

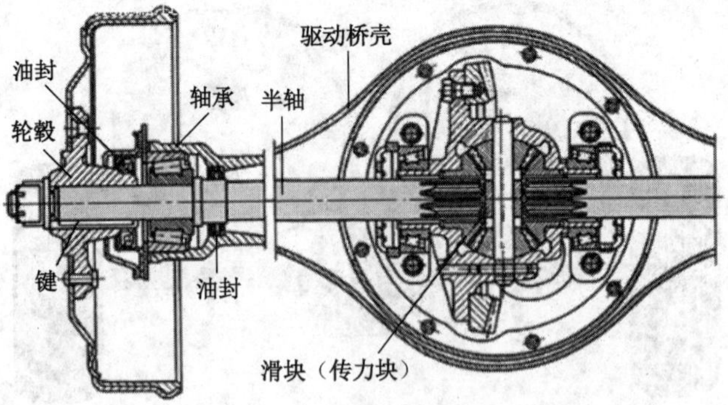

图 2-262　半浮式半轴支承结构图

（2）桥壳的分类

驱动桥壳从结构上可分为整体式桥壳和分段式桥壳两类。

① 整体式桥壳

整体式桥壳的桥壳与主减速器壳分开制造，两者用螺栓连接在一起，如图 2-263 所示。

特点：强度、刚度较大且检查、拆装和调整主减速器、差速器方便，它广泛应用于轿车和轻型货车。

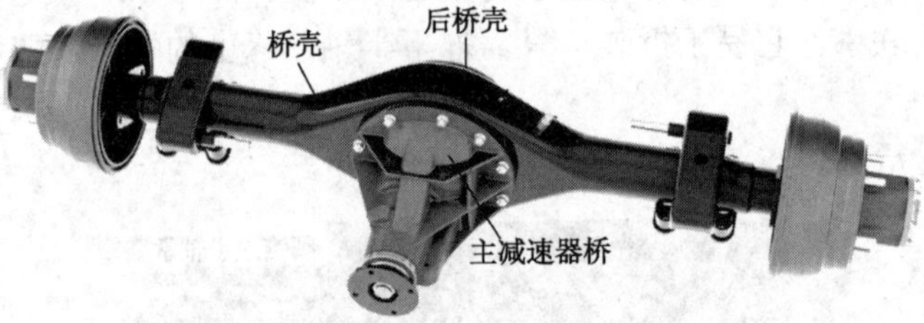

图 2-263　整体式桥壳

② 分段式桥壳：

分段式桥壳的桥壳与主减速器壳铸成一体，且一般分为两段，由螺栓连成一体，如图 2-264 所示。

特点：易于铸造，加工方便，但维护不便。当拆检主减速器时，必须把整个驱动桥从汽车上拆卸下来，目前已很少采用。

图 2-264　整体式桥壳

项目 3

汽车行驶系统

任务1 汽车行驶系统概述

任务要求

学生通过知识链接的学习，了解汽车行驶系统的组成及功用。

任务引导

相关知识点学习：要求学生实训课前参考有关资料独立完成。

相关知识点：要求学生实训课前独立完成以下内容。

1．汽车行驶系统的组成____。

2．汽车行驶系统的作用____。

任务实施

通过学习知识链接内容，对照整车说出底盘的零件名称并记录。

汽车行驶系统零件名称有____。

知识链接

汽车行驶系统概述

一、汽车行驶系的作用

1．接受传动系统传来的转矩并转化为汽车行驶的驱动力，以保证汽车正常行驶。

2．支承汽车的总质量。
3．传递并支承路面作用于车轮上的反力及其力矩。
4．缓和冲击和振动，保证汽车平顺行驶。

二、汽车行驶系的组成

汽车行驶系统一般由车架、车桥、车轮和悬架四部分组成，如图 3-1 所示。

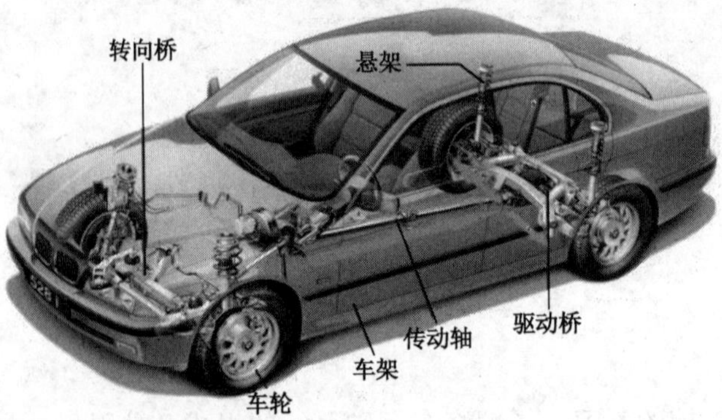

图 3-1　汽车行驶系统的组成

任务 2　车架与车桥

任务要求

1．学生通过知识链接的学习，了解车架的功用和分类。
2．学生通过知识链接的学习，了解车桥的功用和分类。

任务引导

相关知识点学习：要求学生实训课前参考有关资料独立完成。

相关知识点：要求学生实训课前独立完成以下内容。

1．车架的功用＿＿＿＿＿＿＿＿＿＿＿＿＿＿＿＿＿＿＿＿＿＿＿＿＿＿＿＿＿＿＿＿＿＿＿＿＿＿＿。

2．车桥的功用＿＿＿＿＿＿＿＿＿＿＿＿＿＿＿＿＿＿＿＿＿＿＿＿＿＿＿＿＿＿＿＿＿＿＿＿＿＿＿。

3．车架的分类＿＿＿＿＿＿＿＿＿＿＿＿＿＿＿＿＿＿＿＿＿＿＿＿＿＿＿＿＿＿＿＿＿＿＿＿＿＿＿。

4．车桥的分类＿＿＿＿＿＿＿＿＿＿＿＿＿＿＿＿＿＿＿＿＿＿＿＿＿＿＿＿＿＿＿＿＿＿＿＿＿＿＿。

任务实施

通过学习知识链接内容，对照整车说出底盘的零件名称并记录。

1．承载式车身的组成有____

____。

2．转向驱动桥的零部件名称有____

____。

知识链接

车架与车桥

一、车架

汽车车架是连接在各车桥之间形似桥梁的一种结构，是整个汽车的安装基础，俗称大梁。

1．车架的功用和要求

（1）车架的功用

安装汽车的各总成和部件，使它们保持正确的相对位置，并承受来自车上和地面的各种静、动载荷。

（2）车架的要求

① 车架的结构首先应满足汽车总体布置的要求。

② 车架应具有足够的强度和适合的刚度，以满足承受各种静、动载荷的要求。

③ 车架应结构简单，质量应尽可能小，以便机件拆装、维修。

④ 车架的结构形状应尽可能有利于降低汽车重心和获得大的转向角，以提高汽车行驶的稳定性和机动性。这一点对轿车和客车尤为重要。

2．车架的形式构造

汽车车架按其结构形式可分为边梁式、中梁式、综合式和无梁式车架。

（1）边梁式车架

边梁式车架由左、右两根纵梁和若干根横梁组成，并通过铆钉或焊接将纵梁和横梁连接成坚固的刚性构架，便于汽车的布置，应用广泛。边梁式车架如图 3-2 所示。

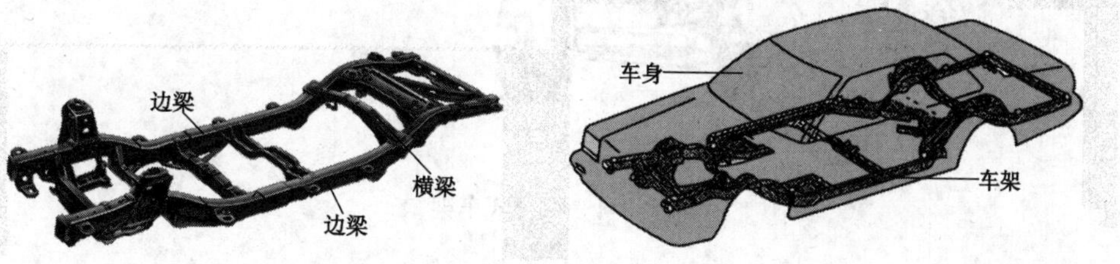

图 3-2　边梁式车架

（2）中梁（脊梁）式车架

中梁式车架又称脊梁式车架，如图 3-3 所示。它是由一根贯穿汽车纵向的中央纵梁和若干根横向悬伸托架构成。纵梁的前端做成叉形支架，用来安装发动机。主减速器壳固定在中梁的尾端，形成断开式驱动桥。这种车架质量轻、重心低、刚度和强度较大、行驶稳定性好，而且车轮运动空间足够大，前轮转向角大，便于采用独立悬架系统，适用于封闭式传动轴。但这种车架制造工艺复杂，精度要求高，维护不便。另外，横梁是悬臂梁，弯矩大，易在根部处损坏。

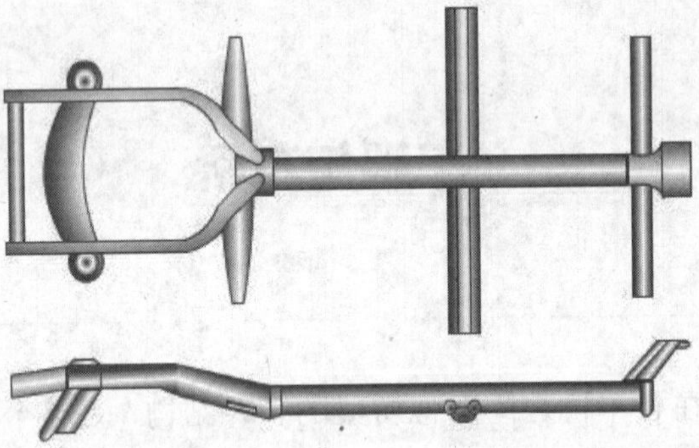

图 3-3　中梁（脊梁）式车架

（3）综合式车架

综合式车架是由边梁式和中梁式车架结合而成的，如图 3-4 所示。车架前段或后段近似边梁结构，便于分别安装发动机或驱动桥，传动轴从中梁中间穿过。这种结构可使地板的外侧高度有所降低。缺点是中间梁的断面尺寸大，造成地板中部的凸起。另外，不规则的结构增加了车架的制造难度。

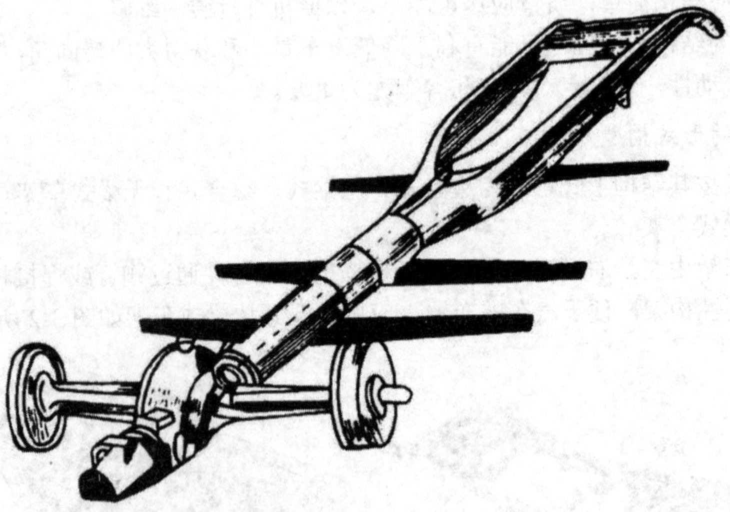

图 3-4　综合式车架

（4）无梁式车架

无梁式车架是以车身作为车架，主要部件连接在车身上，这称为承载式车身，如图 3-5 所示。这种结构的车身底板用纵梁和横梁进行加固，车身刚度较好，质量较轻，但制造要求较高。许多轿车和公共汽车均采用承载式车身。

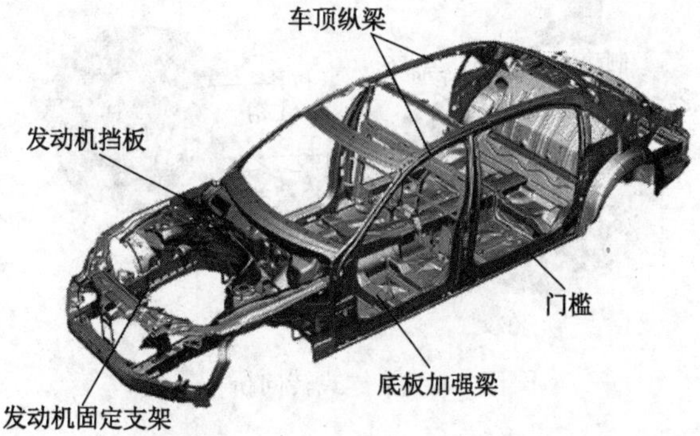

图 3-5　无梁式车架

二、车桥

1. 车桥的作用与分类

（1）车桥通过悬架与车架连接，支承着汽车大部分重量，并将车轮的牵引力、制动力及侧向力经悬架传给车架。

（2）车桥根据悬架结构形式的不同，可分为整体桥和断开桥两种。采用非独立悬架的是整体桥，采用独立悬架的是断开桥。根据其作用的不同，车桥又可分为转向桥、驱动桥、转向驱动桥和支持桥四种类型。其中转向桥和支持桥都属于从动桥。在后轮驱动的汽车中，前桥不仅用于承载，而且兼起转向作用，称为转向桥；后桥不仅用于承载，而且兼起驱动的作用，称为驱动桥。越野汽车和前轮驱动汽车的前桥，除了承载和转向的作用外，还兼起驱动作用，所以称为转向驱动桥。只起支撑作用的车桥称为支持桥。

驱动桥已在传动系统中叙述，支持桥除不能转向外，其他功能和结构与转向桥相同。下面主要讲转向桥和转向驱动桥。

2. 转向桥

转向桥能使装在前端的左右车轮偏转一定的角度来实现转向，还能承受垂直载荷和由道路、制动等力产生的纵向力和侧向力以及这些力所形成的力矩。各种车型的转向桥，其结构基本相同，都是由前轴、转向节、主销和轮毂四部分组成。整体式转向桥如图 3-6 所示。

3. 转向驱动桥

转向驱动桥能同时实现车轮转向和驱动功能，如图 3-7 所示。转向驱动桥有一般驱动桥具有的主减速器、差速器和半轴等，也具有一般转向桥所具有的转向节和主销等。为了满足既能转向又能驱动的需要，与车轮相连的半轴必须分成两段：与差速器相连的内半轴和与轮毂相连的外半轴，两者之间用等速万向节连接。另外，主销也同样分制成上下两段，固定在万向节的球形支座上。转向节轴制成中空，以便外半轴从中穿过。这样既满足了转向的需要，又实现了转向节传递转矩的功能。转向驱动桥广泛应用于全轴驱动的越野汽车和部分轿车上。

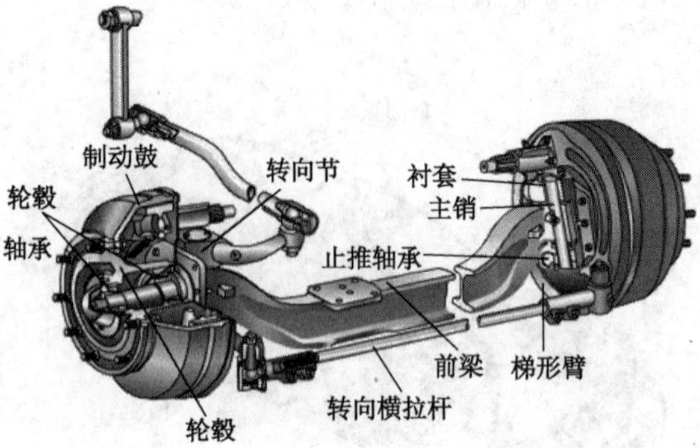

图 3-6　整体式转向桥

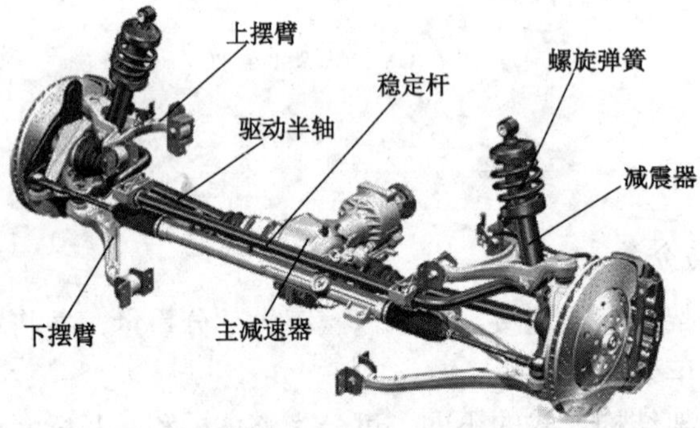

图 3-7　转向驱动桥

任务 3　汽车悬架系统的拆装与检修技术

任务要求

1．学生通过知识链接的学习，了解汽车悬架系统作用与构造。
2．学生通过知识链接的学习，能分析减震器的工作原理。
3．学生能从车上拆装前悬架系统。

任务引导

相关知识点学习：要求学生实训课前参考有关资料独立完成。

相关知识点：要求学生实训课前独立完成以下内容。

1．悬架系统的作用________________________________。
2．悬架系统的组成________________________________。
3．悬架系统的类型________________________________。

4．写出下图数字所对应的零件或总成名称。

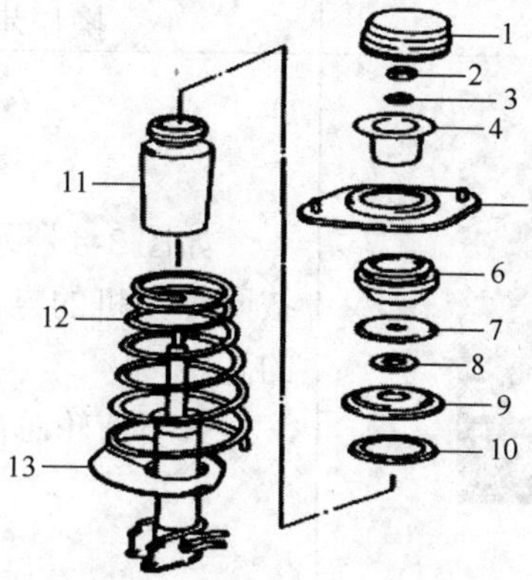

（1）________；（2）________；（3）________；
（4）________；（5）________；（6）________；
（7）________；（8）________；（9）________；
（10）________；（11）________；（12）________；
（13）________。

5．正确写出下图数字所对应的零件或总成名称。

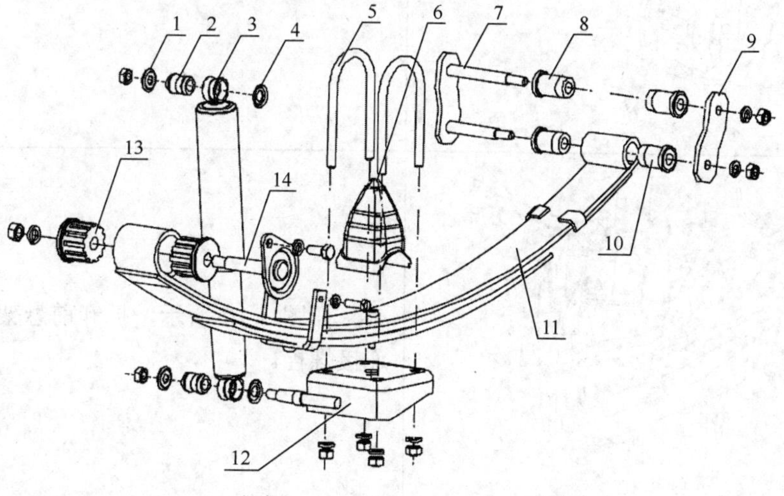

（1）________；（2）________；（3）________；
（4）________；（5）________；（6）________；
（7）________；（8）________；（9）________；
（10）________；（11）________；（12）________；
（13）________；（14）________。

任务实施

1．悬架系统的一般检查。
2．汽车前悬架的拆装。
3．完成本次任务的实训报告。

前悬架拆装

图　解	操作步骤及技术要求
 图 3-8	如图 3-8 所示，把车辆开入举升工位，按照举升机的操作规程把车辆举升到合适的高度。 拆下前轮总成。
1．拆卸	
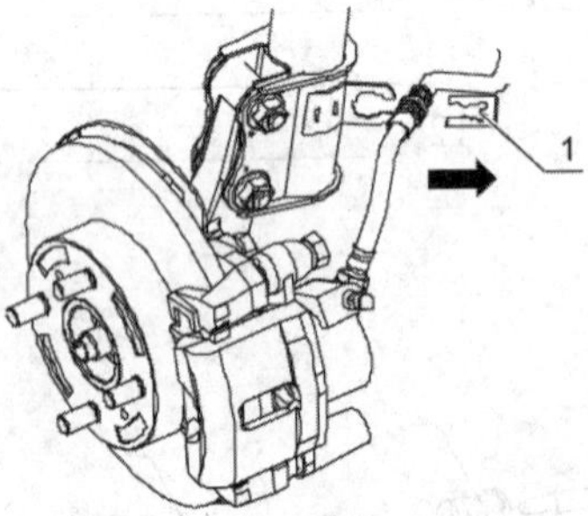 图 3-9	如图 3-9 所示，取下制动软管接头卡簧 1，使制动软管与减震器分离。
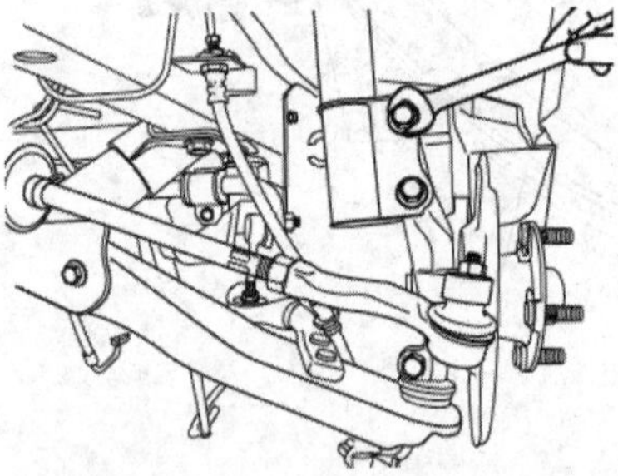 图 3-10	如图 3-10 所示，拆卸前悬架与转向节连接螺栓。
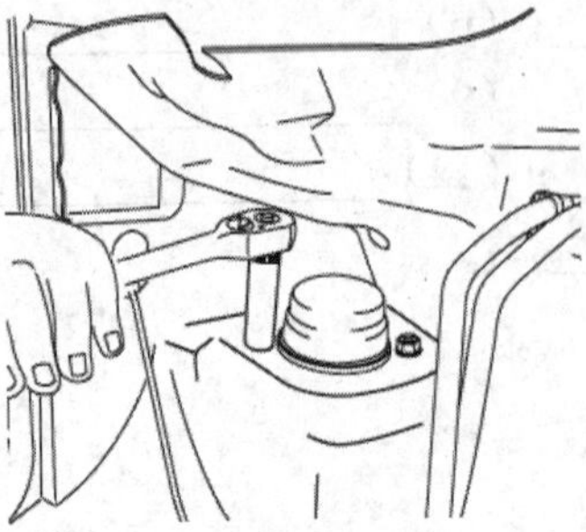 图 3-11	如图 3-11 所示，拆下前悬架支座合件上的两个自锁螺母，注意保护前减震器及螺旋弹簧总成，避免跌落。 取下前悬架及螺旋弹簧总成。

图　解	操作步骤及技术要求
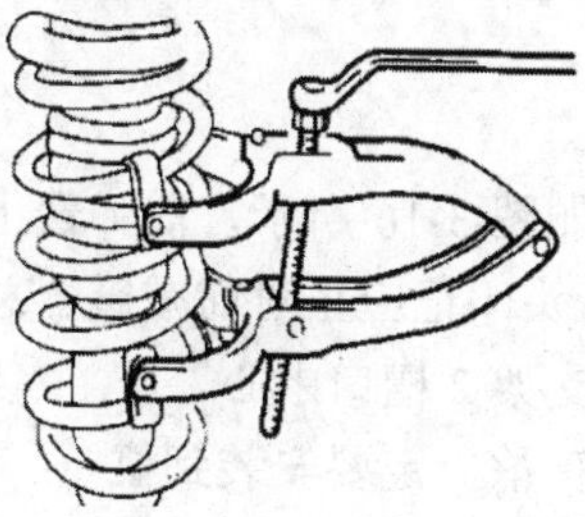 图 3-12	如图 3-12 所示，用弹簧压缩器压缩螺旋弹簧，直到螺旋弹簧与弹簧座之间不再有作用力。
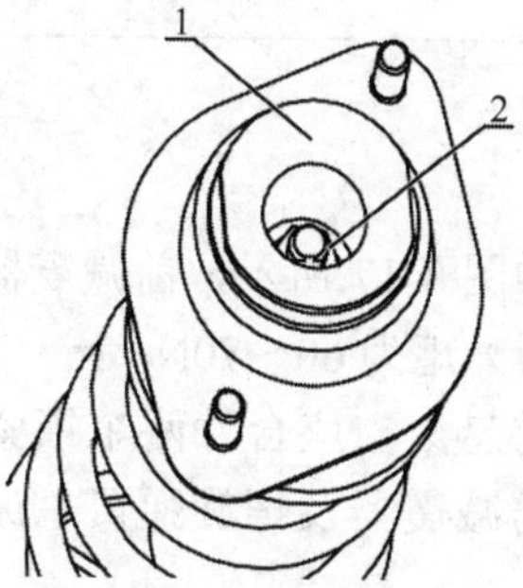 图 3-13	如图 3-13 所示，取下粘在前悬架支座上的防尘帽，用开口为 58mm 的扳手夹住止动器毂架 1 的上口，松开减震器活塞杆顶端螺母 2。
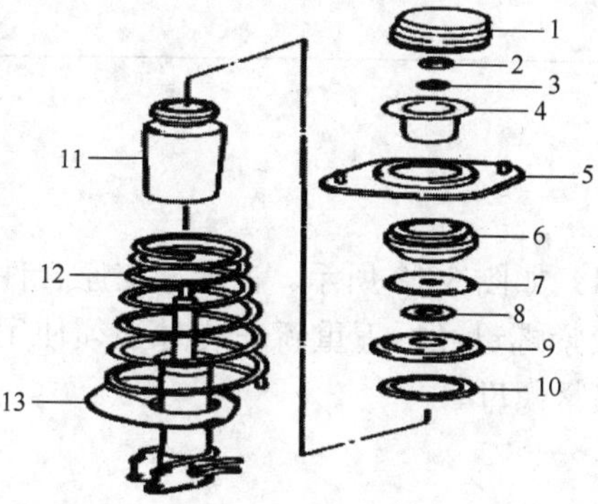 图 3-14	如图 3-14 所示，依次取下螺母 2、垫圈 3、止动器毂架 4、前悬架支座合 5、缓冲块 6、支撑托盘 7、平面轴承 8、弹簧上座焊合件 9、衬垫 10、缓冲块及防尘罩 11、螺旋弹簧 12，并检查，如果状况不良，必须更换新件。
2．安装	
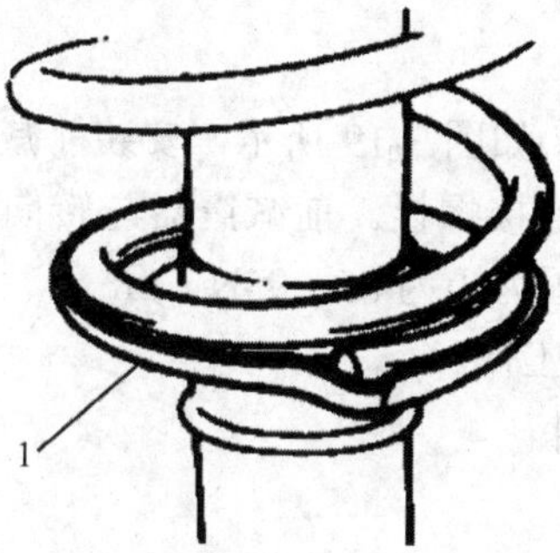 图 3-15	组装时，按拆卸的相反顺序进行。 注意事项： （1）螺旋弹簧下端点与前弹簧下座的阶梯形部位 1 配合，如图 3-15 所示。

图　解	操作步骤及技术要求
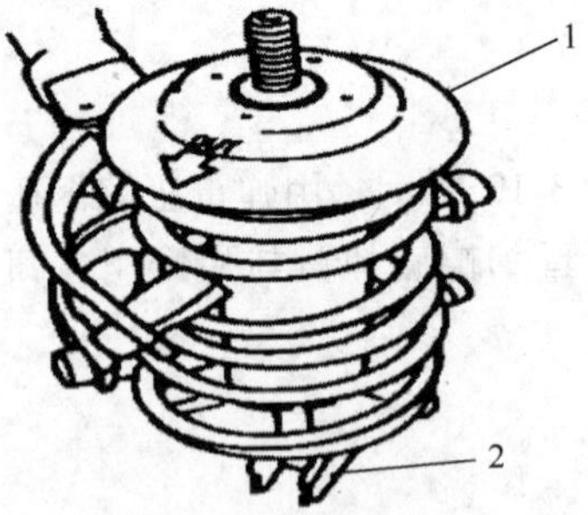 图 3-16	（2）如图 3-16 所示，前弹簧上座合件上 1 的箭头印记应正对前减震器总成底部的转向节支架 2 槽口中心。 平面轴承一定要安装到位。
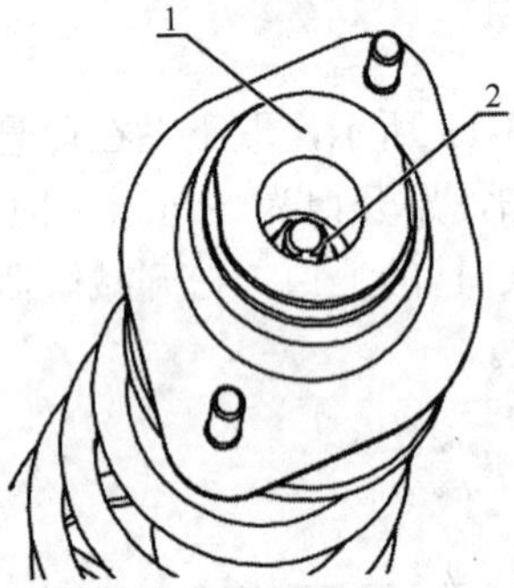 图 3-17	（3）如图 3-17 所示，前减震器支座合件螺母紧固力矩为 60～70N·m。 安装前悬架支座合件两个锁紧螺母，注意保护前减震器及螺旋弹簧总成，避免跌落。
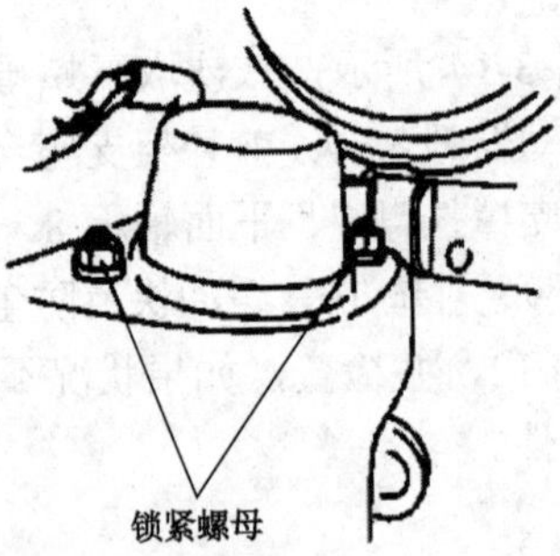 图 3-18	（4）如图 3-18 所示。前悬架支座合件两个锁紧螺母经拆下重新安装时必须使用新的锁紧螺母。
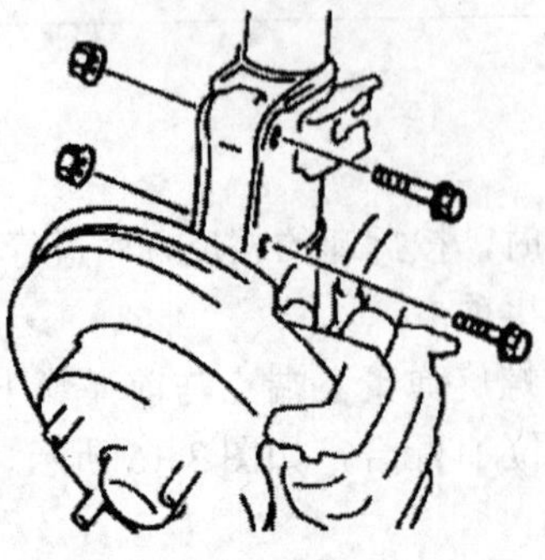 图 3-19	（5）如图 3-19 所示，安装前减震器与转向节连接螺栓。前减震器与转向节连接螺栓紧固力矩为 85～95N·m。 5S 工作。 结束。

知识链接

汽车悬架

悬架就是车架（或车身）与车桥（或车轮）之间的一切传力连接装置的总称。其作用一是弹性地连接车桥与车架(或车身)，缓和车辆在行驶中受到的由不平路面引起的冲击力，保证乘坐舒适和货物完好；二是迅速衰减由于弹性系统引起的振动，传递垂直、纵向、侧向反力及其力矩；三是起导向作用，使车轮按一定轨迹相对车身运动。

一、汽车悬架的基本组成

汽车悬架的基本组成汽车悬架（图3-20）一般由弹性元件、减震器和导向机构（横向稳定杆、摆臂、纵向推力杆等）三部分组成。

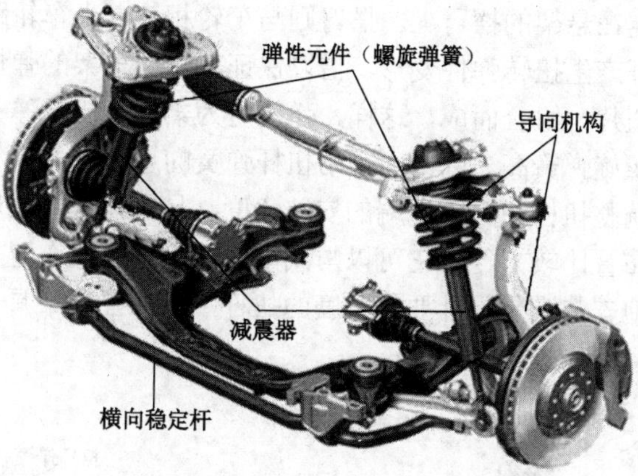

图3-20　汽车悬架系统组成

1. 弹性元件

弹性元件的作用是使车架（或车身）与车桥（或车轮）之间成为弹性连接，和弹性的充气轮胎一起缓和不平路面对车辆的冲击，提高乘客的舒适性，避免货物损伤，延长汽车使用寿命。汽车悬架系统所用的弹簧主要有钢板弹簧、螺旋弹簧、扭杆弹簧、油气弹簧和空气弹簧等。

（1）钢板弹簧

钢板弹簧是由若干片等宽但不等长（厚度可以相等，也可以不相等）的合金弹簧片组合而成的一根近似等强度的弹性梁（图3-21）。钢板弹簧纵向安置时具有导向能力，所以采用纵置钢板弹簧的悬架不必另设独立的导向机构。多片钢板弹簧变形时，各片之间有相对滑动而产生摩擦，可以衰减车身的振动，因而在对舒适性要求不高的钢板弹簧悬架中，不安装减震器，以简化结构。

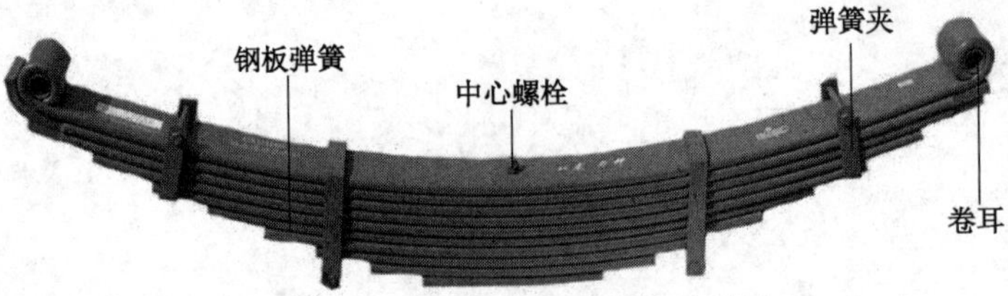

图 3-21　钢板弹簧

（2）螺旋弹簧

和钢板弹簧比较，螺旋弹簧具有以下优点：无需润滑，不忌污泥；安置所需的纵向空间不大；弹簧本身质量小。但螺旋弹簧只能承受垂直载荷，故必须装设导向机构以传递垂直力以外的各种力和力矩。另外，螺旋弹簧本身没有减震作用，因此在螺旋弹簧悬架中必须另装减震器。螺旋弹簧如图 3-22 所示。

（3）扭杆弹簧

扭杆弹簧本身是一根由弹簧钢制成的杆，如图 3-23 所示。扭杆断面通常为圆形，少数为矩形或管形。其两端形状可以做成花键、方形、六角形或带平面的圆柱形等，以便一端固定在车架上，另一端固定在悬架的摆臂上。摆臂则与车轮相连。当车轮跳动时，摆臂便绕着扭杆轴线而摆动，使扭杆产生扭转弹性变形，借以保证车轮与车架的弹性联系。有的扭杆由一些矩形断面的薄条（扭片）组合而成，这样，弹簧更为柔软。扭杆弹簧单位质量的储能量是钢板弹簧的 3 倍，比螺旋弹簧高。因此，采用扭杆弹簧的悬架质量较小，结构比较简单，也不需润滑，并且通过调整扭杆弹簧固定端的安装角度，易实现车身高度的自动调节。此外，扭杆弹簧在汽车上的布置比较方便，它可以与汽车纵轴线平行地布置，也可以横向布置。纵向布置时，可以方便地安装满足设计要求长度的扭杆，以保证悬架具有良好的性能。

图 3-22　螺旋弹簧

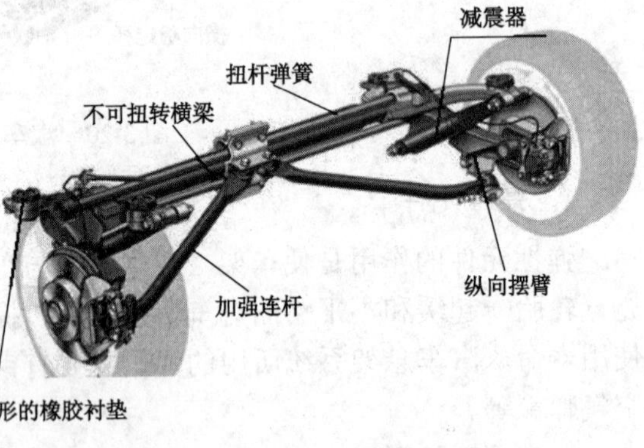

图 3-23　扭杆弹簧

（4）油气弹簧

油气弹簧是以高压惰性气体（一般为氮气）作为弹性介质、以油液作为传力介质的气体弹簧。它利用气体的可压缩性来执行弹簧缓冲的作用，如图 3-24 所示。

（5）空气弹簧

空气弹簧一般用于电子悬架系统中，它是以空气作为弹性介质，利用气体的可压缩性实现弹簧的作用。空气弹簧又分为囊式和膜式两种，如图 3-25 所示。

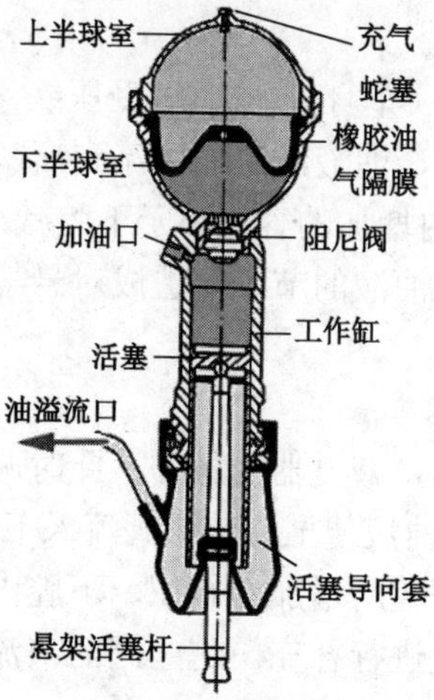

图 3-24　油气弹簧

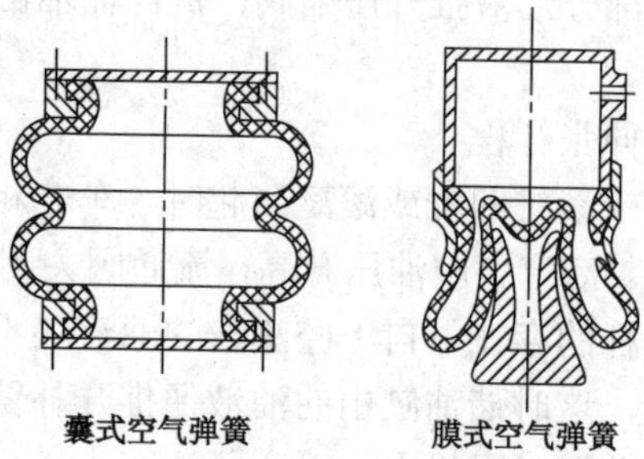

图 3-25　空气弹簧

2. 减震器

减震器的作用：弹性系统受到冲击会产生振动，持续的震动容易使乘客感到不舒适或疲劳，为了使弹性系统的振动迅速衰减，保持汽车行驶平顺性，悬架中还安装有减震器，使振动迅速衰减。汽车减震器有液力式、充气式和阻力可调式等。这里主要讲述液力式减震器。对于液力式减震器，目前汽车广泛采用的是筒式液力式减震器，并在压缩和伸张两个行程内均能起减震作用，故称为双向作用式减震器（图 3-26）。

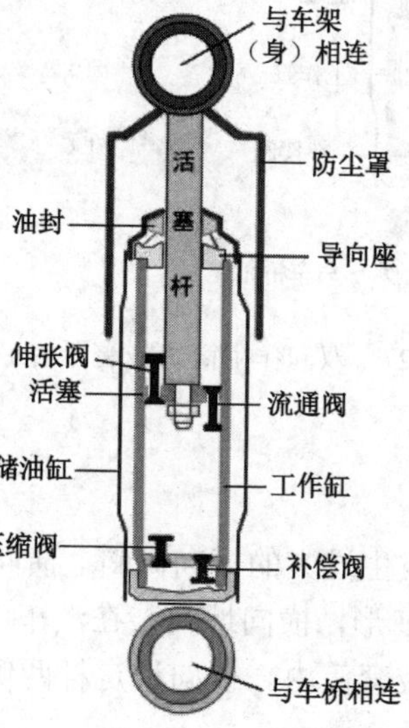

图 3-26　双向作用式减震器

它一般具有四个阀：压缩阀、伸张阀、流通阀和补偿阀。流通阀和补偿阀是一般的单向阀，其弹簧弹力很弱，当阀上的油压作用力与弹簧力同向时，阀处于关闭状态；而当油压作用力与弹簧力反向时，只要有很小的油压，阀便能开启。压缩阀和伸张阀是卸载阀，其弹簧较强，预紧力较大，只有当油压升高到一定程度时，阀才能开启。双向作用筒式减震器的工作原理如下所述，见图 3-27。

（1）压缩行程

当汽车车轮滚上凸起和滚出凹坑时，车轮移近车架（车身），减震器受压缩，减震器活塞下移。活塞下面的腔室（下腔）容积减小，油压升高，油液经流通阀流到活塞上面的腔室（上腔）。由于上腔被活塞杆占去一部分空间，上腔内增加的容积小于下腔减小的容积，故还有一部分油液推开压缩阀，流回储油缸。这些阀对油液的节流便造成对悬架压缩运动的阻尼力。

（2）伸张行程

当车轮滚进凹坑或滚离凸起时，车轮相对车身移开，减震器受拉伸。此时减震器活塞向上移动。活塞上腔油压升高，流通阀关闭。上腔内的油液便推开伸张阀流入下腔。同样，由于活塞杆的存在，自上腔流来的油液还不足以充满下腔所增加的容积，下腔内产生一定的真空度，这时储油缸中的油液便推开补偿阀流入下腔进行补充。这些阀的节流作用对悬架伸张运动形成阻尼力。

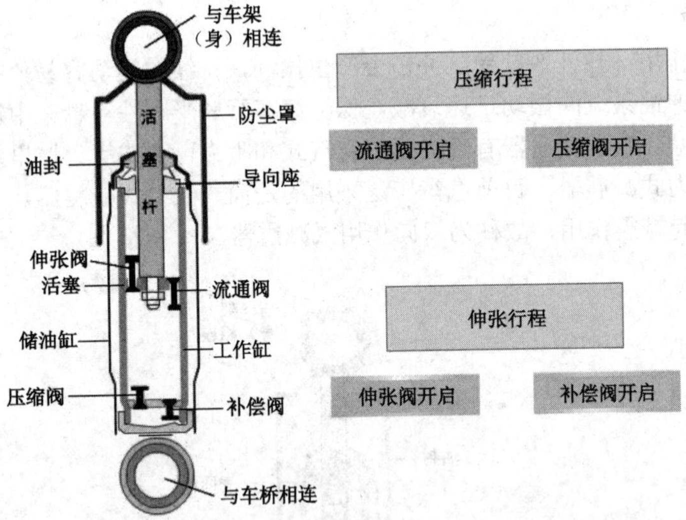

图 3-27　双向作用筒式减震器的工作原理

3. 横向稳定杆

（1）横向稳定杆的作用

防止车身在转向等情况下发生过大的横向倾斜。横向稳定杆位置如图 3-28 所示。弹簧钢制成的横向稳定杆呈扁平的 U 形，横向地安装在汽车的前端或后端。稳定杆中部自由地支撑在两个固定在桥壳上的橡胶套筒内。横向稳定杆两侧纵向部分的末端与下臂上的弹簧支座相连。

（2）横向稳定杆工作原理

当车身只做垂直移动而两侧悬架变形相等时，横向稳定杆在套筒内自由转动，并不起作用。当两侧悬架变形不等而车身相对于路面横向倾斜时，车架的一侧移近弹簧支座，稳定杆的该侧末端就相对于车架向上移；而车架的另一侧远离弹簧支座，相应地稳定杆的末端则相对于车架向下移。然而，在车身和车架倾斜时，横向稳定杆的中部对于车架并无相对运动。这样在车身倾斜时，稳定杆两边的纵向部分向不同方向偏转，于是稳定杆便被扭转，弹性的稳定杆所产生的扭转的内力矩就妨碍了悬架弹簧的变形，起到了阻止车身倾斜的作用，从而减小了车身的横向倾斜和横向角振动。

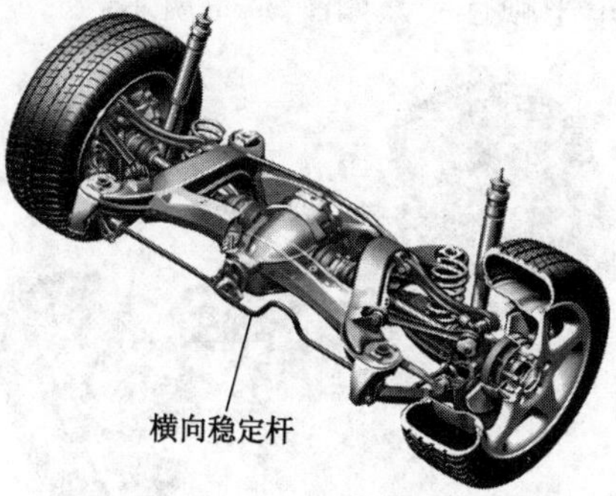

图 3-28 横向稳定杆

二、悬架的分类

1. 按照汽车导向机构分类

按照汽车导向机构的不同，汽车悬架可分为独立式和非独立式（图 3-29）。非独立悬架的结构特点是两侧的车轮由一根整体式车桥相连，车轮连同车桥一起通过弹性悬架与车架（或车身）连接。当一侧车轮因道路不平而发生跳动时，必然引起另一侧车轮在汽车横向平面内发生摆动。

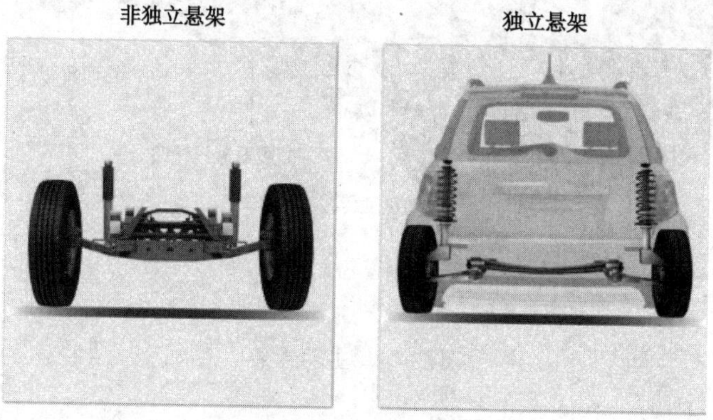

图 3-29 悬架的分类

2. 按照控制方式分类

按照控制方式的不同，汽车悬架可分为被动悬架和主动悬架（图 3-35）。传统的机械控制属于被动控制即汽车的状态只能被动地取决于路面、行驶状况和汽车的弹性元件、减震器和导向机构等机械部件。主动控制采用电子控制技术，它能根据路面和行驶状况，自动调节悬架刚度和阻尼，控制汽车的振动状态，使汽车平顺行驶。

（1）被动悬架

传统的机械控制属于被动控制即汽车的状态只能被动地取决于路面、行驶状况和汽车的弹性元件、减震器和导向机构等机械部件，如图 3-30 所示。

（2）主动悬架

主动控制采用电子控制技术，它能根据路面和行驶情况，自动调节悬架刚度和阻尼，控制汽车的振动状态，使汽车平顺行驶，如图 3-31 所示。

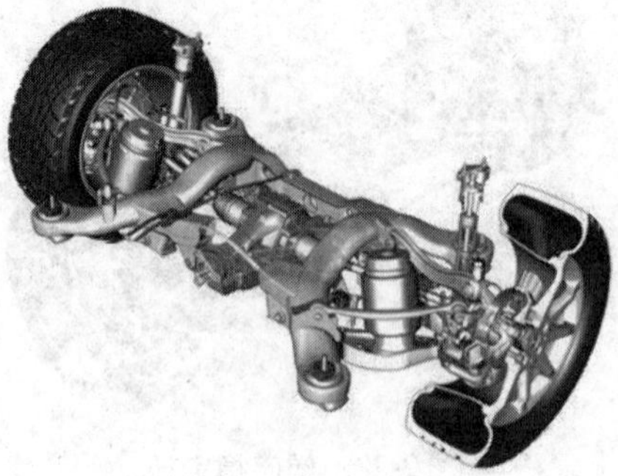

图 3-30　被动悬架

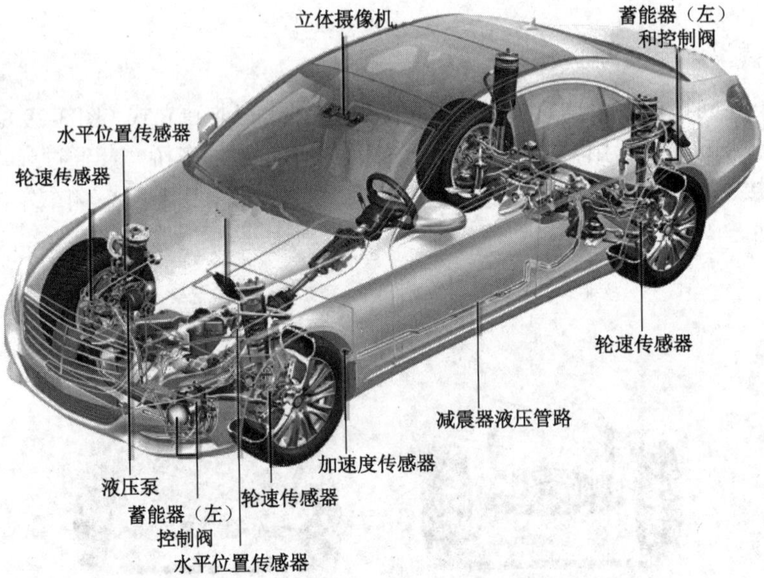

图 3-31　主动悬架

三、非独立悬架与独立悬架

1. 非独立悬架

非独立悬架因其结构简单，工作可靠，被广泛应用于货车的前、后悬架，国产微型车以及微型客货车后桥基本采用钢板弹簧式非独立悬架。在现在的轿车中，很少采用或仅后悬架采用非独立悬架。按所采用的弹性元件的不同，非独立悬架又分为钢板弹簧式、螺旋弹簧式和空气弹簧式。

（1）钢板弹簧式非独立悬架

图 3-32 所示为国产微型客货车广泛采用的钢板弹簧式非独立悬架。钢板弹簧纵向安置，中部用两个 U 形螺栓固定在前轴的工字梁上。钢板弹簧的主片（最上面的一片）的两端弯

成卷耳，内装轴衬。前端卷耳用钢板弹簧销与前支架相连，形成固定的铰链支点；而后端卷耳则通过前板簧吊耳销与用铰链挂在吊耳支架上可以自由摆动的吊耳相连接，从而保证了弹簧变形时两卷耳中心线间的距离可变。各弹簧片用中心螺栓加以连接，并用若干个弹簧夹定位，以防钢板弹簧反向变形，印反跳时使各片分开，以免主片单独承载，此外，还可防止各片横向错动。铜板弹簧在载荷作用下变形时，各片之间因相对滑动而产生摩擦，可以促进车架振动的衰减。

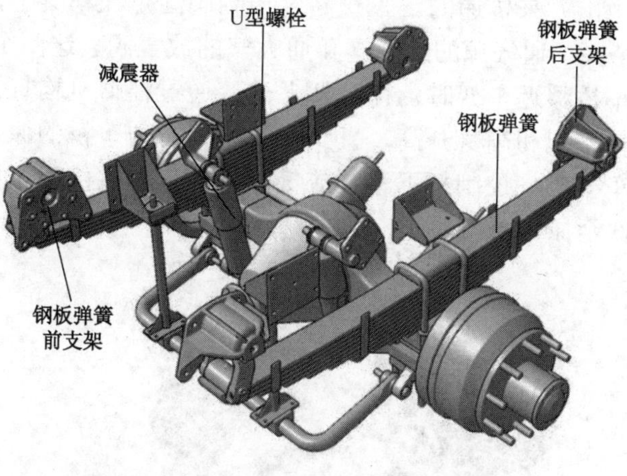

图 3-32　钢板弹簧式非独立悬架

（2）螺旋弹簧式非独立悬架

螺旋弹簧非独立悬架具有纵向布置方便、便于维护和保养的特点，一般只用作轿车的后悬架（图 3-33）。两端车轮用整体式后桥相连，纵向上、下推力杆的一端和车桥固定在一起，另一端头部有孔，里边装有橡胶衬套，连接螺栓穿过橡胶衬套中间的孔和车身相连，并形成铰链点。在汽车行驶过程中，整个后轴可以通过纵向上、下推力杆和车身连接的铰链点进行纵向摆动。由于铰链点处的橡胶衬套有一定的厚度和长度，橡胶本身又有弹性，所以后轴在铰链点摆动时，根据受力方向不同，橡胶衬套可以在各个方向产生较小的变形来防止运动干涉。左右两个螺旋弹簧的间距应尽可能大，以提高悬架的横向角刚度。横向导杆则是用来传递车轴和车身之间的横向作用力及其力矩的。

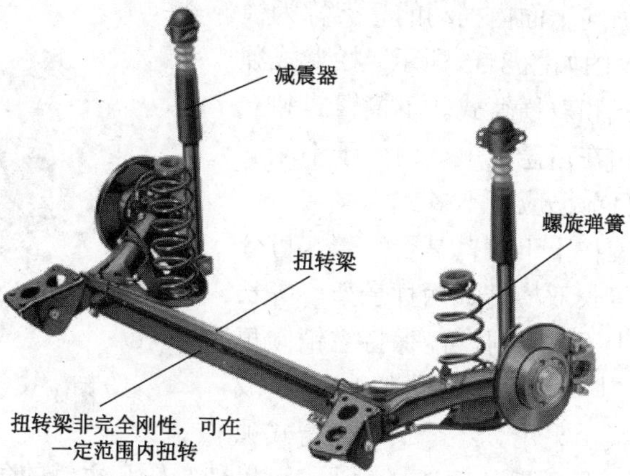

图 3-33　螺旋弹簧非独立悬架

（3）空气弹簧式非独立悬架

图 3-34 所示为空气弹簧非独立悬架。囊式空气弹簧的上下端分别固定在车架和车桥（或与车桥相连的支架）上。从压缩机产生的压缩空气经油水分离器和压力调节器进入储气罐。压力调节器可使储气筒中的压缩空气保持一定的压力。储气罐通过管路与两个（或几个）空气弹簧相通。储气罐和空气弹簧中的空气压力由车身高度控制阀控制。空气弹簧和螺旋弹簧一样只能传递垂直力，其纵向力和横向力及其力矩也是由纵向推力杆和横向推力杆（图中未画出）来传递的。车身高度控制阀固定在车架上，通过控制杆与车桥相连。阀体内有两个阀：通气源的通气阀和通大气的放气阀。这两个阀均由控制杆操纵。当汽车载荷增加、车桥移近车架时，控制杆上升，通过摇臂机构打开充气阀，压缩空气便进入空气弹簧，使车架和车身升高，直到恢复至车身与车桥的原定距离为止；而当载荷减小、车桥远离车架时，控制杆下移，放气阀打开，则空气弹簧内的空气排入大气，车身和车架随即降低至原定数值。

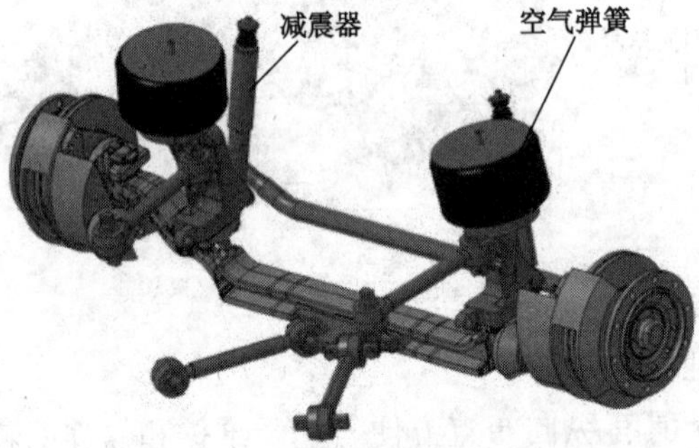

图 3-34　空气弹簧式非独立悬架

2. 独立悬架

独立式悬架采用的车桥是断开式的。两侧车轮分别独立地与车架或车身弹性连接，当一侧车轮受到冲击时，不会影响另一侧车轮。按车轮运动形式的不同，独立悬架可以分为横臂式独立悬架、纵臂式独立悬架、多连杆独立悬架、烛式悬架和麦弗逊式独立悬架等。

（1）横臂式独立悬架

车轮可以在汽车横向平面内摆动的悬架称为横臂式独立悬架，其示意图如图 3-35 所示。横臂式独立悬架可分为单横臂式和双横臂式。单横臂式独立悬架结构简单，多应用在后悬架上，但由于不能适应高速行驶的要求，目前已应用不多。

图 3-35　横臂式独立悬架

双横臂式独立悬架按上下横臂是否等长，可分为等长双横臂式和不等长双横臂式两种悬架。等长双横臂式悬架在车轮上下跳动时，能保持主销倾角不变，但轮距变化大（与单横臂式相类似），易造成轮胎磨损严重，现已很少采用。不等长双横臂式独立悬架如图 3-36 所示。如两臂长度选择适当，可以使车轮和主销的角度以及轮距的变化都不太大，不大的轮距变化在轮胎较软时可以由轮胎变形来适应。不等长双横臂式独立悬架在轿车前轮上的应用较为广泛。

图 3-36　不等长双横臂式独立悬架

（2）纵臂式独立悬架

车轮可以在汽车纵向平面内摆动的悬架称为纵臂式独立悬架（图 3-37）。纵臂式独立悬架可分为单纵臂式独立悬架和双纵臂式扭杆弹簧独立悬架。转向轮采用单纵臂独立悬架时，车轮上下跳动将使主销后倾角产生很大的变化。因此，单纵臂式独立悬架（图 3-42）一般多用于不转向的后轮，其弹性元件为螺旋弹簧。

图 3-37　单纵臂式独立悬架

双纵臂式扭杆弹簧独立悬架如图 3-38 所示，它的两个纵臂长度相等，形成平行四连杆机构。这样，在车轮上下跳动时，主销的后倾角保持不变，故这种形式的悬架适用于转向轮。双纵臂扭杆弹簧前独立悬架的转向节和两个等长的纵臂铰链式连接。在车架的两根管式横梁内部都装有若干层矩形断面的薄弹簧钢片叠成的扭杆弹簧。两根扭杆弹簧的内端用螺钉固定在横梁的中部，而外端则插入摆臂轴的矩形孔内。摆臂轴用衬套支承在管式横梁内。摆臂轴和纵臂为刚性连接。另一侧车轮的悬架与之完全相同而且对称。

（3）多连杆独立悬架

多连杆独立悬架（图 3-39）是车轮可以在由摆臂、推力杆等多杆件共同决定的斜向平面内摆动的悬架。多连杆独立悬架能使车轮绕着汽车纵轴线成一定角度的轴线内摆动，是横臂式和纵臂式的综合方案。适当地选择摆臂轴线与汽车纵轴线所成的夹角，可不同程度地获得横臂式与纵臂式悬架的优点，满足不同的使用性能要求。其不足之处是汽车高速行驶时有轴摆动现象。

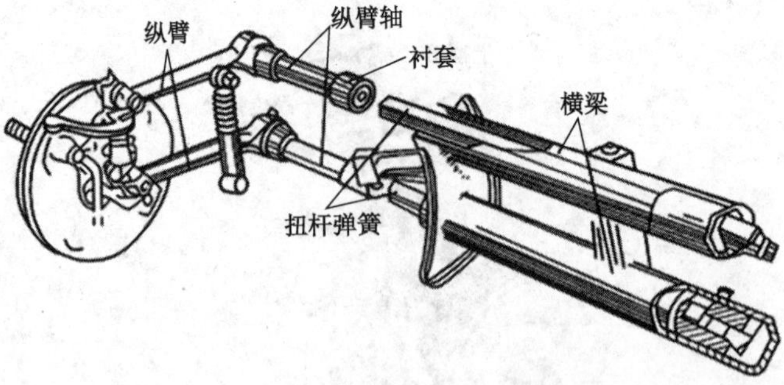

图 3-38　双纵臂式扭杆弹簧独立悬架

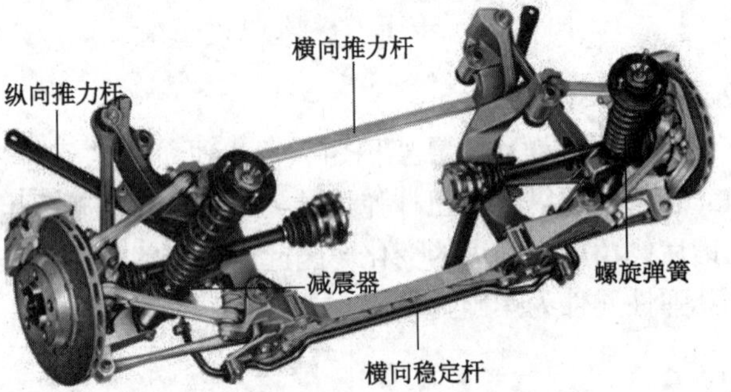

图 3-39　多连杆独立悬架

（4）烛式悬架

烛式悬架如图 3-40 所示，其结构特点是车轮沿主销轴线上下移动。当悬架变形时，主销位置和定位角不会发生变化，仅是轮距、轴距稍有变化，有利于汽车的操纵性和稳定性。烛式悬架的缺点：汽车行驶时的侧向力会全部由套在主销套筒的主销承受，致使套筒与主销间的摩擦阻力加大，磨损也较严重。烛式悬架现已应用不多。

图 3-40　烛式悬架

（5）麦弗逊式独立悬架

麦弗逊式独立悬架又称为滑柱摆臂式独立悬架，目前广泛应用于发动机前置前轮驱动轿车前悬架。如图 3-41 所示，麦弗逊式独立悬架由减震器、螺旋弹簧、横摆臂和横向稳定杆等组成。减震器与螺旋弹簧装于一体，作为引导车轮跳动的滑柱，有的还兼起转向主销的作用。采用这种悬架的汽车前端空间大，有利于发动机布置，并可降低整车的重心。

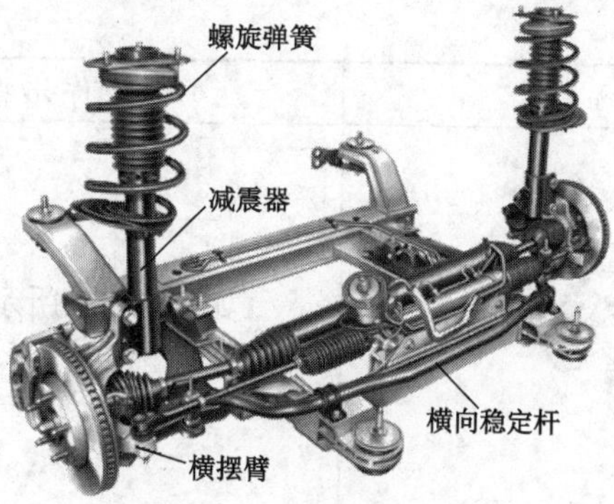

图 3-41　麦弗逊式独立悬架

任务 4　车轮动平衡与轮胎拆装

任务要求

1．学生通过知识链接的学习，了解车轮的作用与构造。
2．学生通过知识链接的学习，了解轮胎的作用与构造。
3．学生能操作车轮动平衡的检测。
4．学生能拆装轮胎。

任务引导

相关知识点学习：要求学生实训课前参考有关资料独立完成。

相关知识点：要求学生实训课前独立完成以下内容。

1．车轮的分类有______________________________。
2．车轮的组成______________________________。
3．轮胎的胎纹分类有______________________________。
4．轮胎的组成______________________________。
5．汽车轮辋规格代号为 4.5E×16 表示______________________________。
6．汽车轮胎规格代号为 225/65R1794W 表示______________________________。
7．汽车轮胎生产日期标注为 1612，请填写具体的年月______________________________。

任务实施

1．轮胎的拆装。

2．车轮动平衡试验。

3．完成本次任务实训报告。

（1）轮胎拆装

图　　解	操作步骤及技术要求
 图 3-42	如图 3-42 所示，所用设备为轮胎拆装机。使用前要检查设备、气压等是否正常。
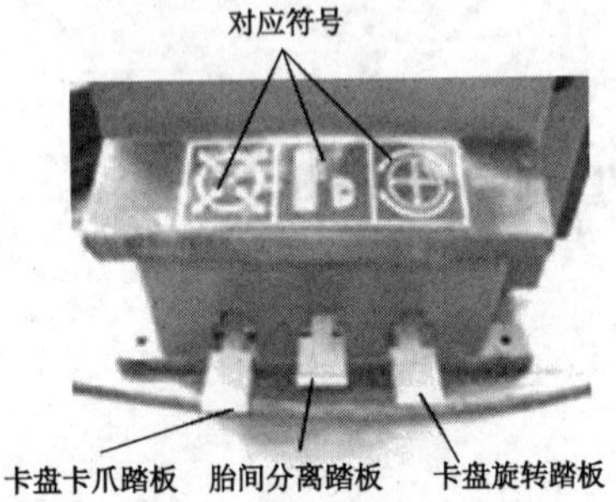 图 3-43	如图 3-43 所示，为各踏板的功能。踩下卡盘卡爪踏板，为夹紧作用，往上提为松开；踩下胎间分离踏板把轮胎压下，放松踏板，分离踏板回位；踩下卡盘旋转踏板，卡盘顺时针旋转，提起踏板，卡盘逆时针旋转。
1．拆卸	
 图 3-44	如图 3-44 所示，在气嘴与轮胎之间做好装配记号。
 图 3-45	如图 3-45 所示，用气门芯钥匙旋松气门芯。

图　　解	操作步骤及技术要求
 图 3-46	如图 3-46 所示，取出气门芯，放掉轮胎气压。
 图 3-47	如图 3-47 所示，把轮胎放到胎间分离位置，使分离铲靠在轮辋边上。
 图 3-48	如图 3-48 所示，踩下分离踏板。
 图 3-49	如图 3-49 所示，交叉对角分多次对轮胎的不同部位进行挤压。
 图 3-50	挤压后的轮胎如图 3-50 所示，使轮胎内内圈橡胶与轮辋初步分离。

图　　解	操作步骤及技术要求
 图 3-51	如图 3-51 所示，调转轮胎，用同样的方法对轮胎另一边进行挤压。
 图 3-52	如图 3-52 所示，把轮胎放到卡盘上并夹紧。
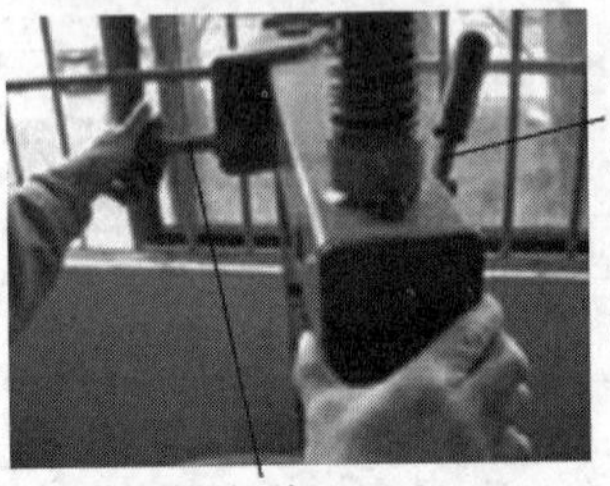 图 3-53	如图 3-53 所示，松开转臂固定手柄，摆动转臂，使鸟头伸缩杆移动到轮胎上方。
 图 3-54	如图 3-54 所示，松开伸缩杆固定手柄，使鸟头靠近并平齐轮辋边，但不要与轮辋接触。
 图 3-55	如图 3-55 所示，用撬棍把轮胎内边撬到鸟头上，鸟头上后部的轮胎边缘压在导块下。并压平撬棍，暂时不要拔出。

图　解	操作步骤及技术要求
 图 3-56	如图 3-56 所示，踩下卡盘旋转踏板。
 图 3-57	如图 3-57 所示，用手压住撬棍随轮胎顺时针旋转，转过半圈感觉撬棍没有反弹力后取出。
 图 3-58	如图 3-58 所示，转一圈后，轮胎的上边便脱出轮辋。
 图 3-59	如图 3-59 所示，用手托起轮胎，使其下边往轮辋的上边靠。
 图 3-60	如图 3-60 所示，用撬棍把轮胎下边撬起压在鸟头上。压住撬棍顺时针转动卡盘，使轮胎的另一边脱出，此时轮胎与轮辋已彻底分离。

图　　解	操作步骤及技术要求
 图 3-61	如图 3-61 所示，松开转臂固定手柄，把转臂移开，取下轮胎。
2．安装	
 图 3-62	如图 3-62 所示，在轮胎上涂上肥皂水。 轮辋夹紧在卡盘上。
 图 3-63	如图 3-63 所示，鸟头与轮辋平齐，使轮胎边缘压在鸟头下面。装配记号与气嘴对正，压住轮胎，踩下转动踏板使卡盘顺时针转动，旋转一圈轮胎下边便旋入轮辋内。
 图 3-64	如图 3-64 所示，使轮胎上边前部压在导块上，后部压在鸟头下，顺时针转动卡盘。
 图 3-65	如图 3-65 所示，在旋入过程中始终要用手压住轮胎的一边（有的轮胎拆装机有辅助压紧装置，不需手压）。

图 解	操作步骤及技术要求
 图 3-66	如图 3-66 所示，直到轮胎的上边完全旋入轮辋中。
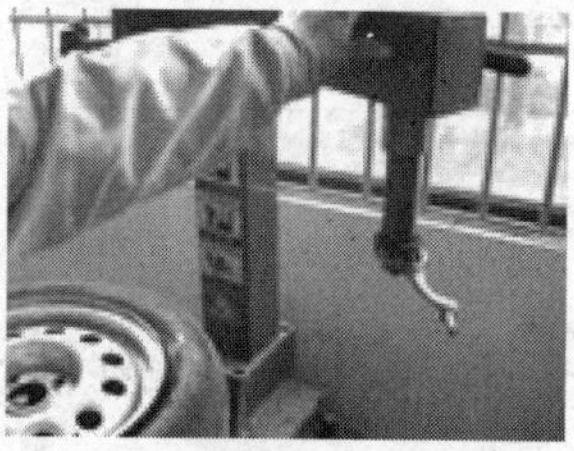 图 3-67	如图 3-67 所示，移开鸟头及伸缩杆。
 图 3-68	如图 3-68 所示，给轮胎充气，使轮胎与轮辋边缘的密封面贴紧。
 图 3-69	如图 3-69 所示，给轮胎充入规定气压，旋入气门芯并检查气门的密封性。 5S 工作。 结束。

（2）轮胎动平衡检测

图 解	操作步骤及技术要求
 图 3-70	检前准备：清除轮胎花纹上的小石子等杂物，确保轮胎气压正常。 如图 3-70 所示，把车轮安装到平衡机转轴上。

图　　解	操作步骤及技术要求
 图 3-71	如图 3-71 所示，安装夹紧锥块。
1．拆卸	
 图 3-72	如图 3-72 所示，安装锥块锁紧螺母并锁紧车轮。
 图 3-73	如图 3-73 所示，测量轮胎的安装距离。测量尺端靠在轮辋边的平面上。
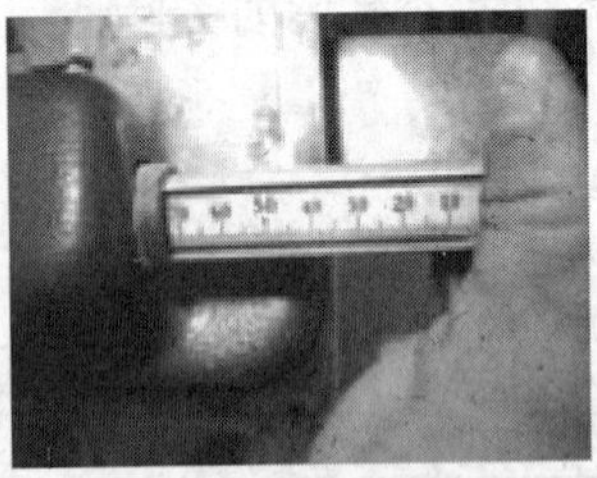 图 3-74	如图 3-74 所示，读取测量尺上的安装距离数值。
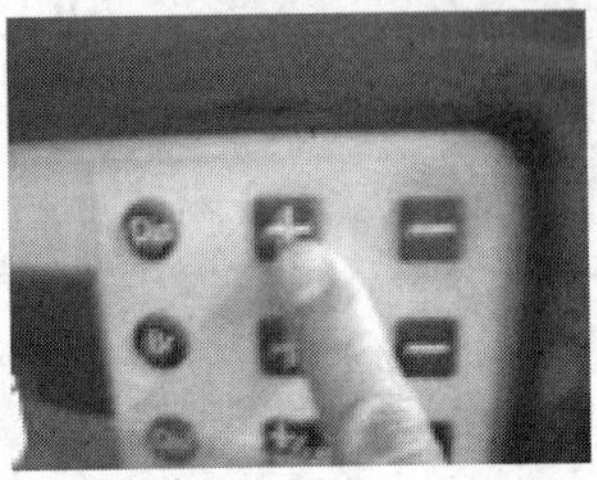 图 3-75	如图 3-75 所示，点按面板上的安装距离数据输入按钮（本案为 Dis 键），通过按“+”和“-”按钮输入测量尺上的测量数据。

图 解	操作步骤及技术要求
 图 3-76	如图 3-76 所示，用平衡机配带的测量尺测量轮辋的宽度值。
 图 3-77	如图 3-77 所示，读取测量尺上的轮辋宽度数据。
 图 3-78	如图 3-78 所示，点按面板上的轮辋宽度数据输入按钮（本案为 Br 键），通过点按“+”和“-”按钮输入测量尺上的测量数据。
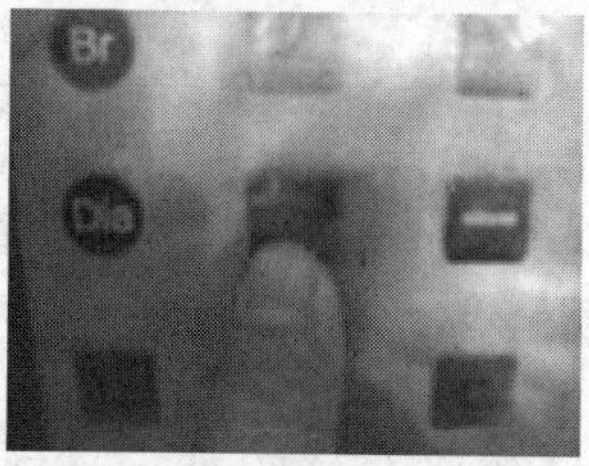 图 3-79	如图 3-79 所示，按面板上的轮辋直径数据输入按钮（本案为 Dia 键），通过点按“+”和“-”按钮输入轮辋直径数据。
 图 3-80	轮辋直径数据可通过查找轮胎编号上的相关数值找到，如图 3-80 所示，“R”后的数值 390 为轮辋直径。

图　解	操作步骤及技术要求
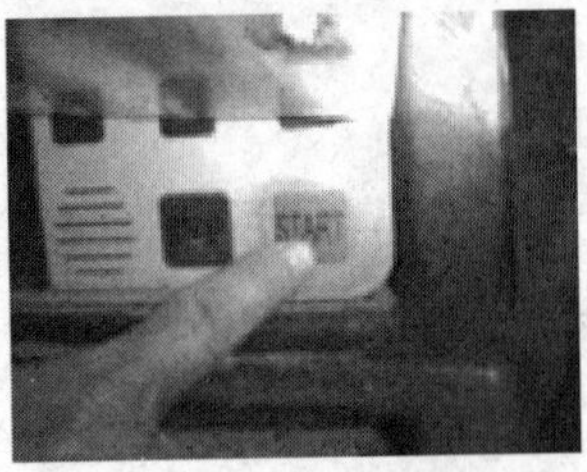 图 3-81	如图 3-81 所示，输入完以上三种数据后按下启动按钮。 车轮开始转动。
 图 3-82	如图 3-82 所示，车轮停止转动后面板上显示出测量结果，左边显示为轮胎内侧（从安装测量位置看，下同）的不平量，右边显示为轮胎外侧的不平量。
 图 3-83	如图 3-83 所示，用手轻轻转动轮胎，以找出不平量的位置。
 图 3-84	如图 3-84 所示，当轮胎转到显示值旁边的灯全亮（成一条直线）时，停止转动轮胎。 不平量位置在轮胎垂直于转轴的上方。
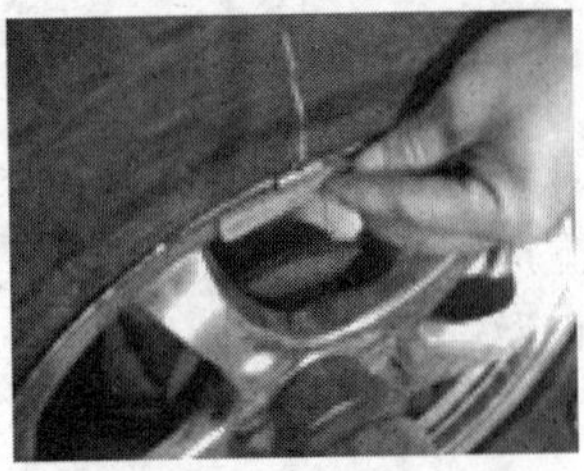 图 3-85	如图 3-85 所示，用与测量值相当的铅块镶嵌在垂直于转轴上方的轮辋边上。 再次进行测量，误差一般在 5mm 内即可。 合格后拆下检测轮胎，5S 工作。 结束。

知识链接

轮胎与车轮

轮胎与车轮是汽车与路面的接触部件，汽车通过轮胎与地面的相互作用获得驱动力、制动力以及侧向支撑力。轮胎与车轮性能的好坏影响着汽车的行驶性能、安全性、动力性以及燃油经济性。

一、车轮

车轮用于安装轮胎，传递和承受轮胎、车桥之间的各种作用力和力矩。车轮总成由轮辐、轮辋和轮毂三部分组成。

1. 轮辐

按照轮辐的结构不同，车轮可分为辐板式车轮和辐条式车轮。如图 3-86 和图 3-87 所示。

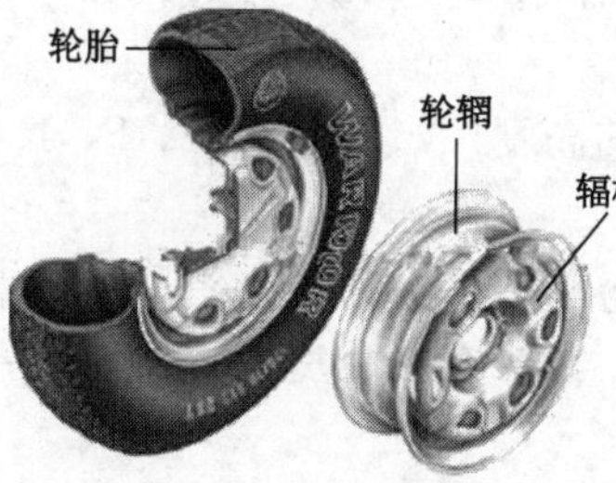

图 3-86 辐板式车轮

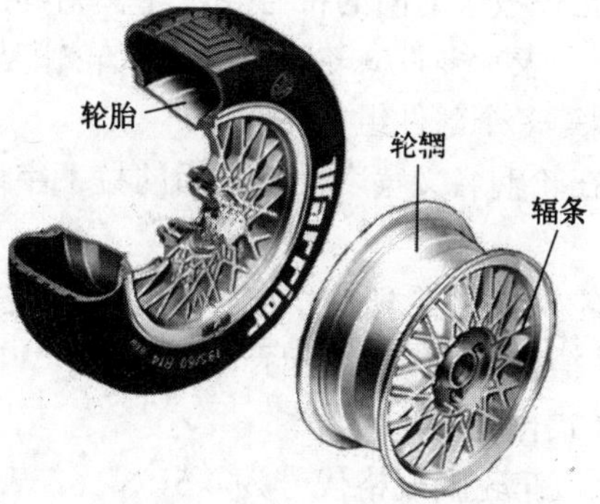

图 3-87 辐条式车轮

2. 轮辋

轮辋用来安装和固定轮胎。根据结构的不同，轮辋分为深槽轮辋、平底轮辋和对开式轮辋，如图 3-88 所示。

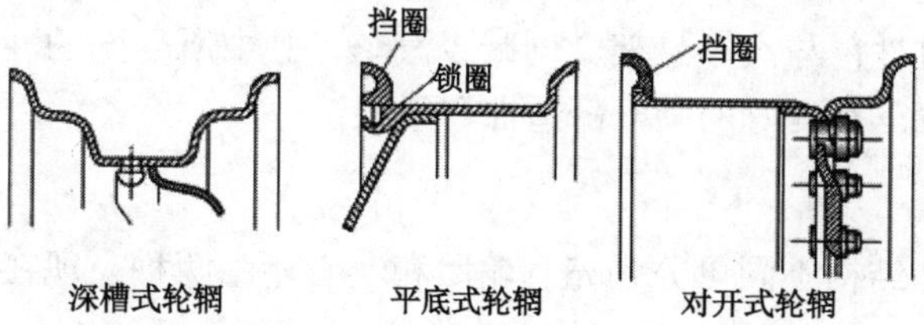

图 3-88 轮辋的形式

由于轮辋是轮胎装配和固定的基础，当轮胎装入不同的轮辋时，其变形位置与大小也发生了变化。因此，每一种规格的轮胎，最好配用规定的标准轮辋，必要时也可配用规格与标准轮胎相近的轮辋。如果轮辋选用不当，会造成轮胎早期损坏，特别是使用在过窄的轮辋上时。国产轮辋规格的表示方法如图 3-89 所示。

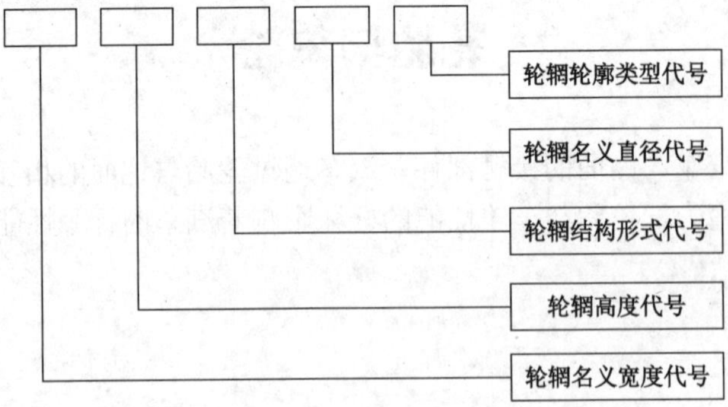

图 3-89　轮辋规格的表示方法

说明：

① 轮辋名义宽度和名义直径代号的数值是以英寸（in）表示。当新设计轮胎以毫米（mm）表示直径时，轮辋直径用毫米（mm）表示。

② 直径数字前面的符号表示轮辋结构形式代号，符号“×”表示该轮辋为一件式轮辋，符号“一”表示多件式轮辋。一件式轮辋是指轮辋为整体式的；而多件式轮辋由轮辋、挡圈、锁圈等多个部件组成。

③ 在轮辋名义宽度代号之后的拉丁字母表示轮辋的高度，如 C、D、E、F、J、K、L、V 等。

④ 轮辋轮廓类型代号用字母表示，DC 表示深槽轮辋，WDC 表示深槽宽轮辋，SDC 表示半深槽宽轮辋，FB 表示平底轮辋，WFB 表示平底宽轮辋，TB 表示全斜底轮辋，DT 表示对开式轮辋。

如：汽车轮辋规格代号为 4.5E×16，表示该轮辋名义宽度为 4.5 in，名义直径为 16 in，轮辋的高度为 E 的一件式深槽轮辋。

二、轮胎

1. 轮胎的功用

轮胎的功用是支撑汽车及货物的总质量，保证车轮和路面的附着性，以提高汽车的动力性、制动性和通过性；与汽车悬架一同减少汽车行驶中所受到的冲击，并衰减由此而产生的振动，以保证汽车有良好的乘坐舒适性和平顺性。

2. 轮胎的分类

汽车轮胎按胎体结构不同可分为充气轮胎和实心轮胎两种。现在的汽车大多数采用充气轮胎。

（1）按保持空气方法的不同分类

根据充气轮胎按保持空气方法的不同，可分为有内胎轮胎和无内胎轮胎。

① 有内胎轮胎

有内胎的充气轮胎由外胎、内胎和垫带等组成。内胎是一个环形的橡胶管，上面装有气门嘴，以便充入或排出空气。垫带是一个环形的橡胶管，它垫在内胎与轮辋之间，以保护内胎不被轮辋和胎圈磨伤。如图 3-90 所示。

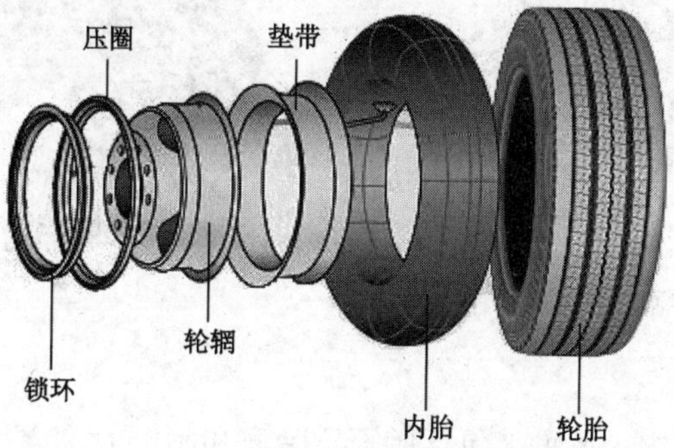

图 3-90　有内胎的充气轮胎

② 无内胎轮胎

无内胎的充气轮胎（真空胎），就是没有内胎和垫带，充入轮胎气体直接压入无内胎轮胎中，要求轮胎与轮辋之间有很好的密封性。其优点是：轮胎穿孔时，压力不会急剧下降，能安全继续行驶；不存在因内外胎之间摩擦和卡住而引起损坏；可直接接通轮辋散热，工作温度低，使用寿命长；结构简单、质量较小。缺点是：材料、工艺要求高，修理较为困难。如图 3-91 所示。

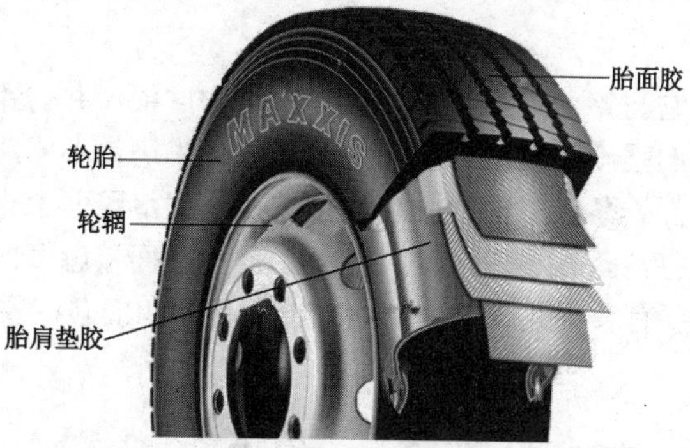

图 3-91　无内胎的充气轮胎

（2）按胎体帘布层的结构不同分类

按胎体帘布层的结构不同，充气轮胎可分为普通斜交轮胎和子午线轮胎。

① 普通斜交轮胎

斜交轮胎的帘布层的帘线按一定角度交叉排列，帘线与轮胎横断面的交角通常为50°，如图 3-92 所示。

② 子午线轮胎

子午线轮胎的帘布层帘线排列方向与轮胎横断面一致，如图 3-93 所示。

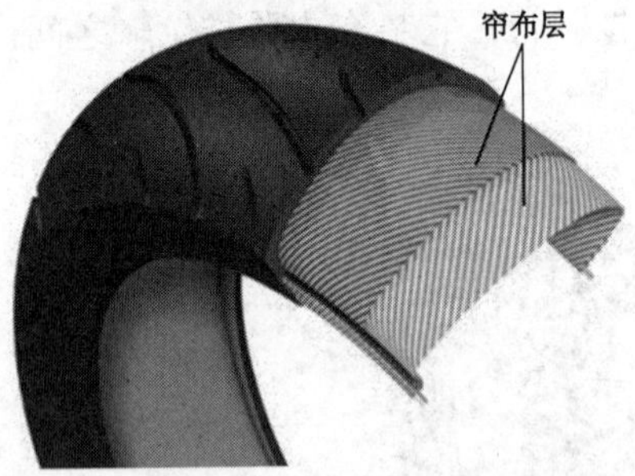

图 3-92　普通斜交轮胎

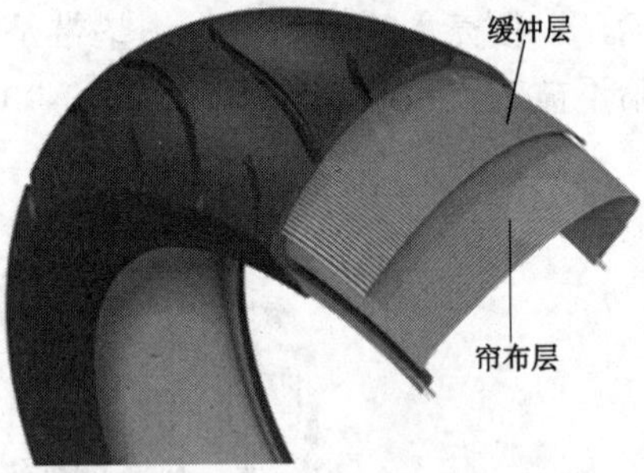

图 3-93　子午线轮胎

3. 外胎的结构

外胎是轮胎的主体，它由胎面（包括胎冠、胎肩和胎侧）、缓冲层和帘布层和胎圈四部分组成，如图 3-94 所示。

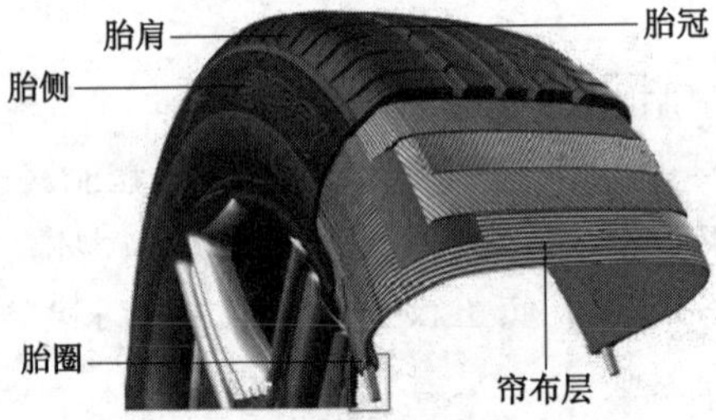

图 3-94　外胎的结构

胎冠也称行驶面，它与路面接触，直接承受冲击和磨损，并与路面间产生很大的附着力，故胎冠应具有较高的强度、刚度、弹性和耐磨性。为满足不同路面（如光滑路面、沙石路面、湿滑路面和冰面）条件下的行驶要求，使其在湿滑路面上也可以产生比较大的牵引力，避免轮胎纵横向打滑，在车轮滚动时能将胎面与路面接触区的水高效地排挤出去，胎冠制有各种花纹，主要有普通花纹（包括纵向折线花纹和横向花纹）、组合花纹、越野花纹等，如图 3-95 所示。

图 3-95　几种不同形状的轮胎花纹

（1）胎肩

它是胎冠和胎侧间过渡部分，一般也制有花纹，以提高该部位的散热性能。

（2）胎侧

胎侧又称胎壁，它由数层橡胶构成，覆盖轮胎两侧，保护内胎免受外部损坏。胎侧上标有厂家名称、轮胎尺寸及其他资料。

（3）帘布层

帘布层是外胎的骨架，用来保持外胎的形状和尺寸。帘布层数愈多，轮胎强度越大，但弹性越低。按照帘布层帘线排列方式的不同，外胎可分为斜交轮胎和子午线轮胎。帘线可以是棉线、人造丝线、尼龙线和钢丝等。

（4）缓冲层

缓冲层夹在胎面和帘布层之间，由两层或数层较稀疏的帘布和橡胶制成，故弹性较大，能缓和冲击，并防止汽车在紧急制动时胎面与帘布层脱离。

（5）胎圈

胎圈由钢丝圈、帘布层包边和胎圈包布组成，胎圈可以使外胎牢固地固定在轮辋上。

4. 轮胎的规格识别

轮胎的规格标记如图3-96所示。

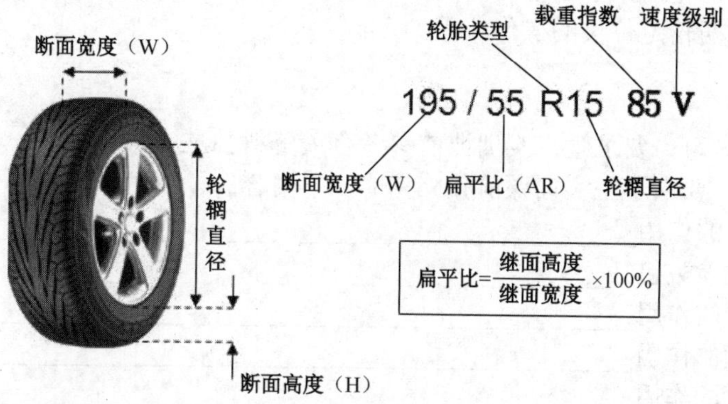

图3-96 轮胎规格标记

（1）断面宽度

一般用数字表示轮胎断面的宽度。如205、215、195等。断面宽度指轮胎正常充气后两侧面间的距离，单位为（mm）。

（2）扁平率

用数字表示轮胎的高宽比，也叫扁平率，扁平率是轮胎断面的高度与宽度之比。扁平率的值越小，车身底部与地面的间隙就越小，车身下的空气阻力就越小。车身距离地面的高度也将越大，这会改变车辆的舒适性和操纵性。通常，随着扁平率值的减小，车辆的乘坐舒适性下降，但操纵性有所改善。同样，扁平率的增大改善了乘坐舒适性，但使车辆操纵性下降。消费者决定要购买轮胎时，应该根据用户使用手册决定所选的轮胎的规格。

（3）轮胎类型

用字母表示轮胎的结构形式。R代表子午线轮胎；B代表带束斜交轮胎；D代表斜交轮胎。

（4）轮辋直径

用数字表示轮辋直径，单位为in，最常用的汽车轮辋直径有13in、14in、15in和16in。

（5）载荷指数

用数字表示荷重等级，即最大载荷质量，如荷重等级为 85 的轮胎的最大载荷质量为 515kg。

（6）速度级别

用字母表示速度等级，表明轮胎能行驶的最高车速，如 H 所代表的最高车速为 210km/h。

任务 5 汽车四轮定位

任务要求

1．学生通过知识链接的学习，了解车轮定位的作用。
2．学生通过知识链接的学习，了解车轮定位的参数。
3．学生学会前轮前束手工检查与调整的操作过程。
4．学生知道四轮定位仪的操作流程。

任务引导

相关知识点学习：要求学生实训课前参考有关资料独立完成。

相关知识点：要求学生实训课前独立完成以下内容。

1．车轮定位的作用____。
2．前轮定位参数包括______________________________________。
3．主销后倾的作用____。
4．主销内倾的作用____。
5．主销后倾的作用____。
6．主销外倾的作用____。
7．前轮前束的作用____。

任务实施

1．五菱汽车前束的检查与调整。
2．四轮定位仪的操作。
3．完成本次任务实训报告。

（1）五菱汽车前束的检查与调整

图　解	操作步骤及技术要求
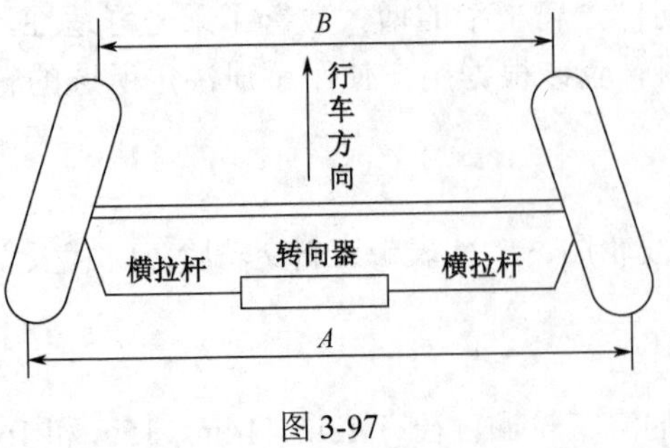 图 3-97	五菱汽车前束的检查与调整 一般小汽车的横拉杆为断开式结构，断开式横拉杆与整体式横拉杆的手工调整方法有所不同。 如图 3-97 所示，车轮处于直向前位置后，用前束测量仪或四轮定位仪测量两前轮前后胎面中心间距离 B 值和 A 值。前束值=$A-B$，若不符合要求，要进行调整。

<table>
<tr><th>图　解</th><th>操作步骤及技术要求</th></tr>
<tr><td>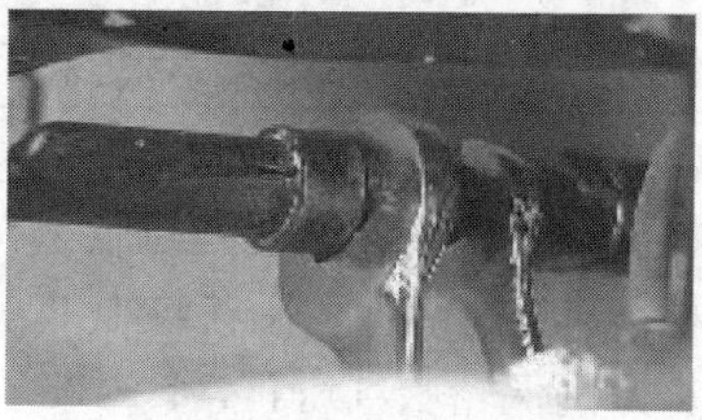
图 3-98</td><td>调整方法一：如图 3-98 所示，松开左右横拉杆球头的锁紧螺母，并在转向拉杆与齿条防尘罩小口端施加润滑脂，以免防尘罩在前束调整时扭曲。通过转动球头拉杆合件调整螺母调整前束值。</td></tr>
<tr><td>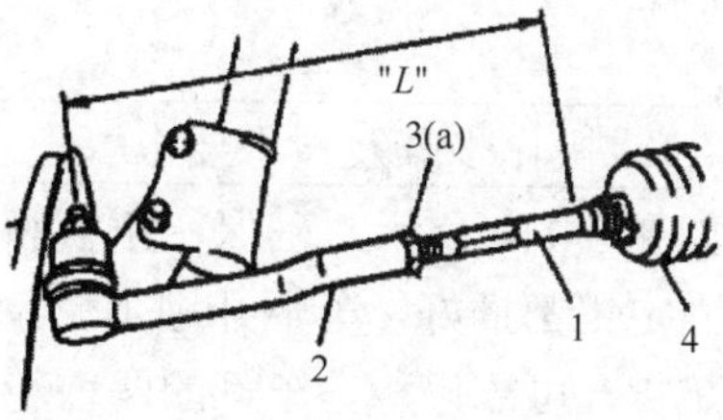

图 3-99</td><td>如图 3-99 所示，按设定的前束参数要求进行调整，以相同的力矩分别转动左、右拉杆，在调整中注意保证左右两边球销到横拉杆根部距离“L”相等。
调整完成后再次检验前束值是否符合要求。完成后锁紧横拉杆两边锁紧螺母。</td></tr>
<tr><td>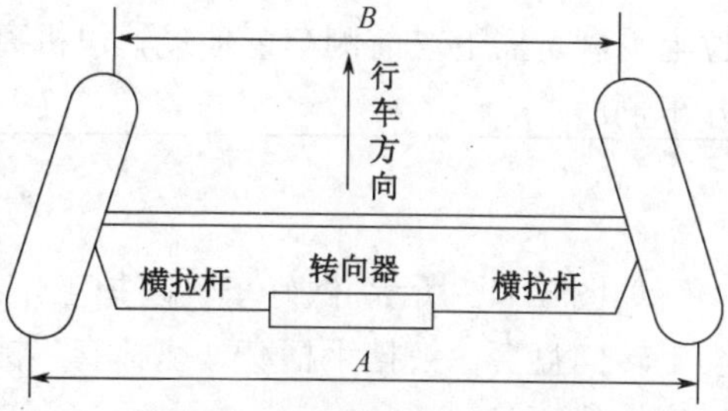

图 3-100</td><td>调整方法二：可用计算法调整。
要分两次调整左右两边横拉杆，即要算出前轮后端两次调整值 L_1 和 L_2。
如图 3-100 所示，检查测量的方法与大货车相同，用同样的方法算出平均值 M，先算出第二次调整值 L_2，L_2=M+前束值/2；再计算 L_1，L_1=（L_2+A）/2</td></tr>
<tr><td>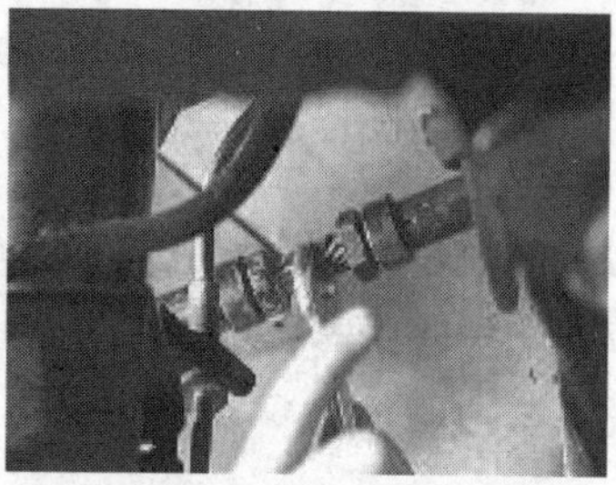
图 3-111</td><td>如图 3-111 所示，在前轮后端测量，边测量边转动横拉杆，使两前轮后端测量记号的距离符合 L_1 值；用同样的方法调整另一边横拉杆，使两前轮后端测量记号的距离符合 L_2 值。</td></tr>
<tr><td>
图 3-112</td><td>如图 3-112 所示，再次测量前束值，符合要求后按扭矩要求紧固横拉杆上锁紧螺母。</td></tr>
</table>

（2）四轮定位检测

<table>
<tr><th>图　解</th><th>操作步骤及技术要求</th></tr>
<tr><td>
图 3-113</td><td>检测设备：亨特四轮定位仪。
检前准备：清除轮胎花纹上的小石子等杂物，确保轮胎气压正常。
如图 3-113 所示，把车轮安装到平衡机转轴上。</td></tr>
<tr><th>图　解</th><th>操作步骤及技术要求</th></tr>
<tr><td>
图 3-114</td><td>如图 3-114 所示，确保转角盘和后滑板的固定销都插好，车辆开进工位，做好安全防护，可靠停稳。车辆的两前轮要落在两转角盘的中心上，同时转角盘的圆盘要均匀分布在轮胎的两侧。车辆熄火后，拉上手刹，摇下左前侧车窗玻璃，司机离开车辆。</td></tr>
<tr><td>
图 3-115</td><td>如图 3-115 所示，做好车辆防护工作：套上转向盘套、换挡手柄套、座椅套、铺设底板垫等。</td></tr>
<tr><td>
图 3-116</td><td>如图 3-116 所示，打开前左车门，查看中立柱侧面铭牌，找到轮胎气压标准值。</td></tr>
<tr><td colspan="2">1．车辆检查</td></tr>
<tr><td>
图 3-117</td><td>如图 3-117 所示，分别检查前后车轮轮胎气压，应符合规定值，并记录。否则应充气至规定值。</td></tr>
</table>

图　　解	操作步骤及技术要求
 图 3-118	如图 3-118 所示，检查各车轮轮胎应无严重磨损，轮辋无变形，否则应更换。 在车辆前方目测检查车辆高度左右应一致。
 图 3-119	如图 3-119 所示，各轮胎规格应一致，否则更换成同规格轮胎。
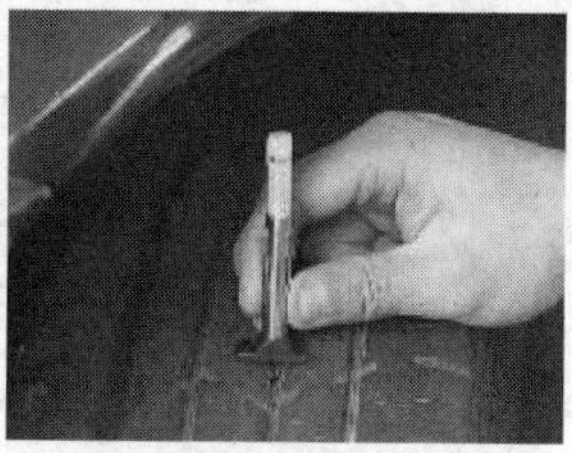 图 3-120	如图 3-120 所示，用轮胎花纹测量尺测量各轮胎花纹深度，并记录。 左右轮胎花纹深度误差不得超过2mm，否则应更换。
 图 3-121	如图 3-121 所示，左右转动方向盘，应无空行程存在，否则修复后再做四轮定位检测。
 图 3-122	如图 3-122 所示，举升大举升机（大剪），把车辆举升到合适高度。

图　　解	操作步骤及技术要求
 图 3-123	前轮相关部位检查，如图 3-123 所示，检查横拉杆球头及衬套、稳定杆、下悬架臂、下摆臂衬套球头等应无损坏、松旷，否则应更换。
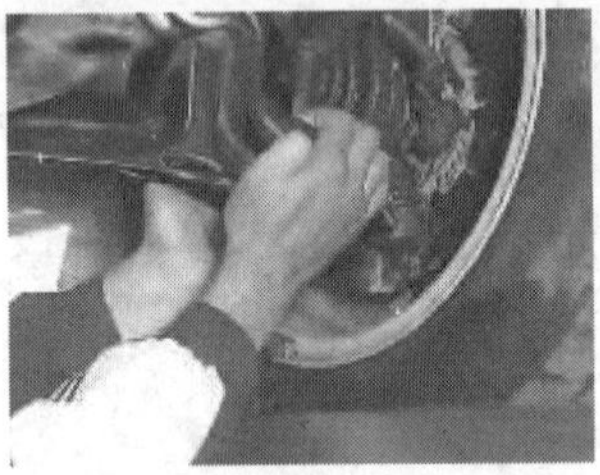 图 3-124	后轮相关部位检查，如图 3-124 所示，检查后稳定杆、后支撑杆、后悬架臂及衬套球头应无损坏，无明显松旷，否则应更换。
 图 3-125	如图 3-125 所示，在车辆举升位置安放垫块，举升小举升机（小剪）至距离大剪平台最低高度约 20cm。
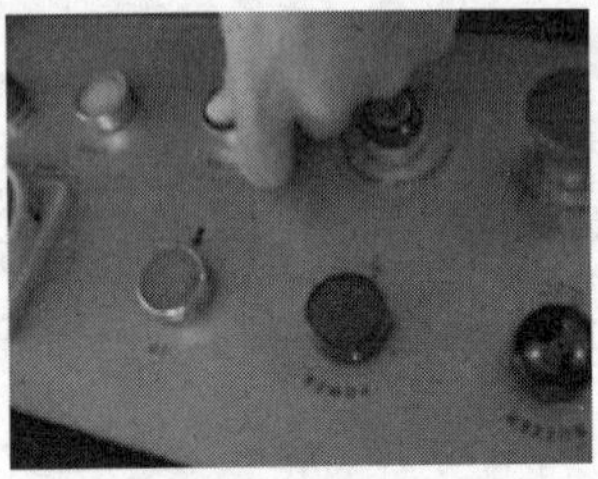 图 3-126	如图 3-126 所示，操作控制柜相关按钮，使大举升机降落至最低落锁位置。
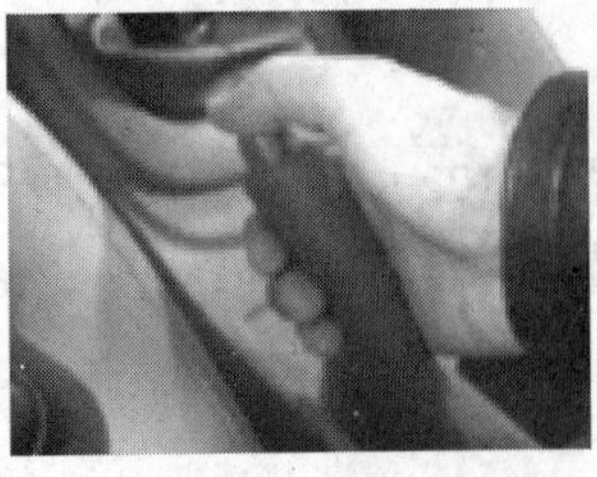 图 3-127	如图 3-127 所示，放松驻车制动操纵杆。

图　解	操作步骤及技术要求
 图 3-128	如图 3-128 所示，转运车轮应无卡滞，推拉车轮，轴承应无松动，否则应更换转运车轮。 降下小剪，使车辆降落至大剪平台上，拉紧手刹。
 图 3-129	如图 3-129 所示，在车轮上安装一体式三维条式目标板与快速卡具。
 图 3-130	如图 3-130 所示，摄像头照相系统对一体式三维条式目标板与快速卡具进行快速拍照成像。
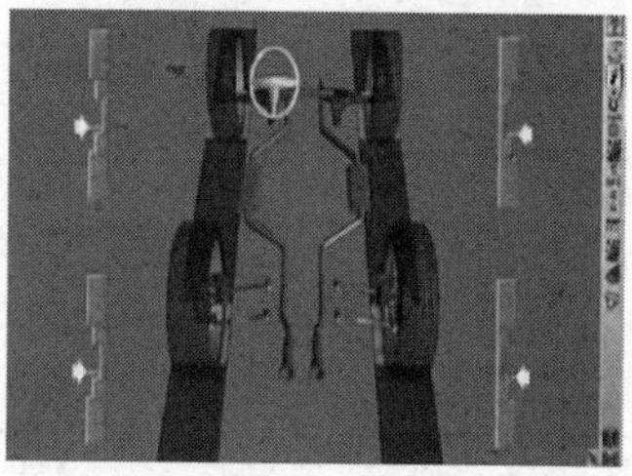 图 3-131	如图 3-131 所示为快速补偿，一次推车完成偏位补偿。
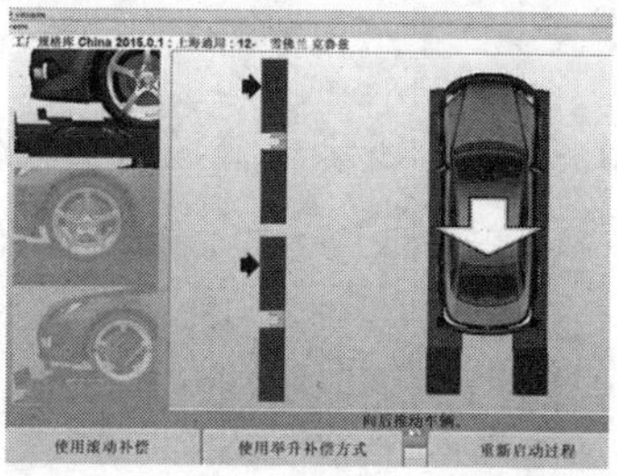 图 3-132	如图 3-132 所示为偏位速补偿界面。

图　解	操作步骤及技术要求
 图 3-133	如图 3-133 所示，扫描 VIN 码以便电脑系统软件确认车型。
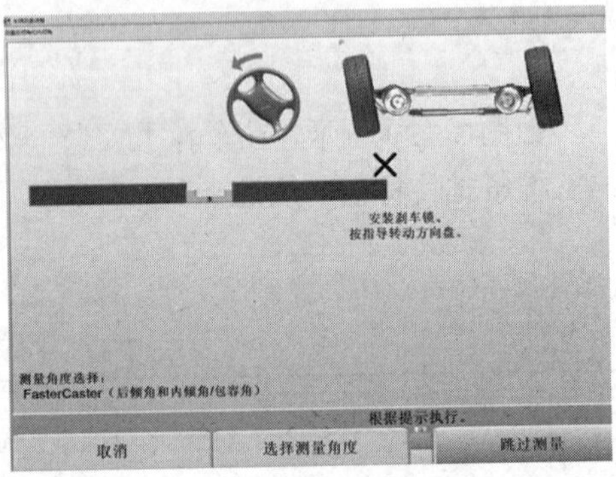 图 3-134	如图 3-134 所示安装刹车锁，按界面提示转动方向盘。
 图 3-135	如图 3-135 所示测量主销角度。
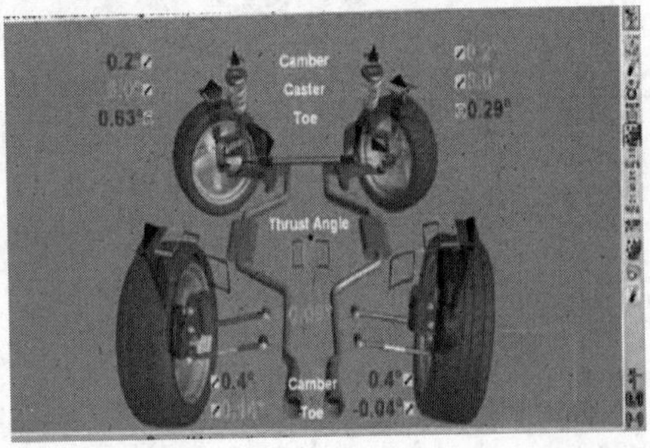 图 3-136	如图 3-136 所示电脑显示全部测量的定位参数。

图　　解	操作步骤及技术要求
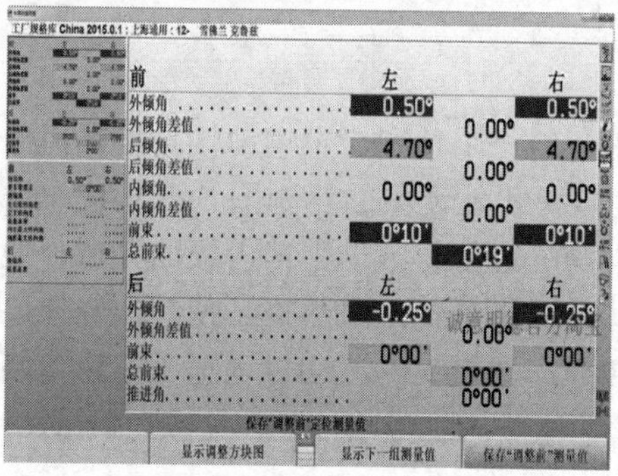 图 3-137	如图 3-137 所示按要求调整好定位参数，拆下各卡具并放回原位。 5S 工作。 结束。

知识链接

车轮定位

车轮定位的作用是使汽车具有稳定的直线行驶性能和一定的转向轻便性能，并减少汽车在行驶中轮胎和转向机件的磨损。以前，汽车只有前轮定位。然而，现在的大多数轿车由于速度快，对行驶稳定性有更高的要求，除前轮定位外，还需要后轮定位。这样前轮定位和后轮定位总称为车轮定位，也就是常说的全轮定位或四轮定位。

一、前轮定位

前轮定位主要包括主销后倾、主销内倾、前轮外倾和前轮前束四个参数。

1. 主销后倾

主销后倾是指主销的顶部向后或向前倾斜一个角度。在汽车的纵向平面内（汽车的侧面），主销轴线与铅垂线之间的夹角称为主销后倾角，如图 3-138 所示。主销后倾的作用是保持汽车直线行驶的稳定性，并使汽车转弯后能自动回正。主销正后倾有助于提高汽车的方向稳定性，同时也增加了转向阻力。主销后倾角过大，会造成转向困难、路面冲击过大和前轮摆动；主销后倾角过小，则可能在高速行驶时造成漂移、摆振和方向稳定性不好等问题。为了不使转向沉重，主销后倾角不宜过大，一般不超过 2º ～3º 。为了提高行驶速度，现在的汽车普遍采用扁平低压胎，

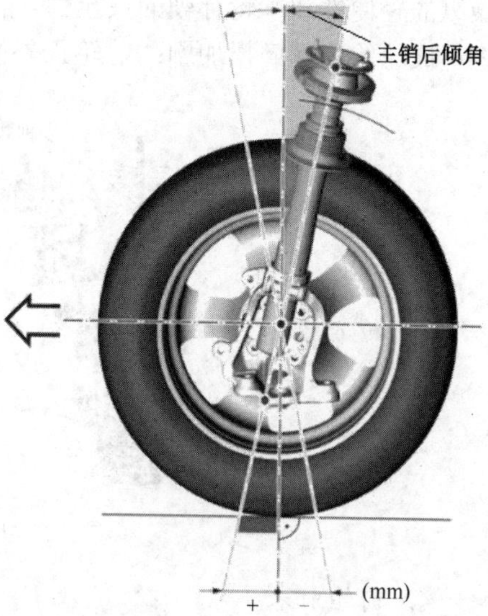

图 3-138　主销后倾

轮胎变形的增加会引起稳定力矩增加，因此主销后倾角可以减小甚至接近于零，有的更为负值。

2. 主销内倾

主销内倾是指在横向平面内，主销上端向内倾斜一个角度。主销内倾角是在横向平面内，主销中心线与实际垂线之间的夹角。这个角度是不能调整的，如图 3-139 所示。主销内倾的作用是使车轮转向后能自动回正，且转向操纵轻便。由于主销内倾的存在，使得主销轴线地面的交点到车胎中心线的距离减小，从而减小了转向阻力矩，使转向轻便。但距离值也不宜过小，否则转向时，车轮绕主销偏转会产生较大的滑动，增加了车轮与路面的摩擦阻力，反而造成转向沉重。主销内倾角一般不大于 8º，但如果过小，则易导致转向不稳定，前轮易摇摆。

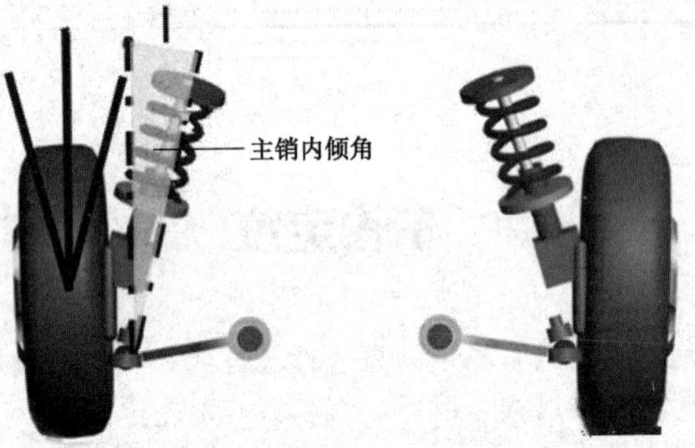

图 3-139　主销内倾

3. 前轮外倾

前轮外倾是指前轮的顶部向内或向外倾斜一个角度。图 3-140 所示为前轮正外倾和负外倾。前轮外倾角是车轮中心线与实际垂线之间的夹角。前轮外倾的作用是为了提高转向操纵的轻便性和车轮行驶的安全性。前轮外倾角也不宜过大，一般为 1º。前轮负外倾过大，将造成轮胎内侧磨损加剧；前轮正外倾过大，将使轮胎外侧磨损加剧。

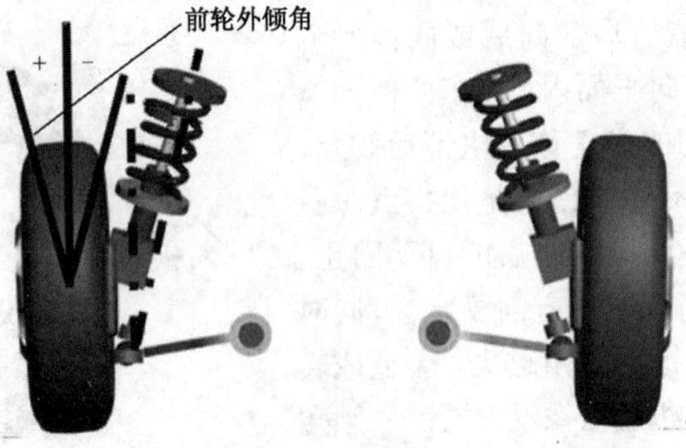

图 3-140　前轮外倾

4. 前轮前束

前轮前束值是指左右两前轮前端水平距离与其后端水平距离之差，如图 3-141 所示。

当B小于A时，叫做前轮正前束；当B大于A时，叫做前轮负前束。前轮前束的作用是为了消除由车轮外倾使汽车行驶时向外张开的趋势，减小轮胎磨损和燃料消耗。

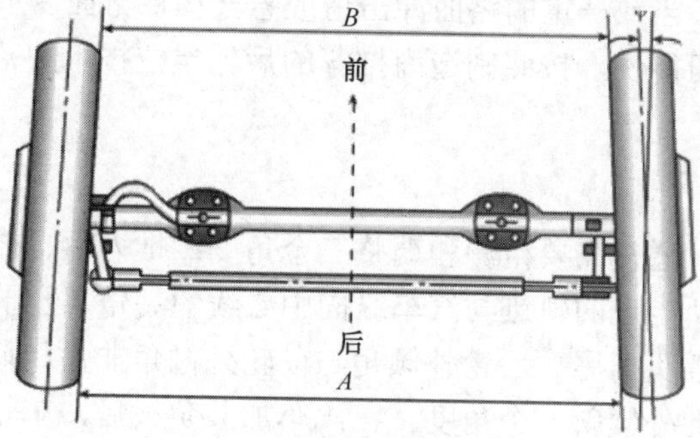

图 3-141 前轮前束

二、四轮定位

当汽车后桥主减速器主动齿轮轴线与汽车的纵向中心线不平行（即汽车后桥与汽车的纵向中心线不垂直）时，汽车会向一侧转向。这类问题可通过四轮定位来诊断。图 3-142 所示为四轮定位仪。

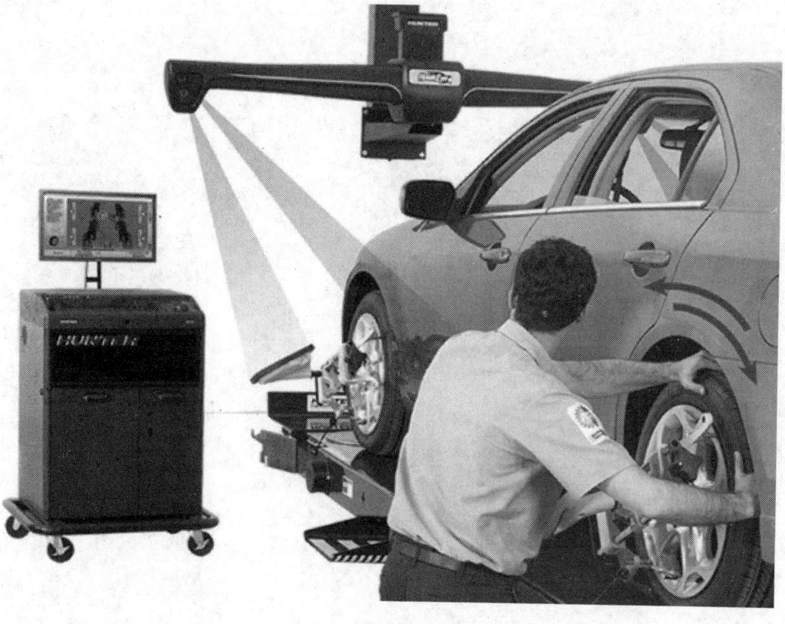

图 3-142 四轮定位仪

1. 后轮定位因素

后轮定位作为四轮定位的一部分，了解可能影响后轮定位的因素是非常有必要的。许多因素可能会影响后轮定位角，下面列出一些主要的因素：

（1）后副车架和后桥偏离中心线。

（2）悬架控制臂衬套磨损。

（3）弹簧压坏。

（4）碰撞后维修不当或严重的路面冲击造成悬架构件弯曲变形超出规定值。

由于这些问题的可能性，按照制造商推荐的后轮定位技术规范检查、校正后轮定位参数是至关重要的。

2. 后轮定位角

校正后轮定位时，通常需要检测和调整三个角度：推力角、前束角和外倾角。

推力角是指后轮所走过的轨迹与汽车纵向中心线的夹角。推力角应该调整到接近于零；否则，汽车行驶时会摇头摆尾。后轮外倾角与前轮外倾角非常相似，其特点是，后轮外倾角是后轮的上部稍微向外倾斜一个角度。在汽车加装负载后，车轮应能刚好回到与路面垂直位置。

后轮前束角应调整到与前轮前束角差不多。有独立后悬架的后轮定位调整环节。后轮前束角与前轮前束角类似，均通过横拉杆来调节。

项目 4

汽车转向系统

任务1 转向系的拆装与检修技术

任务要求

1．学生通过知识链接的学习，了解转向系统的功用、组成及分类。
2．学生通过知识链接的学习，知道机械转向器的组成及工作原理。
3．学生通过知识链接的学习，了解动力转向系统及各部件的基本结构、功用。
4．学生学会转向柱更换的操作流程。
5．学生能对齿轮齿条式转向器进行更换。

任务引导

相关知识点学习：要求学生实训课前参考有关资料独立完成。
相关知识点：要求学生实训课前独立完成以下内容。
1．转向器的类型有______________________________。
2．转向系统的组成有______________________________。
3．液压助力转向系统组成有______________________________。
4．试写出下图数字所对应的零件或总成名称。
（1）__________；（2）__________；（3）__________；
（4）__________；（5）__________；（6）__________；
（7）__________；（8）__________；（9）__________；
（10）__________；（11）__________；（12）__________；
（13）__________；（14）__________；（15）__________；
（16）__________；（17）__________；（18）__________；
（19）__________；（20）__________；（21）__________；
（22）__________；（23）__________；（24）__________；
（25）__________；（26）__________；（27）__________；
（28）__________；（29）__________；（30）__________；
（31）__________；（32）__________；（33）__________；

（34）__________________；（35）________________。

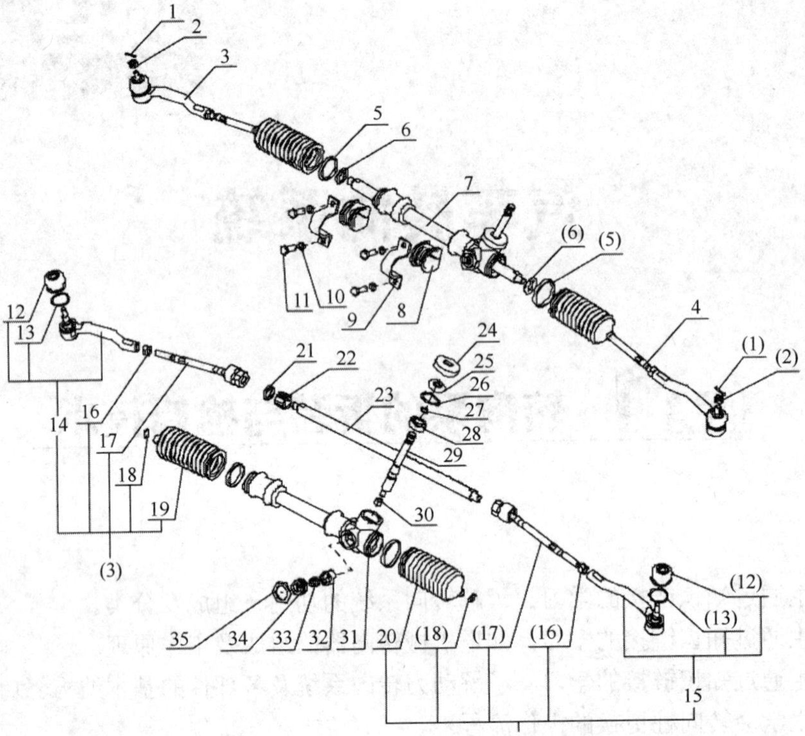

任务实施

1．进行转向柱更换操作。
2．进行齿轮齿条式转向器更换操作。
3．完成本次任务实训报告。

（1）不可调式转向管柱总成的更换

图　解	操作步骤及技术要求
1．拆卸（车型为五菱面包车）	
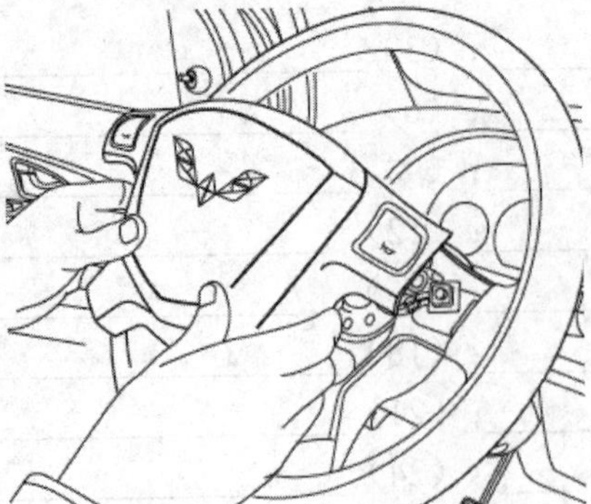 图 4-1	使方向盘和前轮处于直向前位置，断开蓄电池负极搭铁。如图 4-1 所示，取下方向盘上盖合件。

图　解	操作步骤及技术要求
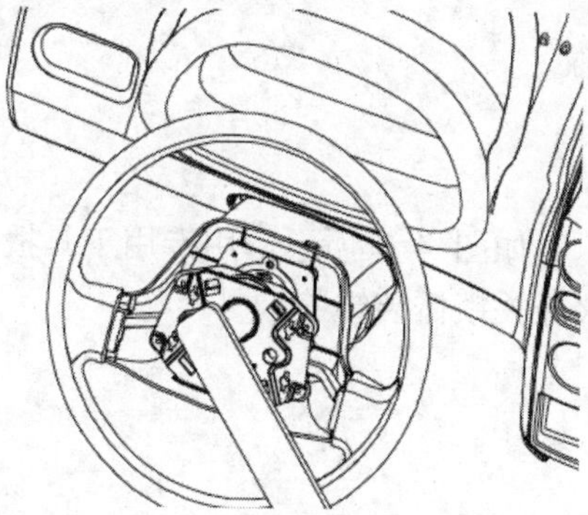 图 4-2	如图 4-2 所示，拆卸隔离套合件和方向盘锁紧螺母。 从方向盘的凹槽中拆下喇叭的线束插头。松开喇叭的线束插头并取出。
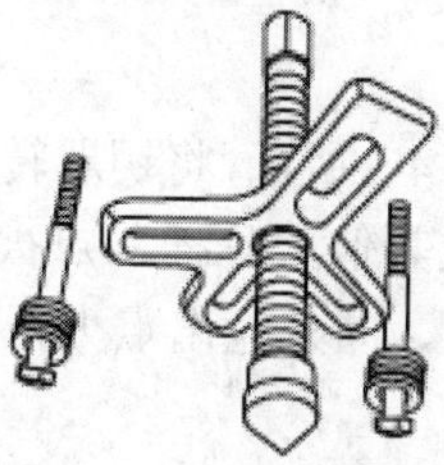 图 4-3	如图 4-3 所示，使用专用工具拆卸方向盘。 **注意**：拆卸方向盘时不得敲打转向轴端部。如敲击会导致保持转向柱长度的塑料剪切式锁销松动或剪断，并且会破坏转向柱特定的缓冲性能。
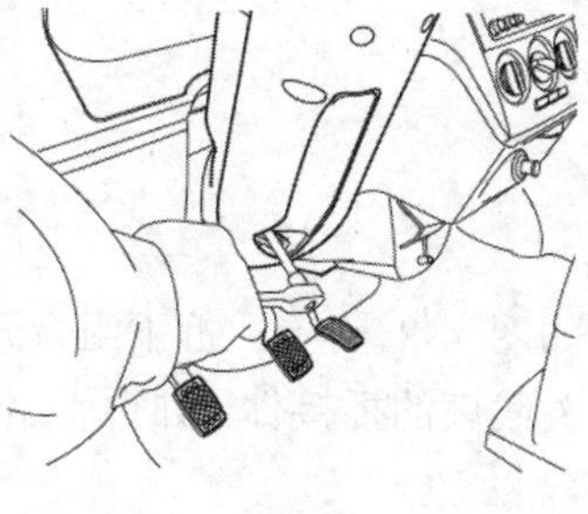 图 4-4	如图 4-4 所示，拆卸转向立柱支架两个螺栓。松开上装饰盖合件安装螺母，拆卸转向立柱上装饰盖合件。
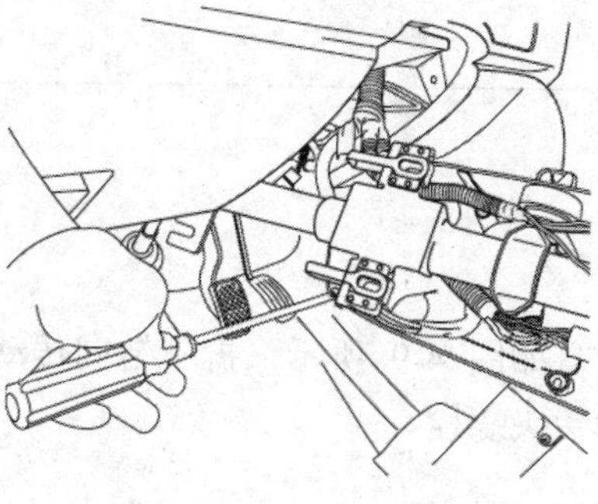 图 4-5	如图 4-5 所示，拆卸转向立柱下装饰盖合件安装螺钉。 断开组合开关和点火开关线束插头。

图　解	操作步骤及技术要求
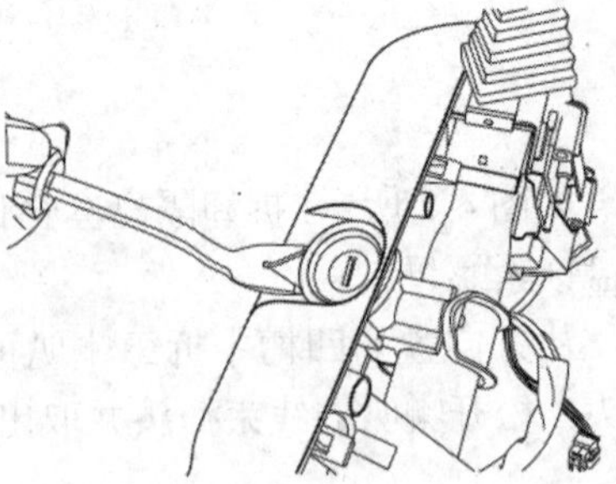 图 4-6	如图 4-6 所示，用专用工具撬出点火开关锁体装饰盖。
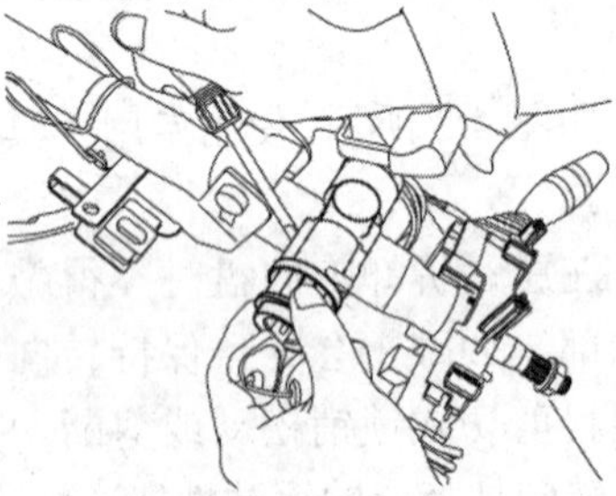 图 4-7	如图4-7所示，将钥匙转到ON位置，用起子或其他工具插入点火开关锁体上的开锁孔，向外拉出点火开关锁芯。
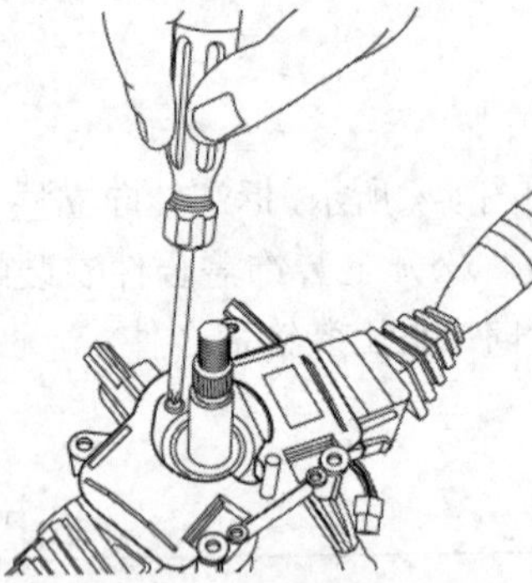 图 4-8	如图 4-8 所示，拆下组合开关和点火开关线束的插接件，并拆下组合开关。
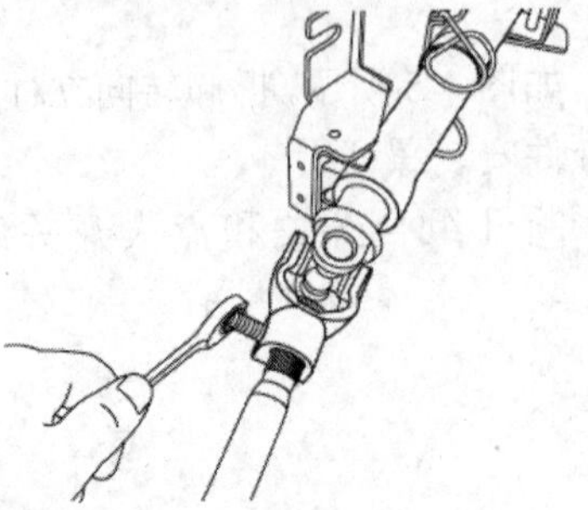 图 4-9	如图 4-9 所示，拆下转向传动轴上的接头螺栓。

图　解	操作步骤及技术要求
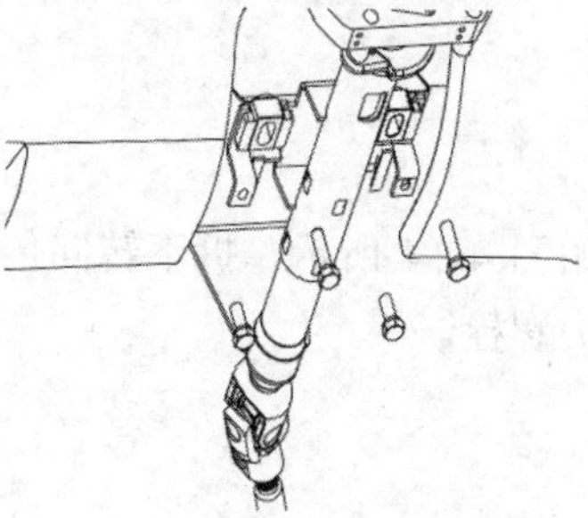 图 4-10	如图 4-10 所示，拆下转向管柱，安装螺栓。
2．安装	
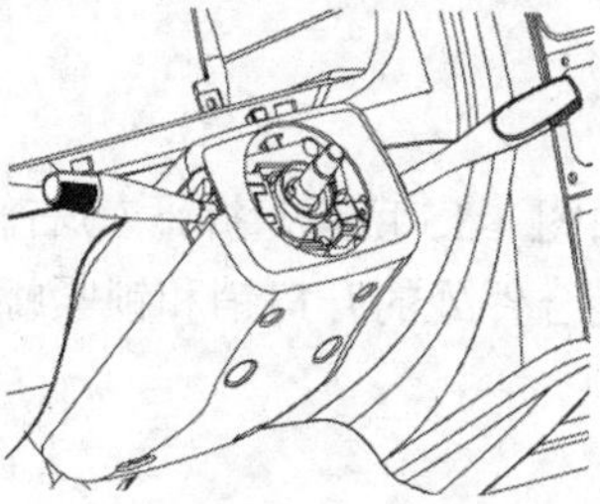 图 4-11	如图 4-11 所示，按拆卸相反顺序安装组合开关、转向立柱上/下装饰盖等附件。
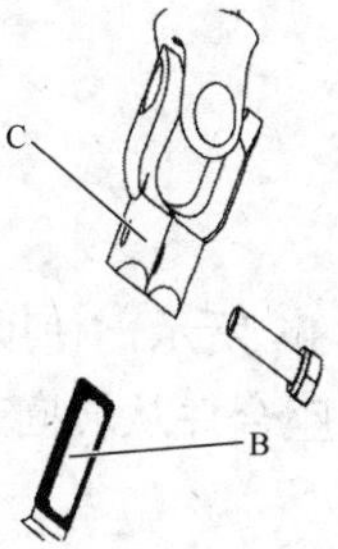 图 4-12	如图 4-12 所示，确保前轮和方向盘处于直向前状态，将转向传动轴的扁平部分 B 对准转向管柱接头槽口 C，然后将转向管柱接头套入转向传动轴。按规定力矩（25～34N·m）将转向传动轴上部接头螺栓上紧。 5S 工作。 结束。

（2）齿轮齿条式转向器的更换

图　解	操作步骤及技术要求
1．拆卸（车型为五菱面包车）	
 图 4-13	如图 4-13 所示，把车辆开入举升工位，按照举升机的操作规程把车辆举升到合适的高度。 拆卸两前轮。

图　　解	操作步骤及技术要求
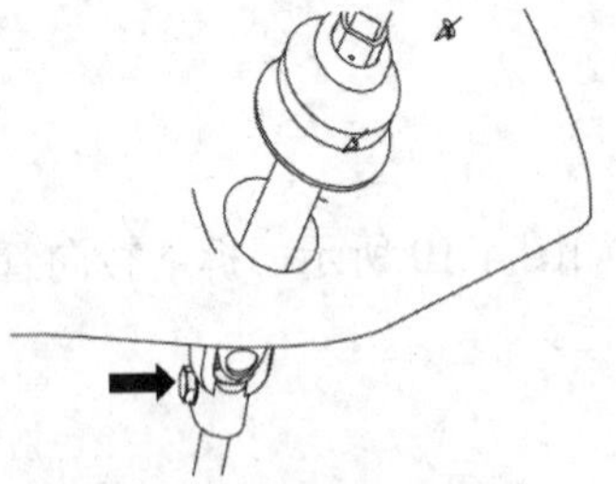 图 4-14	如图 4-14 所示，拆下转向传动轴下的接头螺栓。
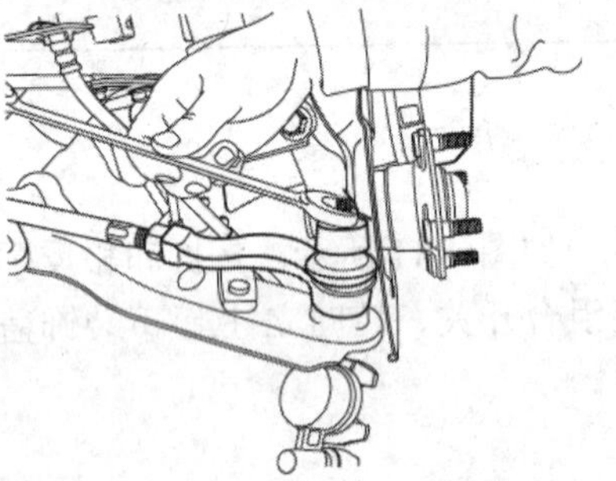 图 4-15	如图 4-15 所示，拆下左/右转向拉杆接头座合件处的开口销和锁紧螺母。
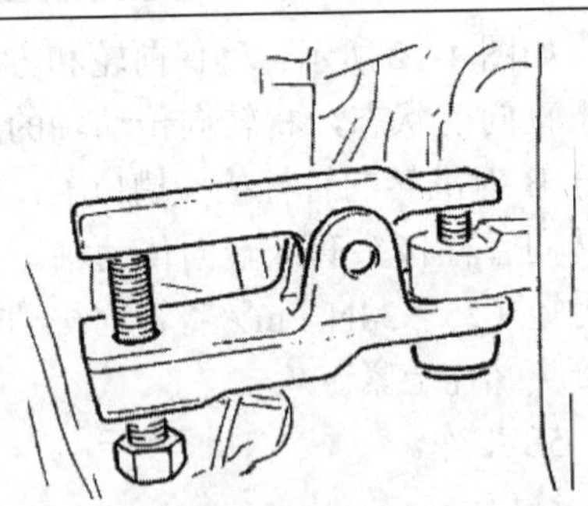 图 4-16	如图 4-16 所示，使用专用工具将转向拉杆接头座合件从转向节处压出。
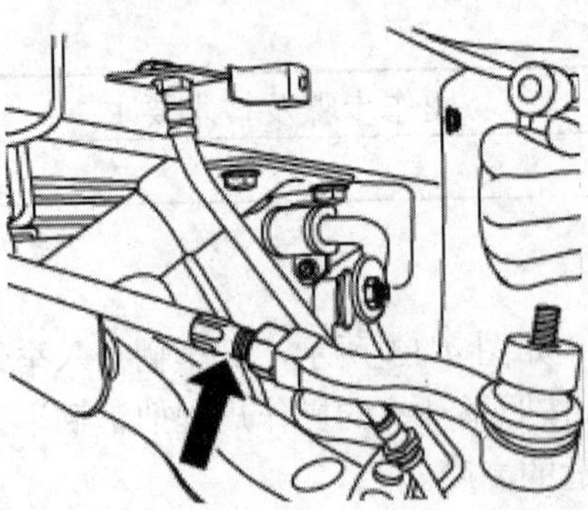 图 4-17	如图 4-17 所示，为了在安装后能进行适度调整，应在转向拉杆的锁紧螺母处先作上标记（或用游标卡尺测量出横拉上螺纹至锁紧螺母的长度并记录）。然后拆卸转向拉杆与接头座合件锁紧螺母，取下左/右接头座合件。

图　　解	操作步骤及技术要求
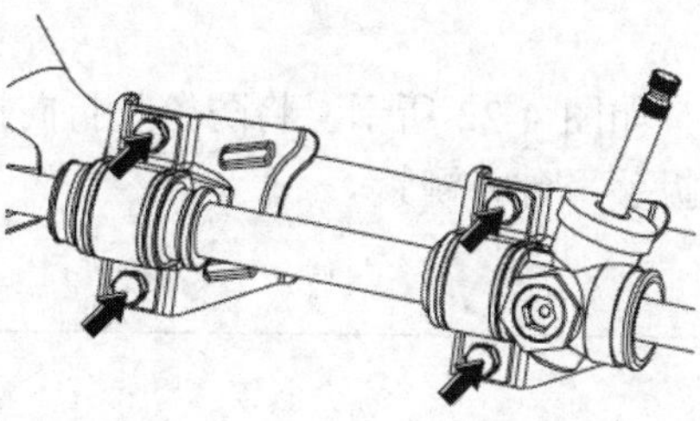 图 4-18	如图 4-18 所示，拆卸转向机四颗安装螺栓，并取下转向器。
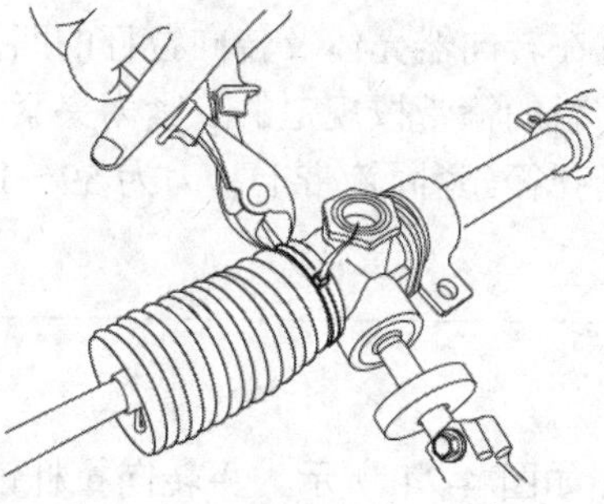 图 4-19	如图 4-19 所示，拆卸左/ 右波纹罩上的自紧弹簧和箍带，取出左/右波纹罩。
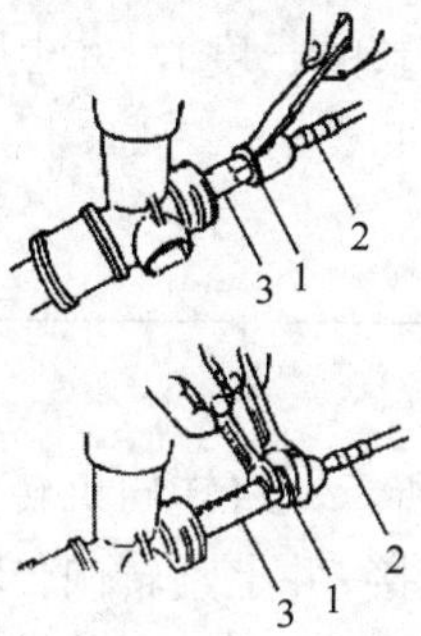 1、防松垫 2、球头拉杆 3、转向齿条 图 4-20	如图 4-20 所示，从转向拉杆处拆下波纹罩，撬开防松垫，拧松转向拉杆壳体。然后从齿条处拆下左/ 右横拉杆合件，取出转向器。
2．安装	
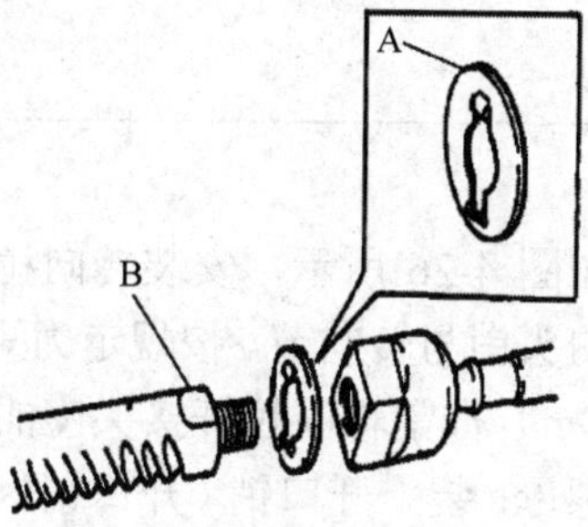 图 4-21	如图 4-21 所示，将新的转向拉杆防松垫和转向拉杆安装到转向齿条上。防松垫的开口槽 A 部分应与齿条的平台扳手部位 B 对准。 按规定力矩上紧球头拉杆锁紧螺母（49～64N·m）。

图　解	操作步骤及技术要求
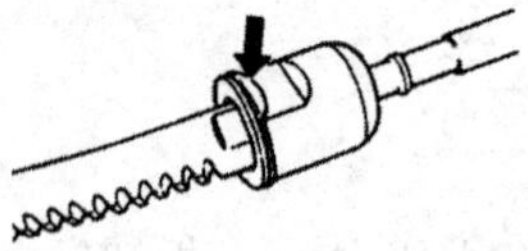 图 4-22	如图 4-22 所示，将防松垫折向拉杆侧扳手平台并铆紧。
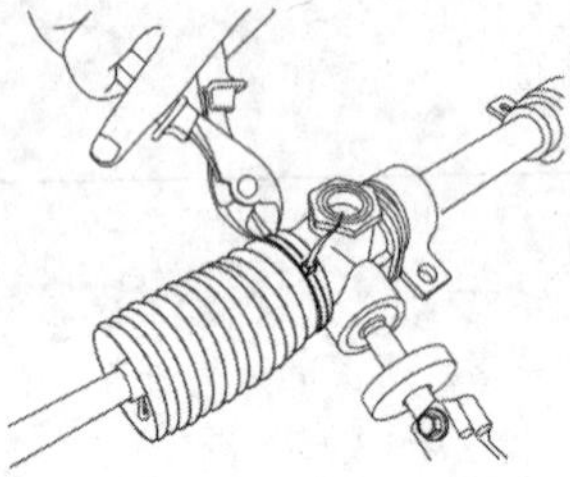 图 4-23	如图 4-23 所示，在转向拉杆波纹罩安装部位涂半干性密封胶。将波纹罩正确定位在转向器壳体及转向拉杆的凹槽处，并用新的箍带按规定的上紧力夹紧；安装自紧弹簧。紧固箍带上紧力为 59～157N。
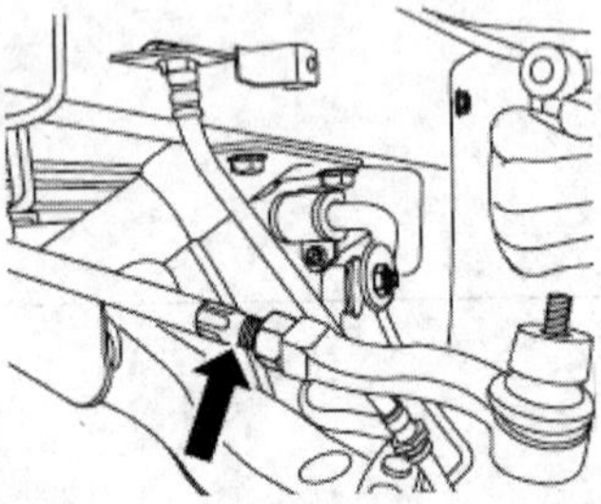 图 4-24	如图 4-24 所示，将转向拉杆锁紧螺母和转向拉杆左/右接头座合件安装到转向拉杆上。将锁紧螺母定位在拆卸时所做的标记处（或记录的长度），并上紧至规定力矩（50～65N・m）。
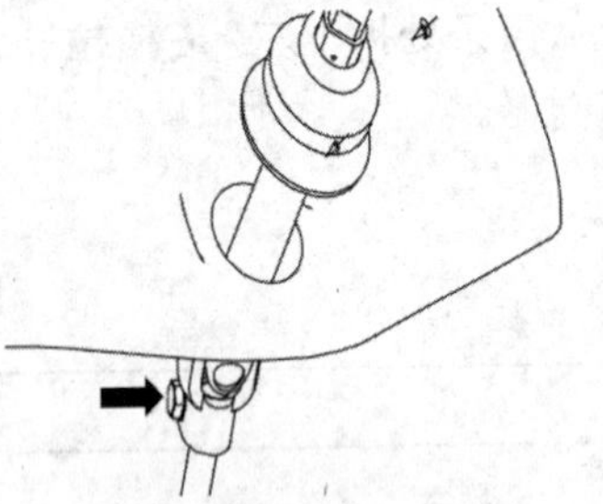 图 4-25	如图 4-25 所示，将转向机转向齿轮与转向传动轴连接，并上紧转向传动轴与转向齿轮连接螺栓。紧固转向传动轴与转向齿轮连接螺栓至 25～34N・m。 按规定力矩（45N・m）上紧转向器安装螺母。
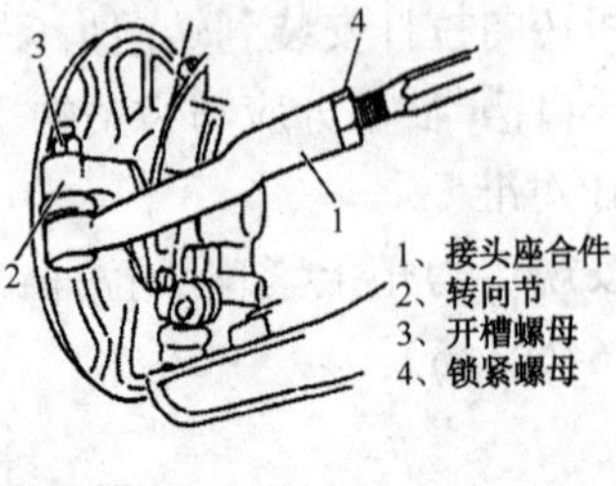 图 4-26	如图 4-26 所示，安装转向拉杆接头座球的头销与转向节。按规定力矩（34～44N・m）拧紧转向拉杆接头座的球头销开槽螺母，装上开口销（开口销为不可重复使用零件）。

图　　解	操作步骤及技术要求
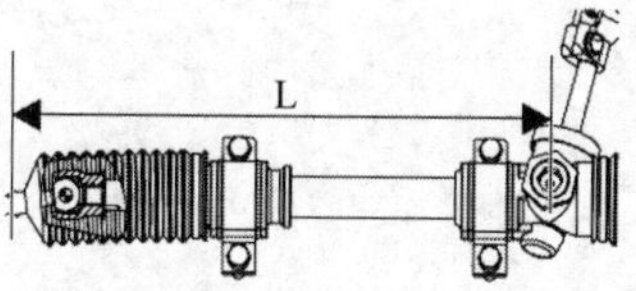 图 4-27	直向前位置的检查与调整。如图 4-27 所示，通过检查尺寸 L=321mm± 3 mm 可获得直向前位置。L 为转向器调整螺塞中心到横拉杆根部距离。 **特别注意**：在对转向器或转向管柱总成进行任何操作（拆除和安装或者分解或装配）后，必须检查转向机构直向前位置。
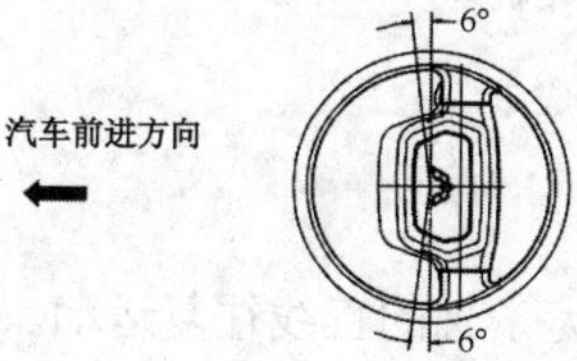 图 4-28	如图 4-28 所示，在准确的直向前位置时，方向盘必须处于水平位置，与方向盘中心位置偏差不得大于 6°。 如不符合要求，将方向盘从转向轴上拆下，然后中心对准插入转向轴花键中，按规定力矩（29～39N・m）上紧。 5S 工作。 结束。

知识链接

转向系统概述

一、转向系统的功用

转向系统是控制转向轮偏转的一整套机构，其功用是根据汽车行驶需要，改变和恢复汽车的行驶方向。

二、转向系统的组成

转向系统由转向操纵机构、转向器和转向传动机构三个主要部分组成，如图 4-29 所示。

驾驶员通过转动转向盘，将转向力矩输入转向器，经转向器增大后的力矩被传到转向传动装置，转向传动机构便可带动转向轮偏转，控制汽车行驶方向。

转向系统的形式有多种，但均由上述三个部分组成，不同之处在于是否采用动力转向系统或转向器的形式不同。

1．转向操纵机构

转向操纵机构是驾驶员用来操纵汽车转向系统的工作机构，由转向盘、转向轴和转向柱等组成。

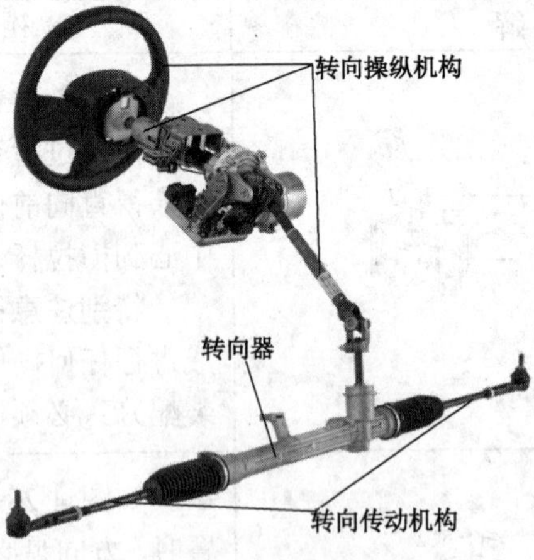

图 4-29　转向系统的组成

2. 转向器

转向器是将转向盘的转动变为转向摇臂的摆动或齿条轴的直线往复运动。同时对系统输入的操纵力进行放大。转向器一般固定在汽车车架或车身上，转向操纵力通过转向器后一般还会改变传动力方向。

3. 转向传动机构

转向传动机构是将转向器输出的力和运动传给转向车轮，并使转向桥的左右侧车轮按一定的转角关系偏转。

三、转向系统的分类

汽车转向系统按转向动力源的不同分为机械转向系统和动力转向系统两大类。

1. 机械转向系统

机械转向系统是以驾驶员体力作为转向能源，其中所有传动件都是机械的，如图 4-30 所示。

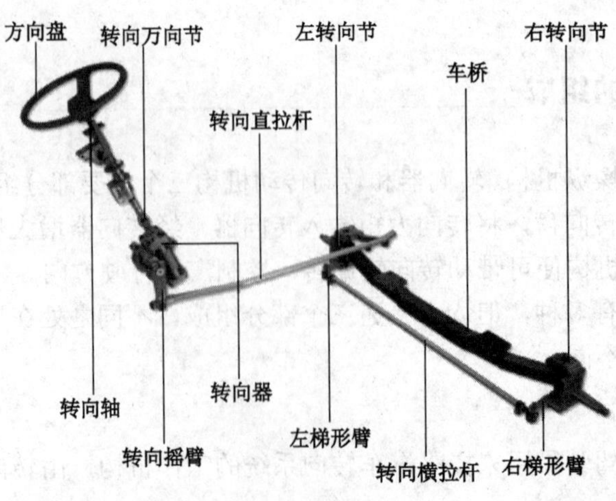

图 4-30　机械转向系统

2. 动力转向系统

动力转向系统是兼用驾驶员的体力和发动机动力为转向动力的转向系统，它是在机械转向系统的基础上加设一套转向动力装置而形成的，如图 4-31 所示。

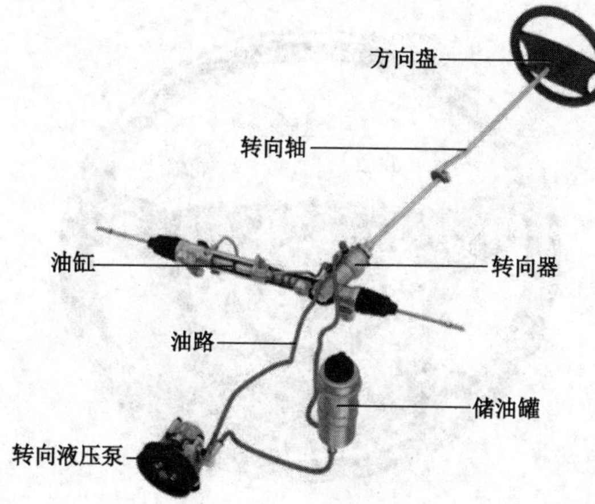

图 4-31 动力转向系统

机械转向系统

机械转向系统也是由转向操纵机构、转向器和转向传动系统三个主要部分组成。如图 4-29 所示。转向时，驾驶员对转向盘施加一个转向力矩。该力矩通过转向轴传递给转向器，再经转向横拉杆和左转向节上的转向臂使左轮偏转，最后通过横拉杆带动右轮偏转。

一、转向操纵机构

汽车转向操纵机构包括转向盘、转向盘柱，如图 4-32 所示。

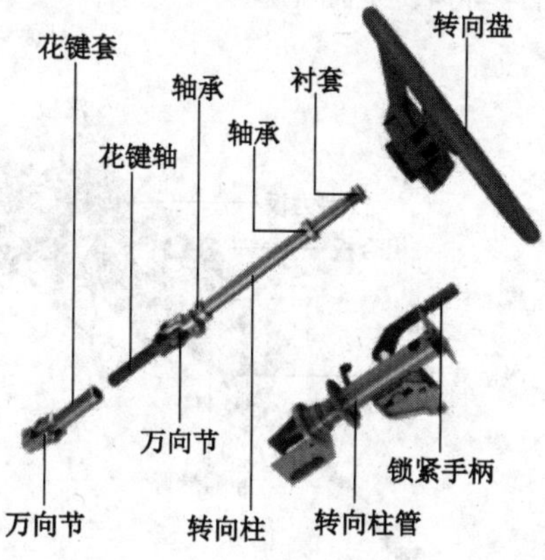

图 4-32 转向操纵机构

1. 转向盘

转向盘用于产生转向操纵力，它主要由盘圈、轮辐和盘毂组成。轮辐一般有三根或四根辐条，如图 4-33 所示。转向盘上还安装有安全气囊、汽车喇叭开关按钮及控制转向灯开关等，以方便驾驶员操作。

图 4-33　转向盘

2. 转向盘柱

转向盘柱包括转向轴和转向柱管。转向轴将驾驶员作用于转向盘的转向操纵力传给转向器的传力轴。转向轴通过轴承支撑于转向柱管，转向柱管固定在车身上。转向轴上部与转向盘固定连接，下部装有转向器。转向轴与转向器连接的方式有两种：一种是与转向器的输入轴直接连接，另一种是通过十字轴万向节或柔性万向节间接与转向器的输入轴相连接。现在的汽车的转向轴除装有挠性万向节外，有的还装有能改变转向盘工作角度和转向盘高度的机构，以方便不同体形驾驶员的操纵。图 4-34 所示为一种转向倾斜角度调整机构。转向管柱上、下端分别通过倾斜调整支架、下托架与车身相连。锁紧螺栓穿过调整支架上的长孔和转向管柱上的圆孔后将两者相连。调整时，向下扳下手柄，锁紧螺栓松动，即可在调整支架上的长孔中移动，转向柱管便可以下托架上的枢轴为中心上下移动。确定了合适位置后，向上扳起调整手柄，将转向盘固定。

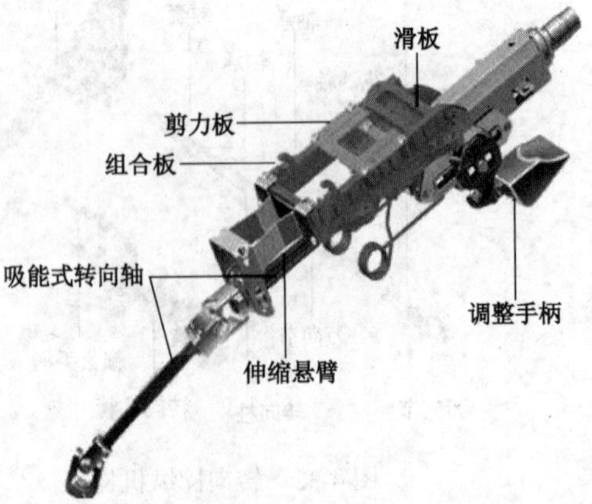

图 4-34　转向盘柱

二、转向器

转向器的种类较多，下面主要介绍齿轮齿条式转向器和循环球式转向器。

1. 齿轮齿条式转向器

如图 4-35 所示。转向器通过转向器壳体的两端用螺栓固定在车身（车架）上。当转动转向盘和转向轴时，由于齿轮与齿条上的齿啮合，使得齿条在壳体内左右移动，同时使得转向传动机构中的其他杆件运动，并带动前轮偏转。齿轮齿条式转向器结构简单，传动效率高，操纵轻便，重量轻；由于不需要转向摇臂和转向直拉杆，还使转向传动机构得以简化。齿轮齿条式转向器适合与麦弗逊式独立悬架配用，常用于轿车、微型货车和轻型货车。根据横拉杆位置的不同，又分为中间输出式和两端输出式。

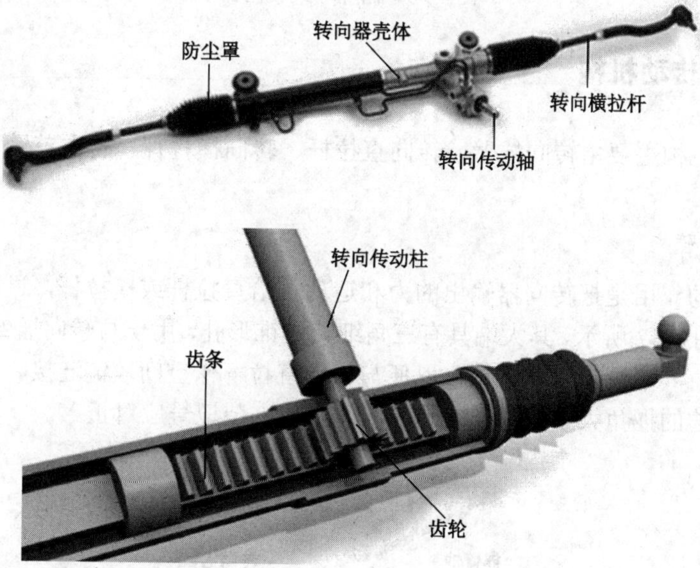

图 4-35　齿轮齿条式转向器

2. 循环球式转向器

循环球式转向器中一般有两级传动副，转向螺杆和转向螺母构成第一级传动副；转向螺母的一个平面上加工出齿条，与齿扇轴（齿扇轴也叫转向摇臂轴）上的齿扇相啮合，构成第二级传动副（图 4-36）。转向螺母既是第一级传动的从动件，也是第二级的主动件。转向盘带动转向螺杆左右转动，转向螺母跟着前后移动，并带动齿扇轴（或者叫转向摇臂轴）摆动。齿扇轴直接与转向摇臂连接，后者控制着转向传动机构的运动。循环球式转向器常用于各种轻型和中型货车，也用于部分轻型越野汽车。

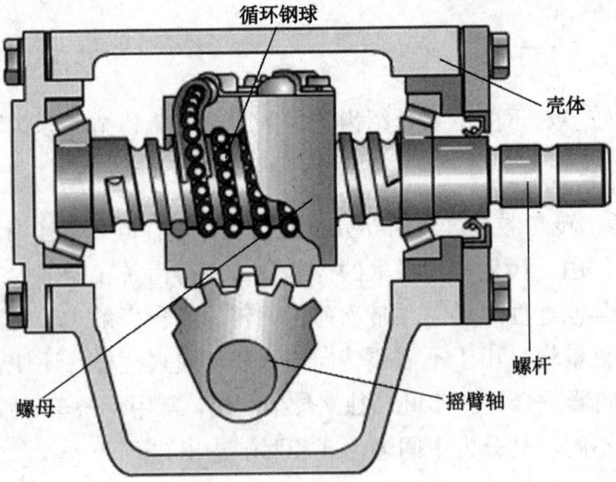

图 4-36　循环球式转向器

三、转向传动机构

转向传动机构主要由转向摇臂、转向直拉杆、转向横拉杆、转向节臂、转向梯形臂等组成。

1. 转向摇臂

转向摇臂的作用是把转向器输出的力和运动传给直拉杆或横拉杆，进而推动转向轮偏转，其结构如图 4-37 所示。其大端具有三角细花键锥形孔，用于与转向摇臂轴外端相连接，并用螺母固定；其小端带有球头销，以便与转向直拉杆作空间铰链连接。摇臂装好后，从中间位置到两边的摆角大致相同。安装时，两者的安装记号应对正。

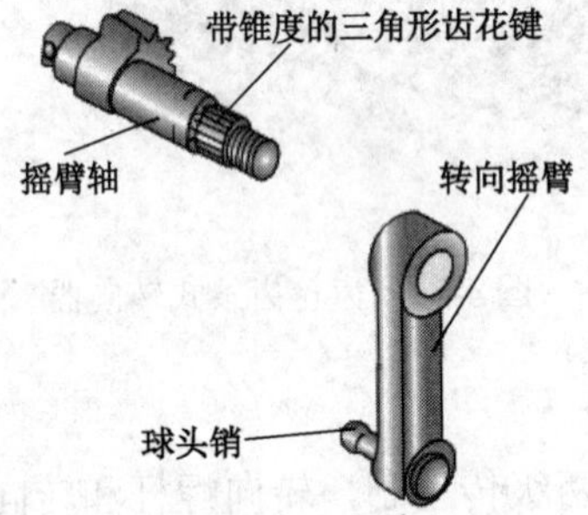

图 4-37　转向摇臂

2. 转向直拉杆

转向直拉杆体是一段两端扩大的钢管，其结构如图 4-38 所示。转向直拉杆前端是球头销，后端是球头销座，分别与转向节臂（或梯形臂）、转向摇臂球形铰相连，以保证三者在相对的空间运动中不发生干涉。前、后球形铰链结构中都有压缩弹簧，以补偿机械磨损，并具有缓和经车轮和转向节传来的路面冲击。弹簧预紧力可用端部螺塞调节。转向直拉杆的作用是将转向摇臂传来的力和运动传给转向梯形臂。

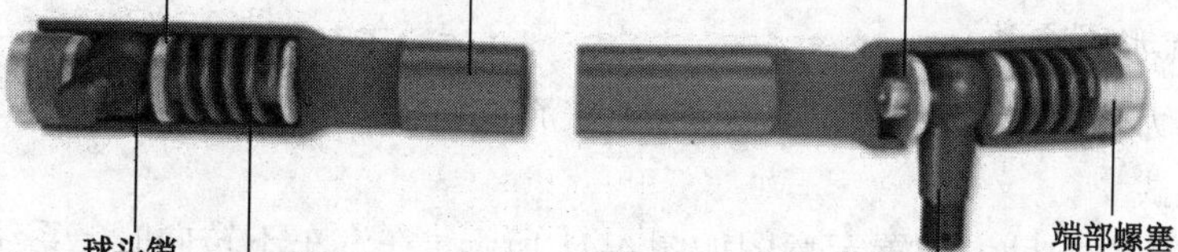

图 4-38 转向直拉杆

3. 转向横拉杆

转向横拉杆是联系左、右梯形臂并使其协调工作的连接杆，它在汽车行驶过程中反复承受拉力和压力，因此多用高强度冷拉钢管制造。两端接头为球头座—球头销结构，其上有压紧弹簧和调节螺塞，如图 4-39 所示。

图 4-39 转向横拉杆

动力转向系统

一、动力转向系统的组成

动力转向系统是在机械式转向系统的基础上增加一套助力装置。动力转向系统按照传递能量的介质不同，可以分为液压式和气压式两种。液压式动力转向系统在各类汽车上应用广泛，这里主要讲液压式动力转向系统。液压式动力转向系统包括转向盘、转向柱、动力转向器、转向油泵、流量控制阀、安全阀、储油罐及油管等，如图 4-40 所示。

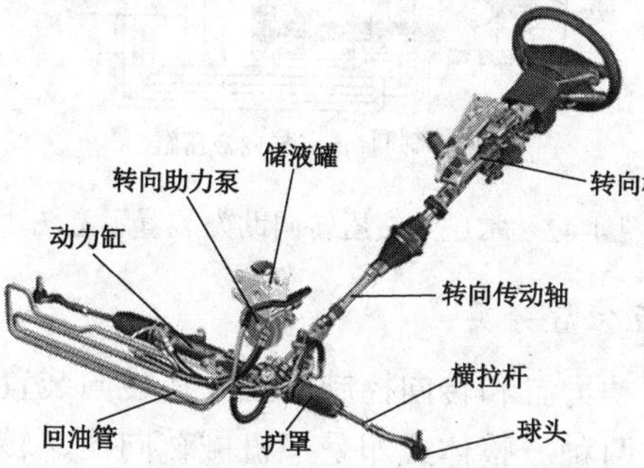

图 4-40 液压式动力转向系统的组成

二、动力转向系统的分类

1. 按液流形式分类

液压式动力转向系统按液流形式可分为常流式和常压式。

（1）常流式

常流式液压转向助力装置示意图如图 4-41 所示。在汽车不转向时，系统内工作油压较低，分配阀中的滑阀在中间位置，油路保持畅通，即油液从油罐吸入油泵，又被油泵排出，经分配阀回到油罐，处于常流状态。

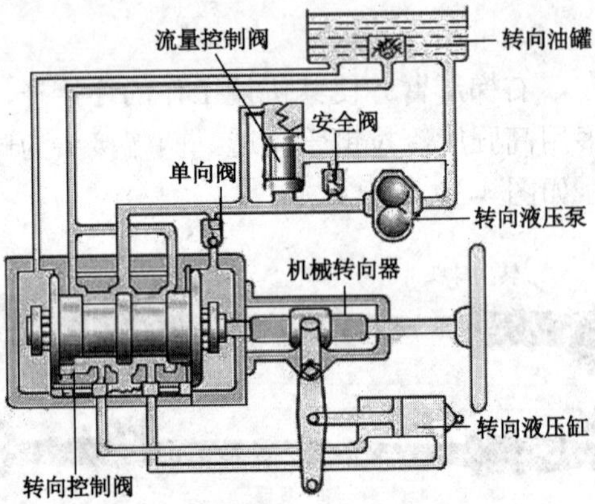

图 4-41　常流式液压转向助力装置示意图

（2）常压式

常压式液压转向助力装置示意图如图 4-42 所示。在汽车不转向时，分配阀总是关闭的。油泵排出的高压油储存在储能器中，达到一定压力后，油泵自动卸载而空转。

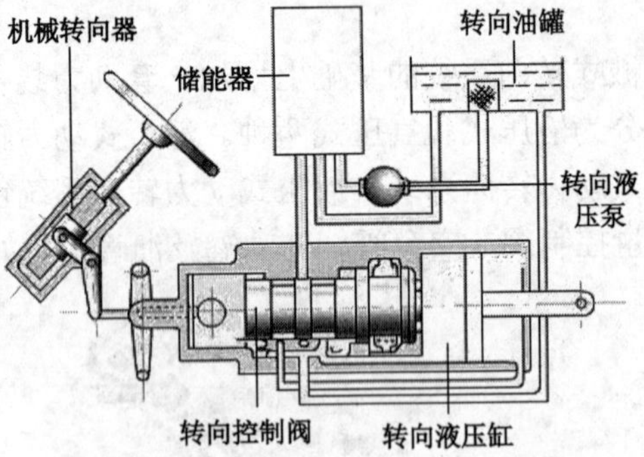

图 4-42　常压式液压转向助力装置示意图

2. 按各元件之间的相互位置分类

按机械式转向器、转向动力缸和转向控制阀三者在转向装置中的相互位置，动力转向系统可分为整体式和分开式两种。整体式即是把机械转向器、转向液压缸和转向控制阀三者设计为一体。

3. 按转向控制阀的运动方式分类

按转向控制阀的运动方式不同，动力转向系统可分为滑阀式和转阀式两种。

三、动力转向系统的主要部件

1. 转向油泵

转向油泵是液压助力转向系统的供能装置。转向油泵将发动机的机械能变为驱动转向动力缸工作的液压能，再由转向动力缸输出受控制的转向力驱动转向车轮转向。转向油泵有齿轮式（图4-43）、叶片式（图4-44）和转子式（图4-45）等。

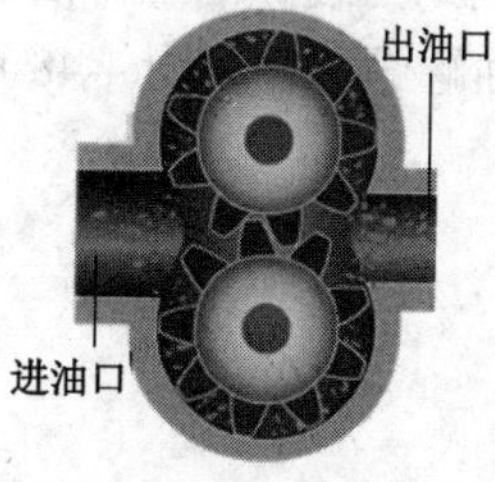

图4-43 齿轮式转向油泵

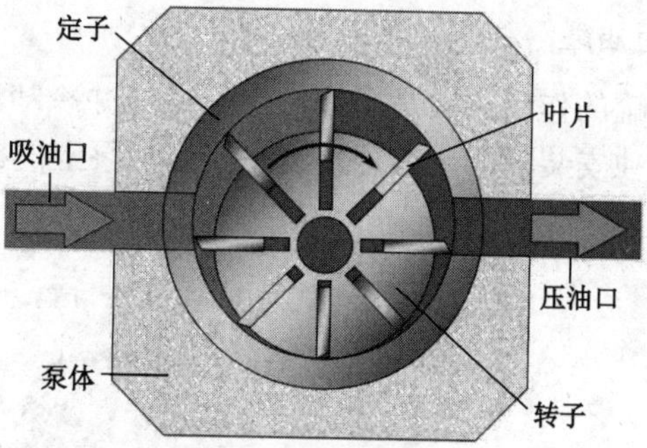

图4-44 叶片式转向油泵

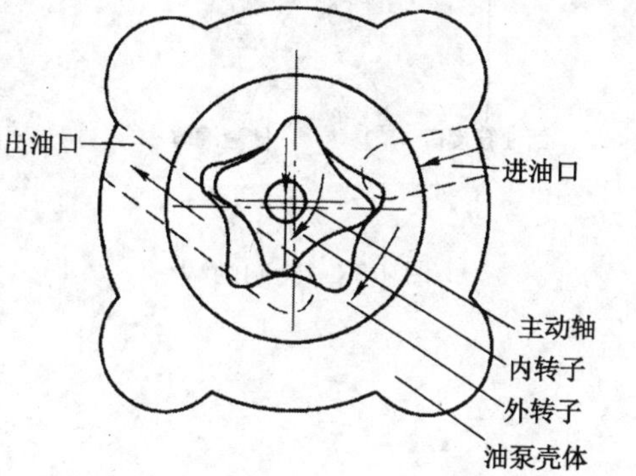

图4-45 转子式转向油泵

2. 转向控制阀

转向控制阀直接安置在动力转向器总成里。通常采用的控制阀有两种类型：滑阀式和转阀式。

（1）滑阀式控制阀

阀体沿轴向移动来控制油液流量的转向控制阀，称为滑阀式转向控制阀，简称滑阀，如图4-46所示。

（2）转阀式控制阀

阀体绕其轴线转动来控制油液流量的转向控制阀，称为转阀式转向控制阀，简称转阀，如图4-47所示。

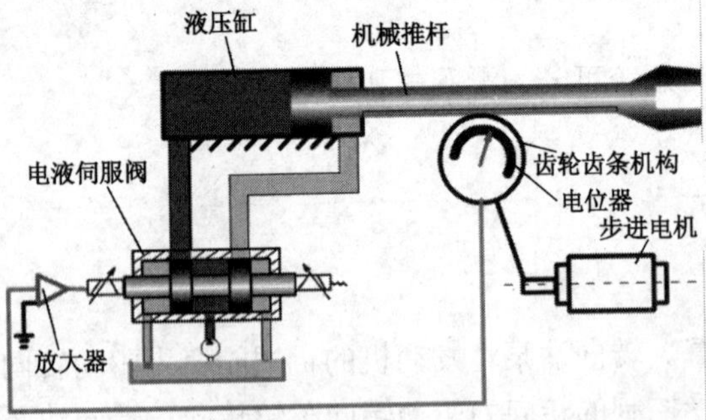

图 4-46　滑阀式控制阀

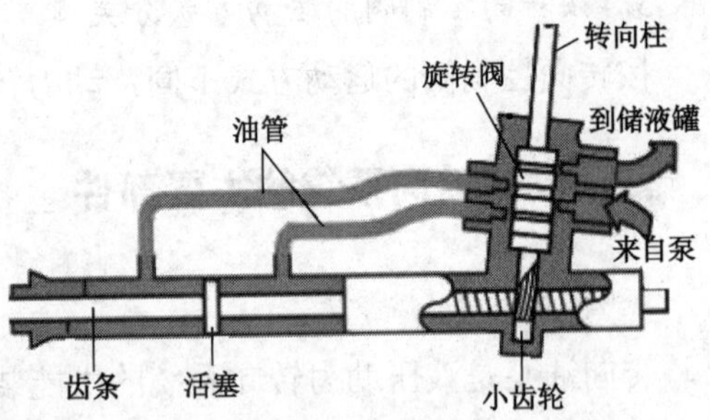

图 4-47　转阀式控制阀

3. 转向油罐

转向油罐的作用主要是用来储存、过滤并冷却液压转向助力装置的工作油液。转向油罐一般是单独安装，但也有直接装在转向油泵上的。转向油罐的结构如图 4-48 所示。

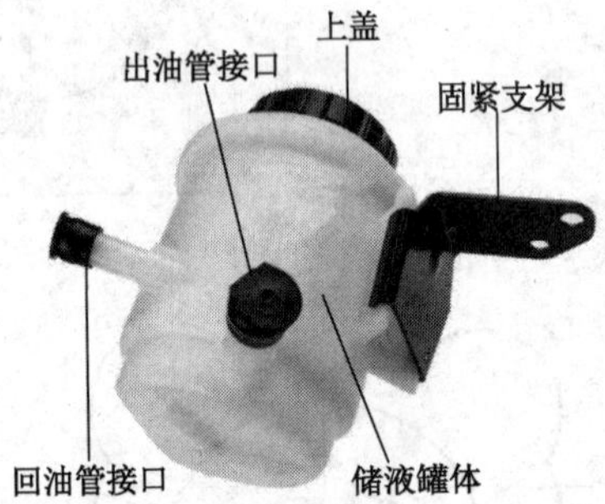

图 4-48　转向油罐

项目 5

汽车制动系统

任务1 汽车制动系统概述

任务要求

学生通过知识链接的学习，了解汽车制动系统的组成及功用。

任务引导

相关知识点学习：要求学生实训课前参考有关资料独立完成。

相关知识点：要求学生实训课前独立完成以下内容。

1．汽车制动系统的组成____

____。

2．汽车制动系统的作用____

____。

任务实施

通过学习知识链接内容，对照整车说出底盘的零件名称并记录。

汽车制动系统零件名称有____

____。

知识链接

汽车制动系统概述

一、汽车制动系统的作用

汽车制动系统的作用是根据需要使行驶中的汽车减速或在最短距离内停车；使下坡行驶的汽车车速稳定；使已停驶的汽车在各种道路条件下稳定驻车。

二、汽车制动系统的组成

1. 供能装置

供能装置包括供给、调节制动所需能量以及改善供能介质状态的各种部件。其中，产生制动能量的部分称为制动能源。人的肌体亦可作为制动能源。

2. 控制装置

控制装置包括产生制动动作和控制制动效果的各种部件，如制动踏板。

3. 传动装置

传动装置包括将制动能量传输到制动器的各个部件，如制动主缸、轮缸。

4. 制动器

制动器是产生阻碍车辆运动或运动趋势的力（制动力）的部件，其中也包括辅助制动系统中的缓速装置，如图 5-1 所示。

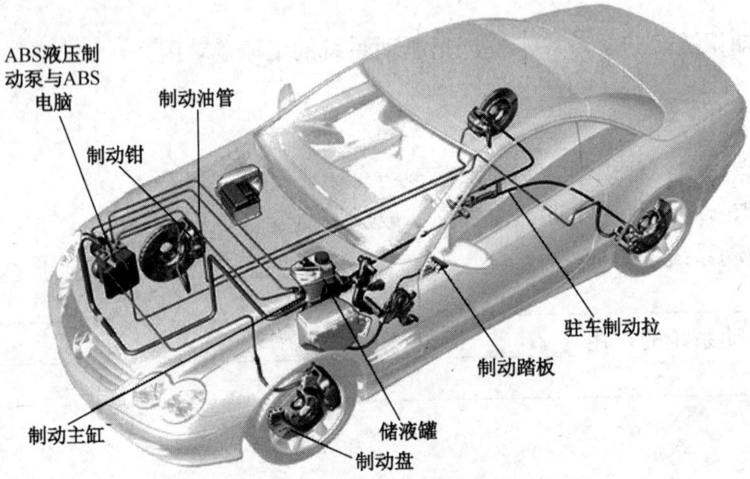

图 5-1　汽车制动系统的组成

三、汽车制动系统的分类

1. 按制动系统的功用分类

（1）行车制动系统——使行驶中的汽车减速或停车。

（2）驻车制动系统——使停驶的汽车驻留原地不动。

（3）应急制动系统——在行车制动系统失效后使用的制动系。

（4）辅助制动系统——增设的制动装置，以适应山区行驶及特殊用途汽车的需要。

2. 按制动系统的制动能源分类

（1）人力制动系统——以驾驶员的肌体作为制动能源的制动系统。

（2）动力制动系统——完全靠由发动机的动力转化而成的气压或液压形式的势能进行制动的制动系统。

（3）伺服制动系统——兼用人力和发动机动力进行制动的制动系统。

3. 按照制动能量的传输方式分类

（1）机械系统——以机械形式传输制动能量的制动系统。
（2）液压系统——以液压形式传输制动能量的制动系统。
（3）气压系统——以气压形式传输制动能量的制动系统。
（4）电磁系统——以电磁力形式传输制动能量的制动系统。
（5）组合系统——多种传输制动能量的综合制动系统。

4. 按制动回路分类

（1）单回路——全车制动用一条制动回路实现的制动系统。
（2）双回路——全车制动用两条制动回路实现的制动系统。

任务 2 鼓式制动器的拆装与检修技术

任务要求

1. 学生通过知识链接的学习，了解鼓式制动器的作用与构造。
2. 学生通过知识链接的学习，能分析鼓式制动器的工作原理。
3. 学生了解鼓式制动器的分类以及各自的特点。
4. 学生能对鼓式制动器进行拆装检查与调整。
5. 学生学会驻车制动的检查与调整。

任务引导

相关知识点学习：要求学生实训课前参考有关资料并独立完成。
相关知识点：要求学生实训课前独立完成以下内容。
1. 鼓式制动器的组成________________________________。
2. 鼓式制动器的类型________________________________。
3. 驻车制动器的类型________________________________。
4. 简述五菱鸿途鼓式制动器间隙自调整装置的工作原理________________
____
____。

任务实施

1. 五菱汽车鼓式制动器的拆装。
2. 驻车制动器检查与调整。
3. 完成本任务实训报告。

（1）鼓式制动器的拆装、检查与调整

图　解	操作步骤及技术要求
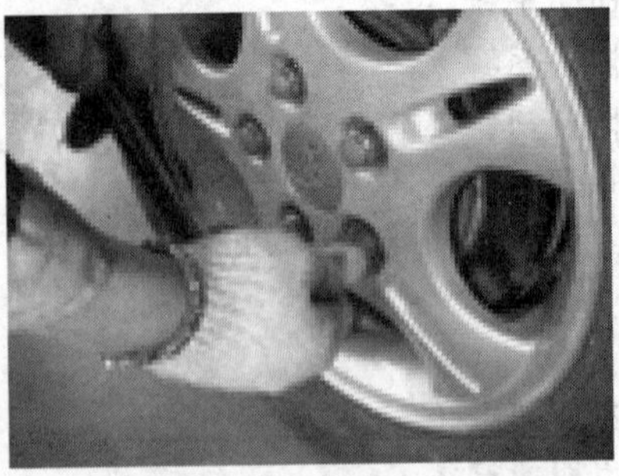 图 5-2	如图 5-2 所示，把车辆开入举升工位，在车举升之前先拧松轮胎螺钉，按交叉对角分次进行，但不要取出轮胎螺母。
 图 5-3	如图 5-3 所示，按照举升机的操作规程把车辆举升到合适的高度。
 图 5-4	如图 5-4 所示，松开手刹，把变速器操纵杆置于空挡位置。
 图 5-5	如图 5-5 所示，分别取出已拧松的轮胎螺母，并取下后轮。

图 解	操作步骤及技术要求
1．拆卸过程	
 图 5-6	如图 5-6 所示，取下制动鼓。
 图 5-7	制动器内部结构如图 5-7 所示。
 图 5-8	如图 5-8 所示，用尖嘴钳夹紧制动蹄定位弹簧锁片外圈，另一只手固定住制动底板后的定位销钉头，避免定位销钉跟转，夹紧锁片的尖嘴钳往里压缩弹簧并转动 900°，锁片便脱离销钉，即可取下定位销钉、压紧弹簧及锁片等组件。 用同样的方法取下另一制动蹄的定位销钉、压紧弹簧及锁片等组件。
 图 5-9	用力往外拉制动蹄上端，使其脱离制动轮缸活塞杆的卡槽，放松拉力使制动上端落入卡槽外，如图 5-9 所示。 往外拉时不要用力过度，避免制动轮缸活塞脱出。

图　解	操作步骤及技术要求
 图 5-10	用同样的方法使另一块制动蹄上端脱离制动轮缸活塞杆的卡槽，如图 5-10 所示。
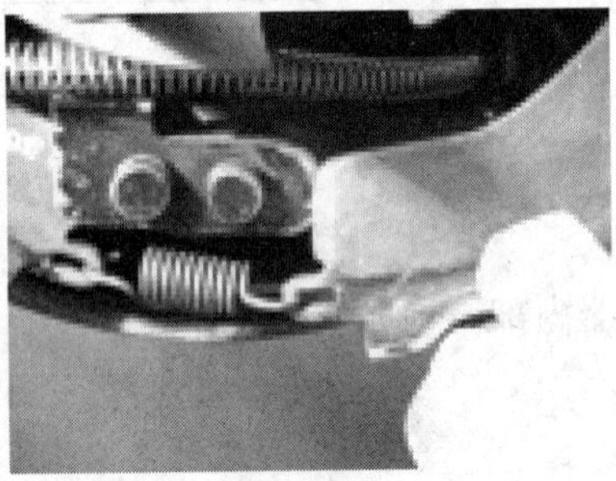 图 5-11	用力拉制动蹄下端并使其脱离制动底板的定位槽，如图 5-11 所示。
 图 5-12	如图 5-12 所示，用力拉另一块制动蹄下端并使其脱离制动底板的定位槽。
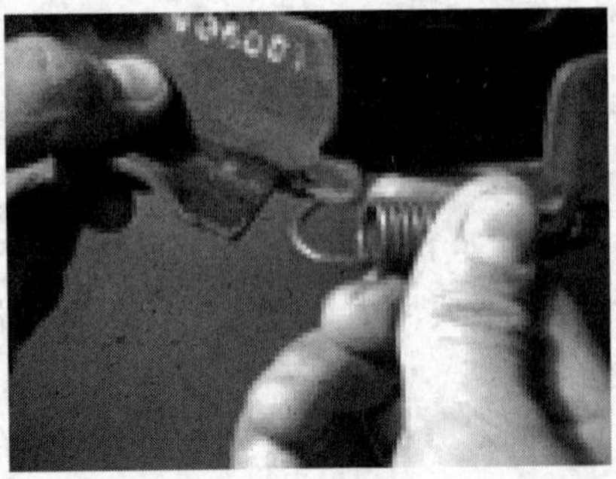 图 5-13	如图 5-13 所示，取下两制动蹄下端的拉紧弹簧。此时弹簧已没有弹力。

图　解	操作步骤及技术要求
 图 5-14	两手分别拿住两制动蹄，使上端的拉紧弹簧调整杆等组件沿着制动轮缸与半轴法兰的空隙间移出，如图 5-14 所示。
 图 5-15	如图 5-15 所示，整体取下制动蹄片。
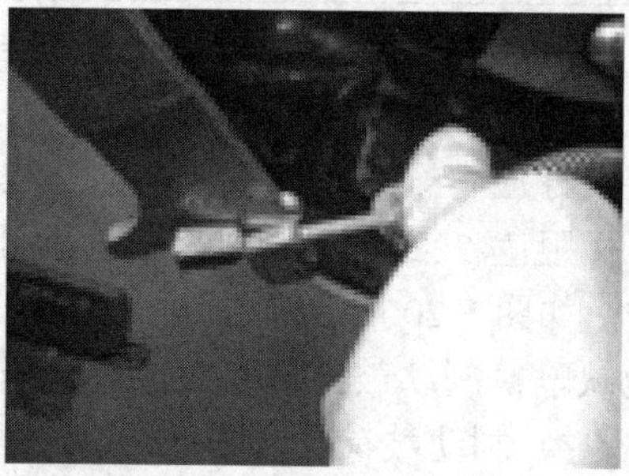 图 5-16	压缩弹簧并移动手刹拉杆，取下手刹线，如图 5-16 所示。
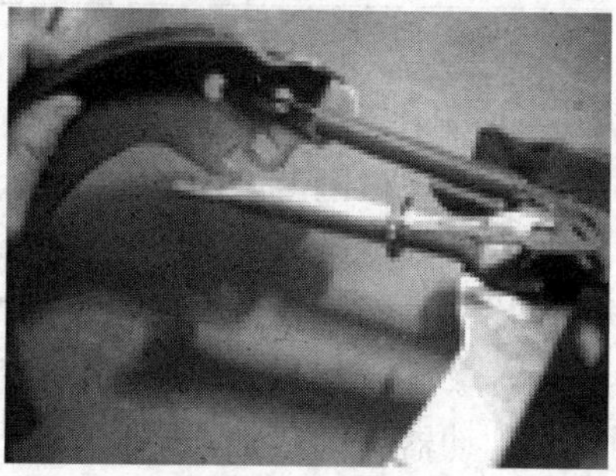 图 5-17	如图 5-17 所示，取下调整杆（手刹推杆）。

图　解	操作步骤及技术要求
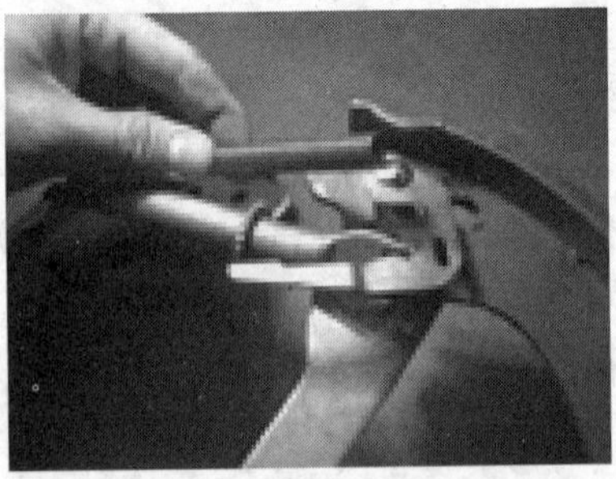 图 5-18	取下制动蹄上端的拉紧弹簧（外面）及间隙自调拨片的拉紧弹簧（里面），如图 5-18 所示。
 图 5-19	把拆下的零件摆放整齐，如图 5-19 所示。
2．检查	
 图 5-20	（1）制动鼓检查。检查前必须使其清洁无杂物，并且制动鼓工作面不能遗留任何油污。 内径尺寸应符合要求，五菱鸿途标准值 220mm，极限值 222mm，超过极限值必须更换制动鼓，如图 5-20 所示。 其他缺陷：制动鼓出现裂纹或有缺损时必须及时更换，制动鼓有严重擦痕或划伤时将加剧制动器摩擦衬片磨损，不能继续使用，必须更换。
 图 5-21	（2）摩擦衬片的检查。如图 5-21 所示，摩擦衬片的厚度不低于 1mm。无论何时，当制动器摩擦衬片的厚度磨损至 1mm 以内时，就应更换制动器摩擦衬片。如果某一制动蹄须更换，则左右制动器制动蹄必须同时更换。

图　　解	操作步骤及技术要求
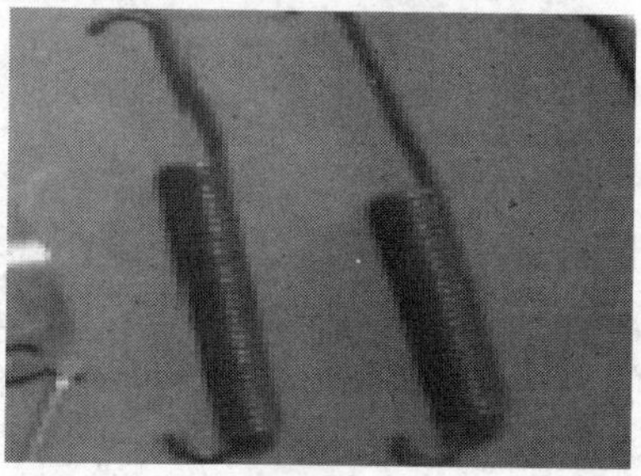 图 5-22	（3）弹簧的检查。如图 5-22 所示，弹簧失效或部分失效时，必须更换。
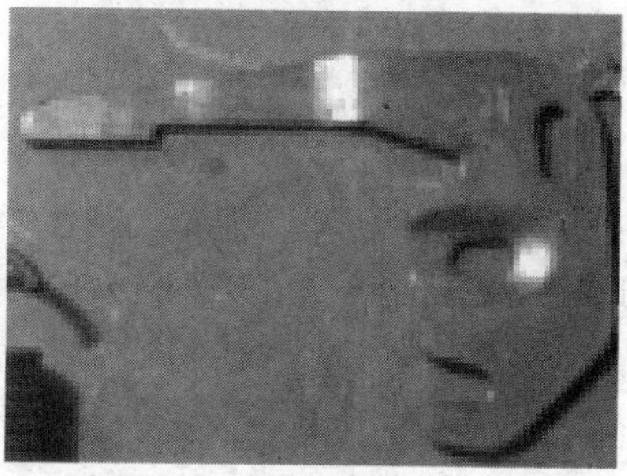 图 5-23	（4）间隙自调拨片检查。如图 5-23 所示，间隙自动调整装置损坏不能继续工作时，必须更换。
3．装配	
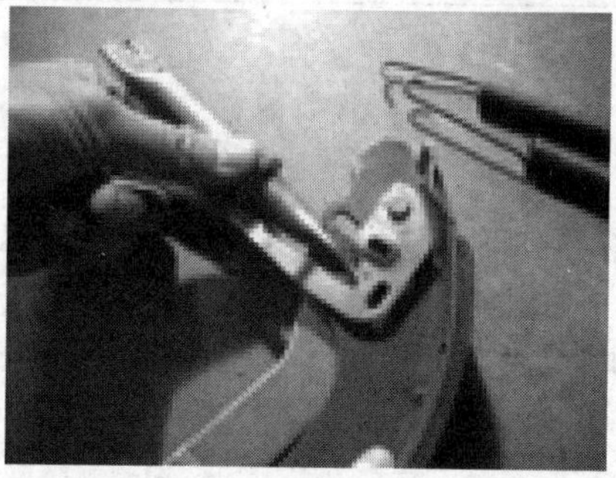 图 5-24	安装间隙自调拨片，使其卡在手刹拉杆的固定销轴上，并安装调整推杆，使拨片进入其卡槽内（小卡槽），制动蹄进入大卡槽内，如图 5-24 所示。
 图 5-25	安装间隙自调装置的拉紧弹簧，短的一端应钩在拨片中间的孔上，如图 5-25 所示。

图　解	操作步骤及技术要求
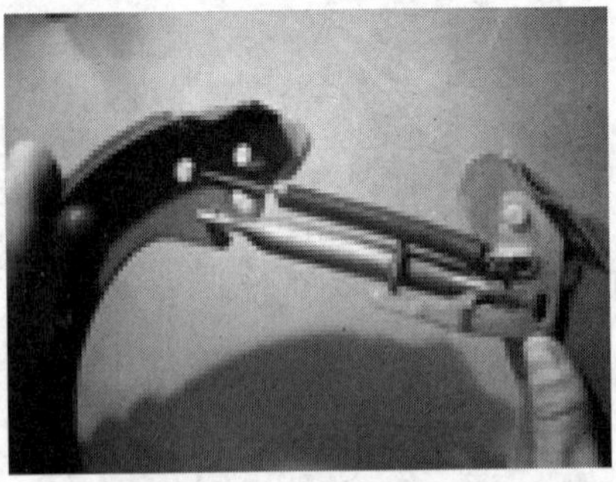 图 5-26	间隙自调装置拉紧弹簧的另一端钩在另一块制动蹄对应的孔上，并使制动蹄相应位置卡在推杆的槽内，如图 5-26 所示。
 图 5-27	然后把两块制动蹄翻转过来，左手拿有手刹拉杆这块制动蹄并使拉杆朝外，移动到手刹线下面，动作不能过大，避免制动蹄上端安装好的组件散开。压缩手刹线的弹簧，使手刹线扣在拉杆的卡槽内，如图 5-27 所示。
 图 5-28	如图 5-28 所示，两手分别握住两制动蹄的上部，使制动蹄上端的弹簧、推杆等组件沿着半轴法兰与制动轮缸的间隙进入。
 图 5-29	把一块制动蹄的上端放入制动轮缸活塞杆的卡槽内，如图 5-29 所示。 然后用力拉另一块制动蹄的上部，使其上端进入另一活塞杆的卡槽内。

图　　解	操作步骤及技术要求
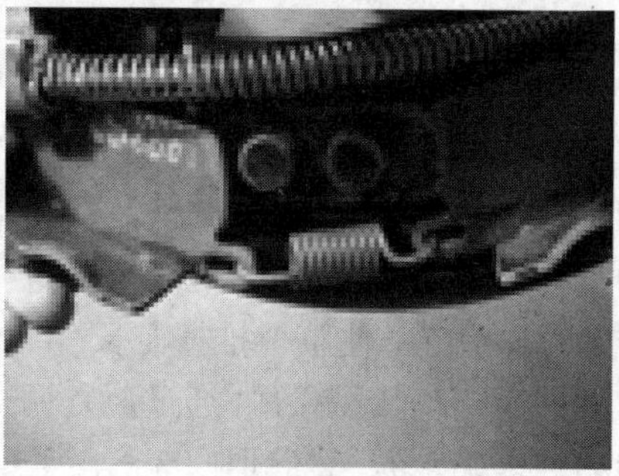 图 5-30	如图 5-30 所示，安装好制动蹄下端的拉紧弹簧，使其中一块制动蹄的下端进入制动底板的固定槽内，再用手拉另一块制动蹄的下端使其进入另一边的固定槽内。
 图 5-31	如图 5-31 所示，安装制动蹄定位销、压紧弹簧及锁片等组件。弹簧坐垫的凸起部位朝外，锁片凸起部位朝内，垫片和锁片可互换。
 图 5-32	安装方法与拆卸基本相同，用手定好销钉的一端，尖嘴钳夹紧锁片往里压缩弹簧，并使锁片转动 900°，锁片便卡在销钉上，如图 5-32 所示。 用同样的方法安装好另一块制动蹄的定位销、压紧弹簧及锁片等组件。
 图 5-33	如图 5-33 所示，安装制动蹄上部的拉紧弹簧。

图　　解	操作步骤及技术要求
4．调整	
 图 5-34	如图 5-34 所示，用一把一字起子轻轻推开卡在调整棘轮里面的自调拨片，用另一把一字起子转动调整棘轮，使整个推杆变长，直到两摩擦片刚好与制动鼓相接触（通过反复调整和安装制动鼓来确定），然后退回 3～4 齿。
 图 5-35	如图 5-35 所示，安装制动鼓。安装前要把制动鼓内工作面及摩擦片表面擦拭干净。 用手转动制动鼓，不能有卡滞现象，如有应调小间隙或砂磨摩擦片。
 图 5-36	如图 5-36 所示，安装车轮。交叉分次拧紧轮胎螺钉。
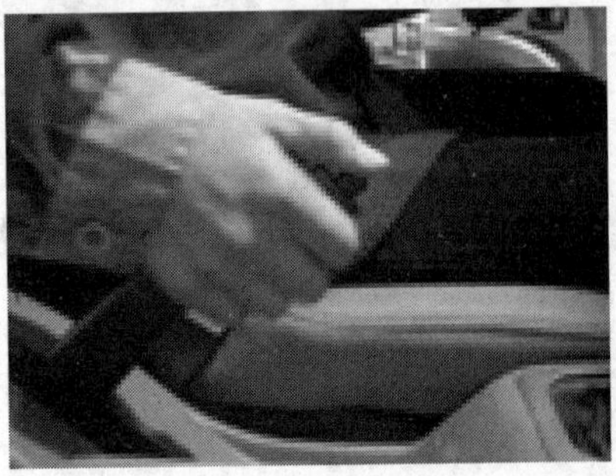 图 5-37	如图 5-37 所示，通过反复拉紧和放松手刹，或踩制动踏板使自调装置自动调整制动间隙，最后拉动手刹手柄，棘轮的响声不得超过 6 响，否则要调整制动间隙或驻车制动拉索。

图　解	操作步骤及技术要求
5．运行试验	
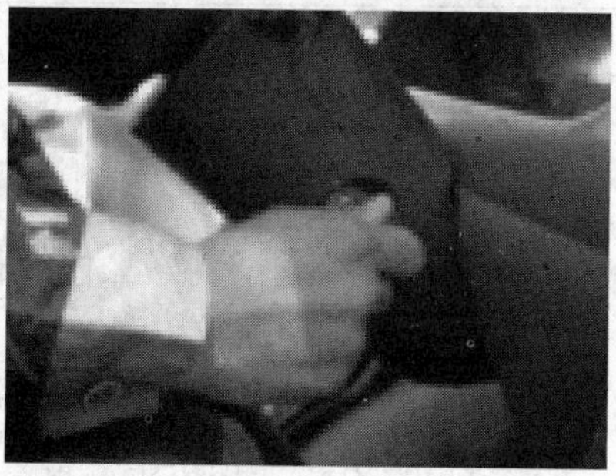 图 5-38	如图 5-38 所示，启动发动机，使发动机在怠速下运转。
 图 5-39	如图 5-39 所示，松手刹，踩下离合器踏板，怠速状态下踩下制动踏板，缓慢抬起离合器踏板，发动机转速下降至熄火，初步判断制动器有效。 如果条件允许，最后可进行制动距离试验。
 图 5-40	如图 5-40 所示，松开制动踏板用手分别转动两边车轮，应能自由转动。 车辆降落至地面，并拉紧手刹。
 图 5-41	如图 5-41 所示，用扭力扳手按规定力矩拧紧轮胎螺钉，五菱鸿途力矩为 88～108N·m。 5S 工作。 结束。

（2）驻车制动的检查与调整

图　　解	操作步骤及技术要求
1．检查	
 图 5-42	首先要保证行车制动系统处于良好工作的状态。 如图 5-42 所示，按照举升的操作规程举升到离地面最小高度约 20cm 处并可靠锁定举升臂。
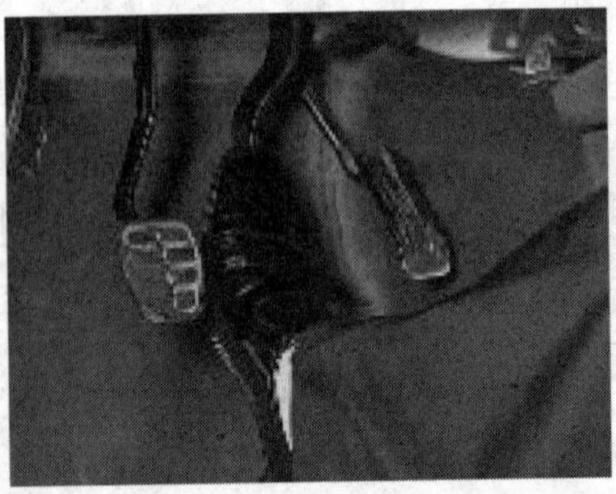 图 5-43	如图 5-43 所示，踩踏制动踏板 2～3 次，然后完全放松。
 图 5-44	如图 5-44 所示，转动后轮，检查制动器是否回位良好。
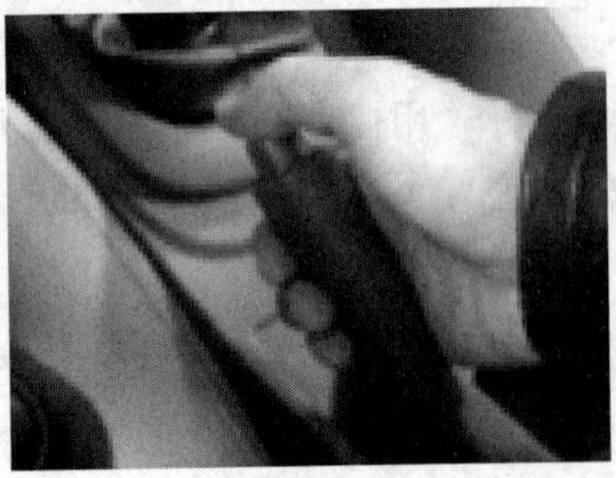 图 5-45	如图 5-45 所示，分别拉紧和放松驻车制动操纵手柄，检查棘轮机构能否可靠锁紧与放松。 完全放松驻车制动操纵手柄，然后拉紧，注意听响声，一般响声在 4～6 响以内，如果超出范围应进行调整。

图　　解	操作步骤及技术要求
2．调整	
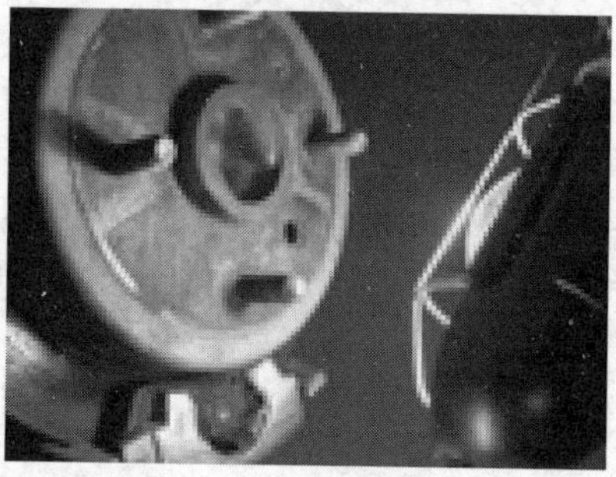 图 5-46	如果后轮是鼓式制动器，可按“项目一”的有关步骤进行调整，还不符合要求的，按步骤（3）往下调整。 如果后轮是利用盘式制动器来进行驻车制动，可按步骤（3）往下进行调整。 如果后轮是盘式行车制动器，手刹用的是鼓式制动器，按以下方法调整： （1）如图 5-46 所示，拆下后车轮。通过观察口找到调整棘轮。
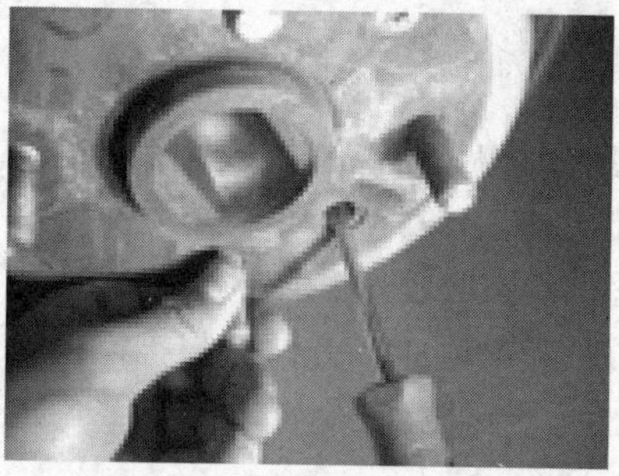 图 5-47	（2）如图 5-47 所示，用一字螺钉旋具使调整棘轮往制动蹄张开方向转动，直到制动鼓不能转动为止，然后退 3～4 齿即可，再次检查操纵手柄的响声，如果还不符合要求，进行下一步操作。
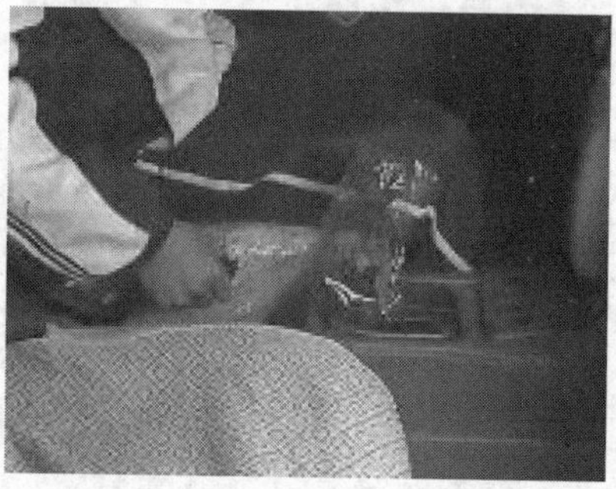 图 5-48	（3）如图 5-48 所示，用手拉驻车制动操纵手柄，当听到两响后松开手，使手柄处于当前的锁止位置。
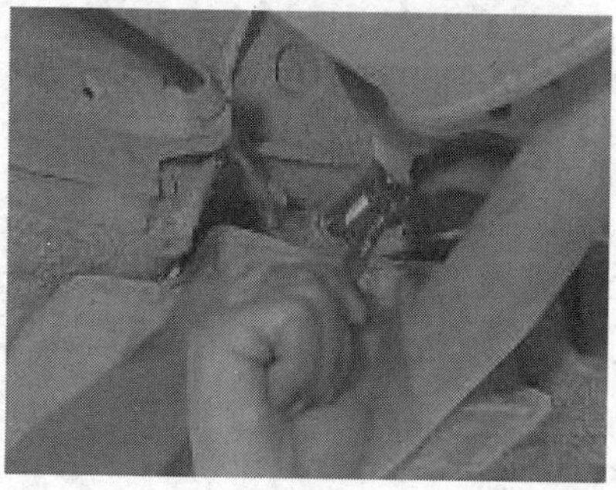 图 5-49	（4）如图 5-49 所示，举升车辆至合适高度并可靠锁止举升臂，用相应工具适当旋入驻车制动器拉索调整螺母，直到两后轮不能转动为止。

图　解	操作步骤及技术要求
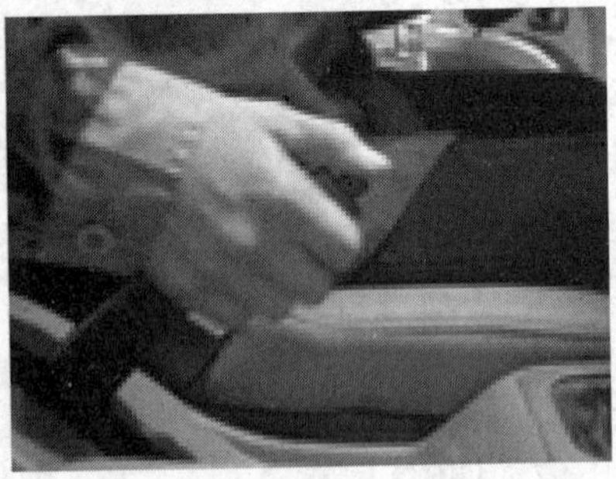 图 5-50	（5）如图 5-50 所示，车辆降至离地面最小高度，完全放松驻车制动器操纵手柄。转动两后轮，若车轮能转动自如，证明驻车制动器调整适当。 若车轮不能转动或有卡滞，适当松出上一步的调整螺母。
3．运行试验	
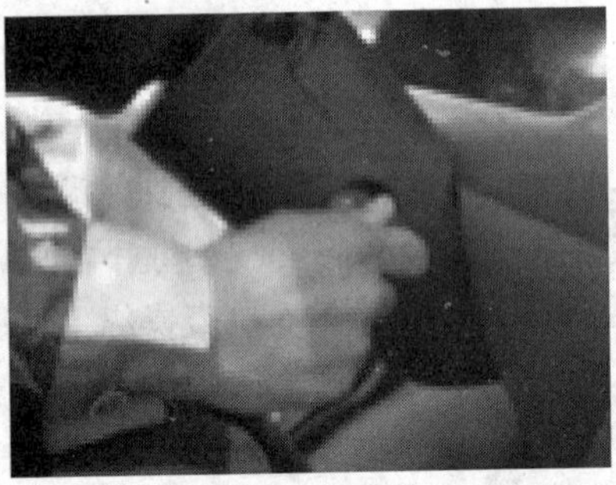 图 5-51	如图 5-51 所示，启动发动机，拉紧驻车制动器。 如果是后轮驱动不必使车辆降至地面，反之前轮驱动的车辆要降至地面，并做好防护，但三角木不能靠近轮胎，要有一定距离。
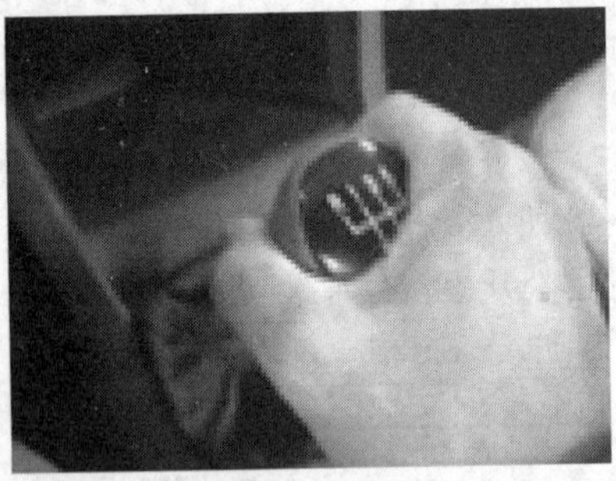 图 5-52	如图 5-52 所示，踩下离合器踏板，操纵变速器手柄，使变速器挂入一挡。
 图 5-53	如图 5-53 所示，怠速状态下缓慢抬起离合器踏板，如果发动机因负载变大而熄火，证明驻车制动器性能良好。 如果条件允许可通过坡道停车验证驻车制动器的工作性能。 5S 工作。 结束。

知识链接

鼓式制动器

汽车上使用的制动器都是利用固定元件与旋转元件工作表面之间的摩擦而产生制动力矩，这种制动器称为摩擦制动器。目前，汽车常用的摩擦制动器有两种结构，即鼓式和盘式。

一、鼓式制动器的结构及工作原理

1. 鼓式制动器的结构

鼓式制动器有一个铸造的制动鼓。制动鼓由螺栓连接在车轮上并随车轮转动。在制动鼓内，有一组制动蹄安装在制动底板上。其他的部件也安装在制动底板上，包括制动轮缸（或制动凸轮）、制动蹄及制动鼓等，如图 5-54 所示。

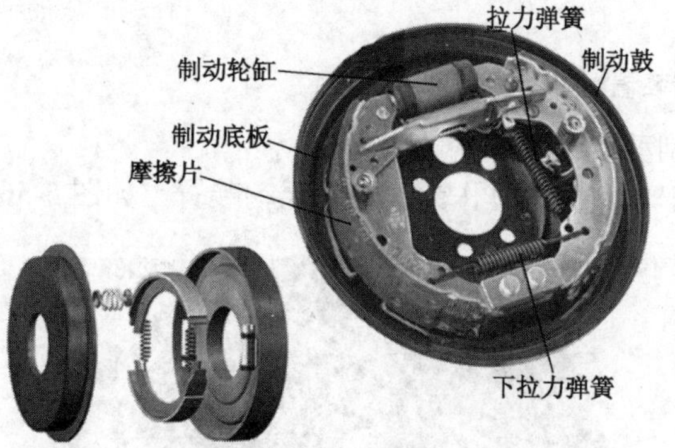

图 5-54 鼓式制动器的结构

2. 鼓式制动器的工作原理（图 5-55）

（1）制动系统不工作时

制动鼓与制动蹄之间保持一定的间隙，车轮和制动鼓可自由旋转。

（2）制动时

要使汽车减速，驾驶员需踩下制动踏板。踩下制动器踏板后，通过推杆和主缸活塞，主缸油液在一定压力下流入轮缸，并通过两轮缸活塞推动两制动蹄绕支承销转动，上端向两边分开而使其摩擦片紧压在制动鼓的内圆面上。不转的制动蹄对旋转制动鼓产生摩擦力矩，从而产生制动力。

（3）解除制动时

当松开制动踏板时，制动蹄回位弹簧立即将制动蹄拉回原位，摩擦力矩和制动力消失，制动作用解除。

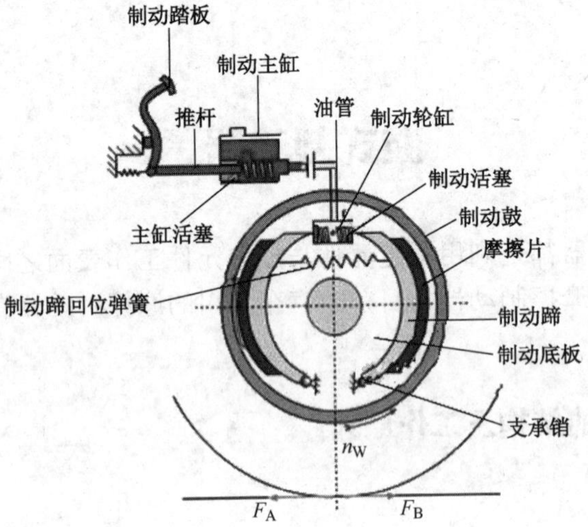

图 5-55　鼓式制动器的工作原理示意图

二、鼓式制动器的分类

1. 按制动蹄促动装置的形式分类

（1）轮缸式车轮制动器

轮缸式车轮制动器以液压轮缸作为制动蹄促动装置，如图 5-56 所示。

图 5-56　轮缸式车轮制动器

（2）凸轮式车轮制动器

凸轮式车轮制动器以凸轮作为促动装置，如图 5-57 所示。凸轮式车轮制动器一般用在气压制动系统的汽车上，而且大多设计为领从蹄式。

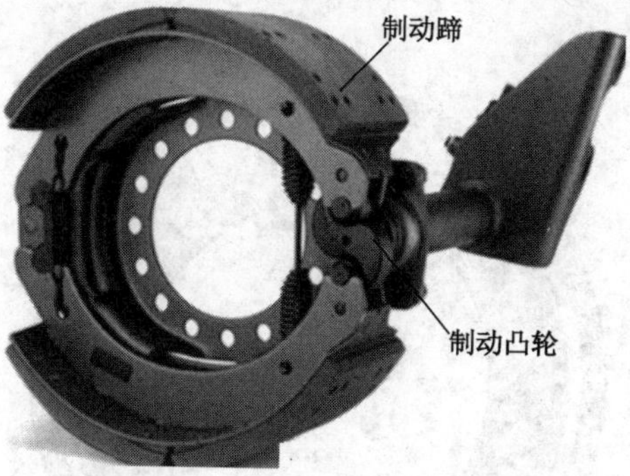

图 5-57 凸轮式车轮制动器

2. 按制动蹄的受力情况不同分类

（1）领从蹄式制动器

领从蹄式制动器如图 5-58 所示。制动蹄促动装置为一个双活塞轮缸，制动蹄在弹簧拉力的作用下向轮缸活塞靠近。两个制动蹄各有一个支点，一个蹄在轮缸促动力作用下，张开时的旋转方向与制动鼓的旋转方向一致，称为领蹄；另一个蹄张开时的旋转方向与制动鼓的旋转方向相反，称为从蹄。领蹄在摩擦力的作用下，蹄和鼓之间的正压力较大，制动作用较强。从蹄在摩擦力的作用下，蹄和鼓之间的正压力较小，制动作用较弱。

（2）双领蹄式制动器

双领蹄式制动器又分为单向双领蹄式和双向双领蹄式两种。

① 单向双领蹄式制动器（图 5-59）

它的两制动蹄各有一个单向活塞制动轮缸，且前后制动蹄与其轮缸、调整凸轮等零件在制动底板上的布置是中心对称的，两轮缸用油管连接。其性能特点是：前进制动时两蹄均为“领蹄”，有较强的增力，倒车制动时两蹄均为“从蹄”，制动力较小。

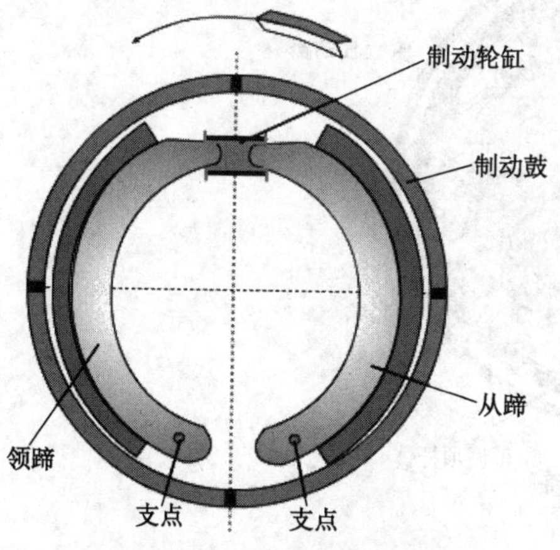

图 5-58 领从蹄式制动器

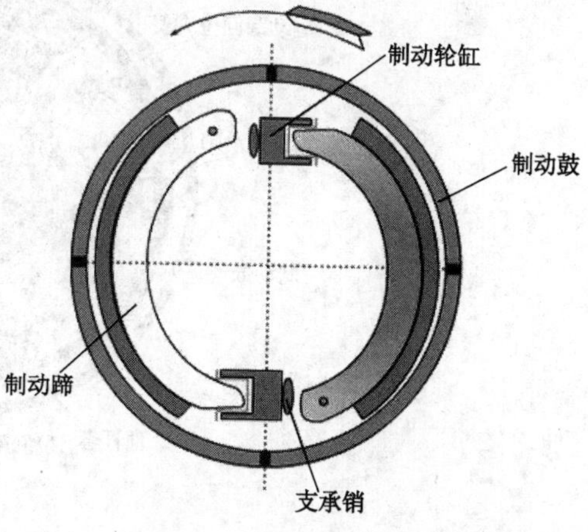

图 5-59 单向双领蹄式制动器

② 双向双领蹄式制动器（图 5-60）

它使用了两个双活塞轮缸，制动蹄、制动轮缸、复位弹簧均为成对地对称布置。两制动蹄的两端采用浮式支承，且支点可在径向位置浮动，用复位弹簧拉紧。其性能特点是：在汽车前进或倒车中制动时，两个制动蹄均为“领蹄”，均有较强的增力，制动效果好，蹄片磨损均匀。

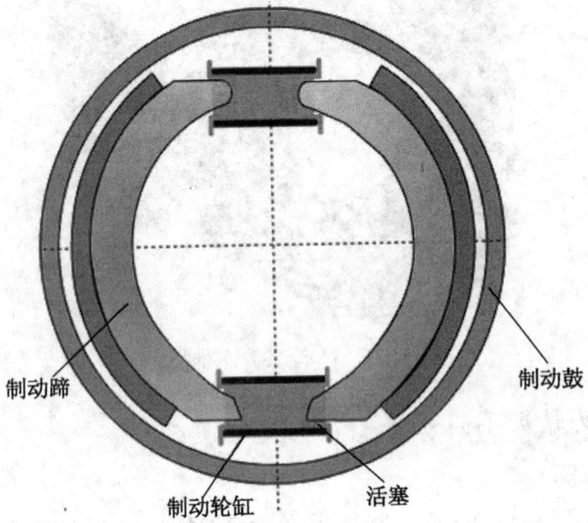

图 5-60　双向双领蹄式制动器

（3）自动增力式制动器

自动增力式制动器又分为单向自增力式制动器和双向自增力式制动器。

① 单向自增力式制动器（图 5-61）

它是两个制动蹄只有一个单活塞的制动轮缸，第二制动蹄的促动力来自第一制动蹄对顶杆的推力。两个制动蹄在汽车前进时均为领蹄，但在倒车制动时，第一制动蹄虽为领蹄，但因制动力臂大为减小，制动效果下降，而第二制动蹄则不起制动作用，故制动效能很低。

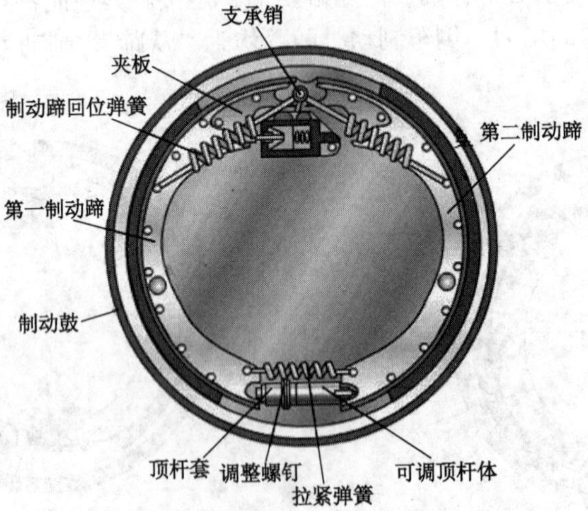

图 5-61　单向自增力式制动器

② 双向自增力式制动器（图 5-62）

它采用一个双活塞轮缸。两制动蹄上端贴靠在一个支承销上，下端分别浮支在浮动的顶杆的两端。其工作特点：制动鼓正向和反向旋转时均能借蹄与鼓的摩擦起自动增力作用，制动效能高，且制动效能对称。

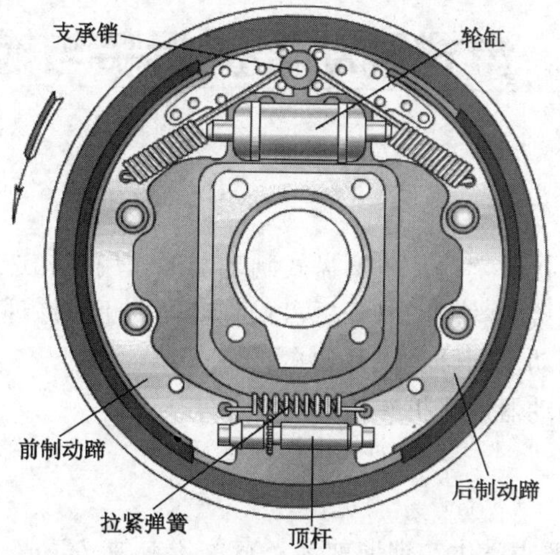

图 5-62　双向自增力式制动器

三、驻车制动器

驻车制动器俗称手制动器，它可使停驶的汽车驻留原地不动，便于在坡道上起步；行车制动器失效后须临时使用或配合行车制动器进行紧急制动。驻车制动器按其安装位置可分为中央制动式和车轮制动式两种。

（1）中央制动式

中央制动式驻车制动器的制动器安装在变速器或分动器的后面，制动力矩作用在传动轴上。

（2）车轮制动式

车轮制动式的驻车制动器和行车制动装置共用一套制动器（只是传动装置是相互独立的），结构简单紧凑，已在轿车上得到普遍应用。图 5-63 所示为拉索式机械操纵驻车制动系统。

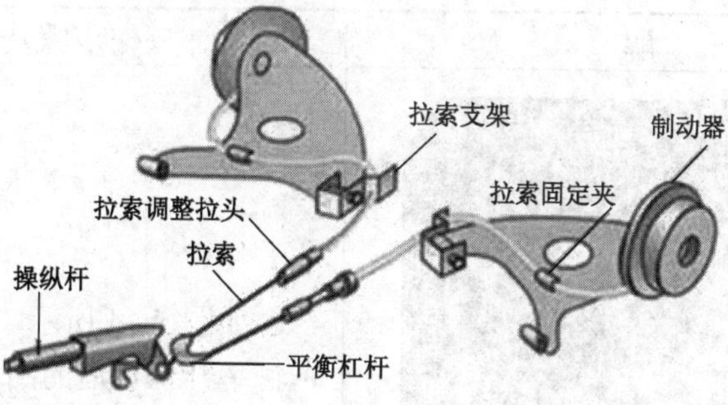

图 5-63　拉索式机械操纵驻车制动系统

任务3 盘式制动器的拆装与检修技术

任务要求

1. 学生通过知识链接的学习，了解盘式制动器的作用与构造。
2. 学生通过知识链接的学习，能分析盘式制动器的工作原理。
3. 学生了解盘式制动器的分类以及各自的特点。
4. 学生能对盘式制动器进行拆装检查与调整。

任务引导

相关知识点学习：要求学生实训课前参考有关资料独立完成。

相关知识点：要求学生实训课前独立完成以下内容。

1. 盘式制动器的组成____________________。
2. 盘式制动器的类型____________________。
3. 固定钳盘式制动器工作原理____________________

____

____。

4. 浮钳盘式制动器工作原理____________________

____

____。

任务实施

1. 五菱汽车盘式制动器拆装。
2. 完成本次任务实训报告。

盘式制动器的拆装、检查与调整

图　　解	操作步骤及技术要求
 图 5-64	如图 5-64 所示，按照前面的步骤把车辆举升至合适的高度并拆下前轮。

图　　解	操作步骤及技术要求
1．拆卸	
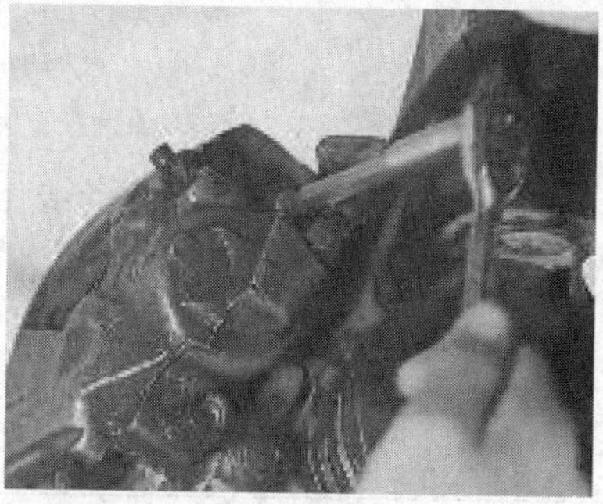 图 5-65	如图 5-65 所示，用扳手旋出卡钳上两条导向杆与卡钳（制动钳）支架的固定螺钉。
 图 5-66	如图 5-66 所示，用一字螺钉旋具撬内摩擦片以压缩分泵活塞，使摩擦片与制动盘有一定的间隙。 这一步对于背面有铆钉等表面不平的摩擦片来说一定要做，不然取不出制动钳。
 图 5-67	如图 5-67 所示，取下制动钳，并用铁丝钩或绳子挂在减震弹簧上，避免刹车软管受损。
 图 5-68	如图 5-68 所示，取下外摩擦片。

图　　解	操作步骤及技术要求
 图 5-69	如图 5-69 所示，取下内摩擦片。
2．检查	
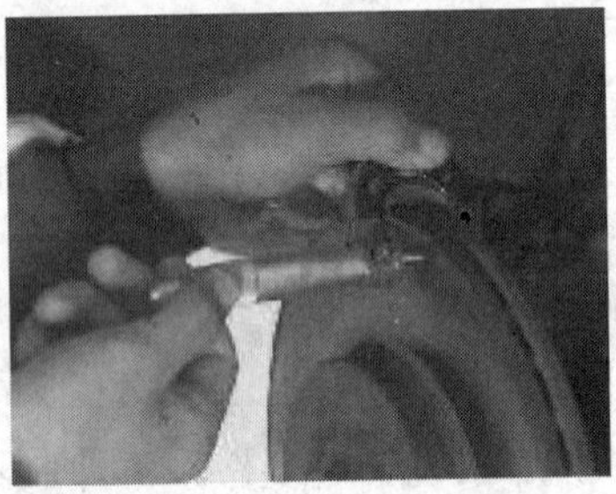 图 5-70	（1）制动盘厚度检查。如图 5-70 所示，用千分尺在制动盘上四个或更多的点测量其厚度，应符合相应车型的规定值。每个测量点距离制动盘缘应相同。 桑塔纳 2000 前轮制动盘厚度为 20mm，极限值为 17.8mm。
 图 5-71	（2）制动盘端面跳动检查。如图 5-71 所示，将百分表支架固定在转向节上。务必使百分表的触点与制动盘表面距外边缘约 10mm 处接触。将百分表调零。使制动盘转动一圈，百分表上指示的跳动量，应符合相应车型的规定值。 五菱鸿途如果跳动超过 0.1mm，加工或更换制动盘，如果总的指示跳动超过 0.1mm，则调整（使制动盘相对转过 1 至 2 个固定螺丝位）或更换制动盘；桑塔纳 2000 前轮制动盘跳动量应不大于 0.06mm。
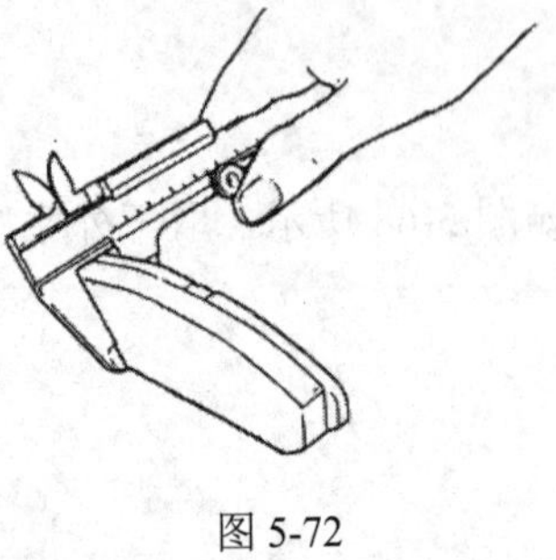 图 5-72	（3）摩擦片的检查。如图 5-72 所示，用游标卡尺测量摩擦片的厚度，应符合相应车型的规定值，否则应更换。 桑塔纳 2000 为 14mm，极限值为 7mm；五菱鸿途厚度（衬片+制动块钢背）小于 6mm 时，更换新的制动摩擦衬片。 另外摩擦片有裂纹、烧焦等应更换。

图　　解	操作步骤及技术要求
3．制动盘的更换	
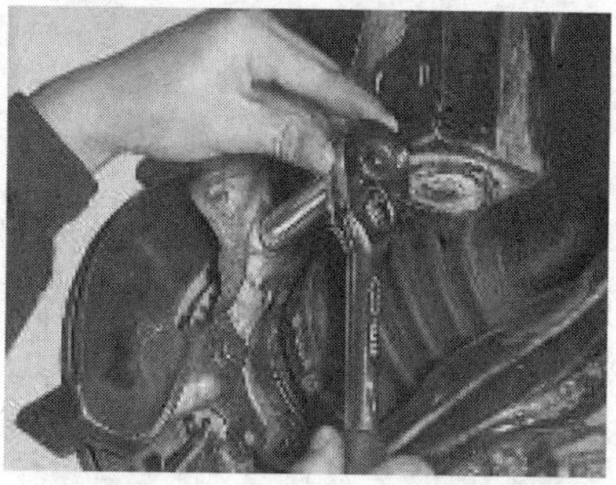 图 5-73	如图 5-73 所示，拧松并取出制动钳支架与转向节连接的两条固定螺栓。
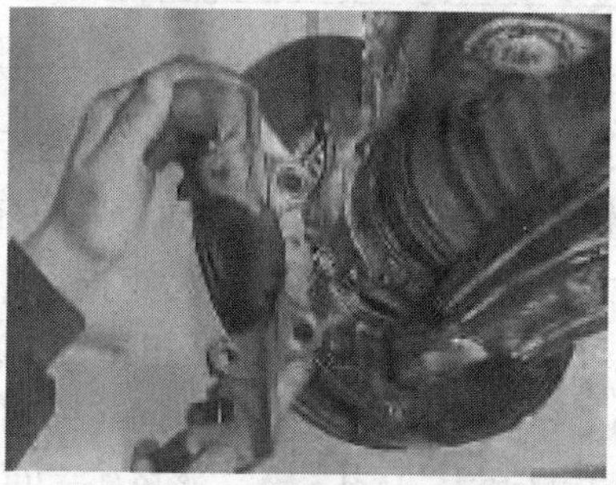 图 5-74	如图 5-74 所示，取出制动钳支架。
 图 5-75	如图 5-75 所示，用冲击螺钉旋具松出制动盘的固定螺钉。
 图 5-76	如图 5-76 所示，取出制动盘。 制动盘、制动钳及摩擦片的安装与上述过程刚好相反，不再赘述。 总体上来说盘式制动器的拆装要比鼓式制动器简单许多。

图　解	操作步骤及技术要求
4．润滑	
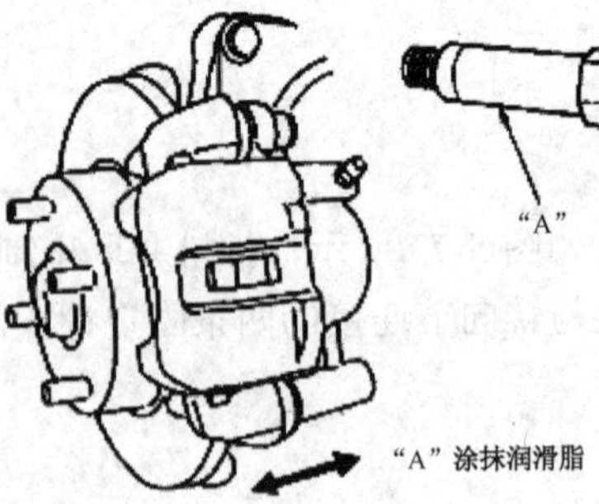 图 5-77	如图 5-77 所示，制动钳在安装时应对两根导向杆及护罩用硅基润滑脂进行润滑。
5．紧固	
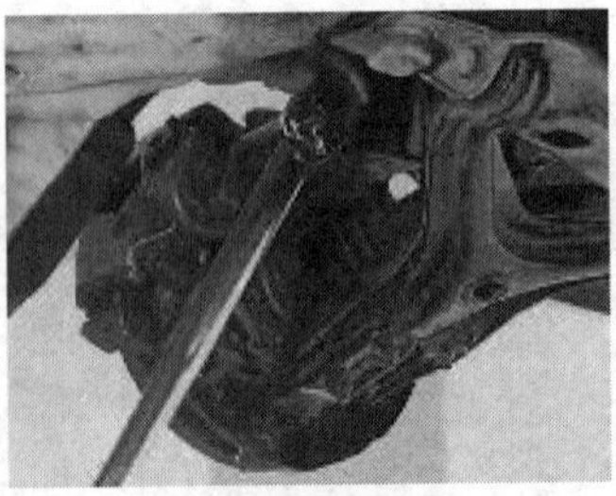 图 5-78	如图 5-78 所示，最后用扭力扳手把制动钳支架固定螺钉、两制动钳导向杆与支架之间的固定螺钉按规定力矩拧紧。 制动钳支架固定螺钉扭矩为 80N•m 导向杆与支架之间的固定螺钉扭矩五菱鸿途为 45N • m；桑塔纳 2000 为 70N • m。
6．制动盘与摩擦片的磨合	
 图 5-79	更换制动摩擦片后，新制动面需要进行磨合；表面修整或更换制动盘后，磨合新制动面。 从 48km/h 的车速下，进行 20 次刹车，将新制动面进行磨合。用中等偏大的力踩制动踏板，制动器不能过热，如图 5-79 所示。 在条件许可的情况下对制动性能进行路试。 5S 工作。 结束。

知识链接

盘式制动器

大部分汽车都采用了前盘后鼓式制动器，不过在高级轿车中的前后轮都采用了盘式制动器。盘式制动器如图 5-80 所示。

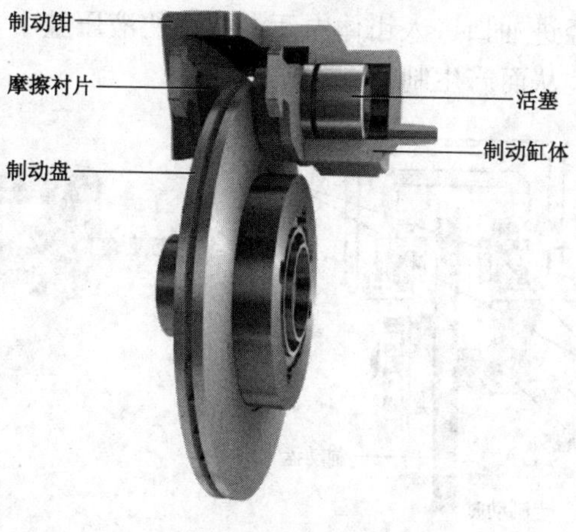

图 5-80　盘式制动器

由制动盘和制动钳组成的制动器称为钳盘式制动器。盘式制动器采用两个制动片和一个制动盘来产生使车辆制动所必要的摩擦力。

盘式制动系统的活塞安装在制动钳里或固定在制动钳上，制动钳不转动，因为它与汽车底盘相连接。

制动压力垂直作用于转动的制动盘上，如图 5-81 所示。与鼓式制动器不同，盘式制动器没有自增力作用，也就是说，盘式制动器需要有比鼓式制动器更大的作用力才能达到同样的制动效果。因此，盘式制动器通常应用于助力制动系统。

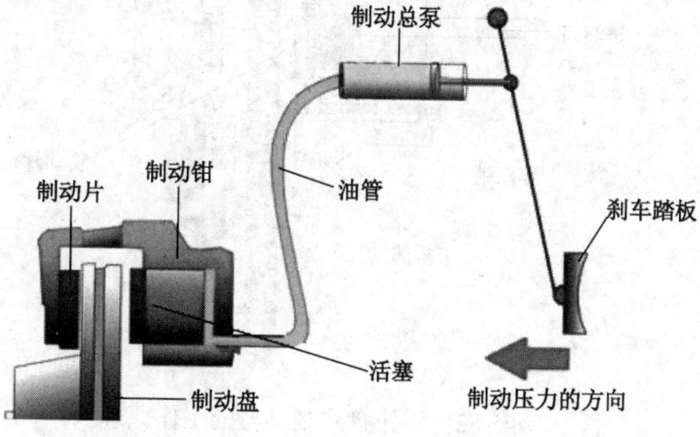

图 5-81　制动压力的方向

盘式制动器按制动钳固定在支架的结构形式不同，又可分为固定钳盘式和浮钳盘式两类。

一、固定钳盘式制动器

固定制动钳总成直接安装在车架或转向节上，每个制动片由一个活塞推动。固定钳盘式制动器工作原理如图 5-82 所示。

制动盘固定在轮毂上。制动钳固定在车桥上，它不能旋转，也不能沿制动盘轴线方向移动。制动钳内装有两个轮缸活塞，分别压住制动盘两侧的制动块。制动时，制动油液由制动总泵（制动主缸）经进油口进入钳体内两个相通的液压腔中，将两侧的制动块压向与车轮固定连接的制动盘，从而产生制动力。

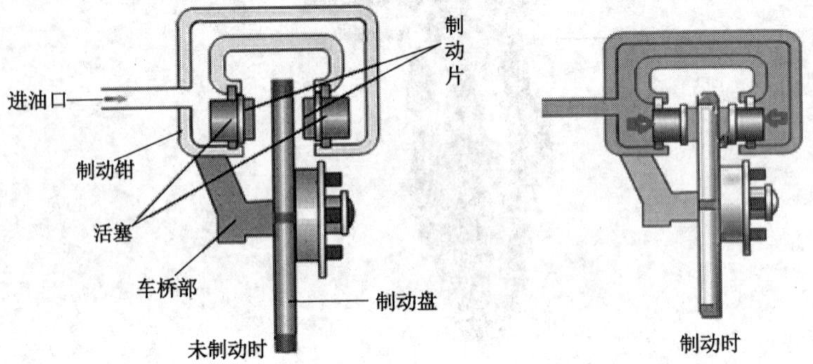

图 5-82 固定钳盘式制动器工作原理

二、浮钳盘式制动器

在浮钳盘式制动器中，制动钳的壳体被允许在支架上轻微滑动。它只有一侧有活塞，另一侧只有一个摩擦制动片。浮钳盘式制动器的工作原理如图 5-83 所示。

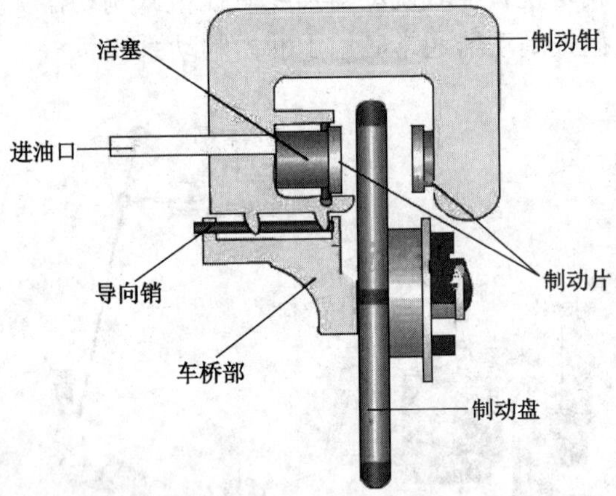

图 5-83 浮钳盘式制动器的工作原理

制动时，液压油通过进油口进入制动油缸，推动活塞及其上的摩擦块向右移动，并压到制动盘上，并使得油缸连同制动钳体整体沿销钉向左移动，直到制动盘右侧的摩擦块也压到制动盘上夹住制动盘并使其制动。

与固定钳式制动器相比，浮钳盘式制动器轴向和径向尺寸更小，而且制动液受热气化的机会较少。此外，浮钳盘式制动器在兼作行车和驻车制动器的情况下，只需在行车制动钳油缸附近加装一些用以推动油缸活塞的驻车制动机械传动零件即可。浮钳盘式制动器逐渐取代了定钳盘式制动器。

三、盘式制动器与鼓式制动器的性能对比

1. 与鼓式制动器相比，盘式制动器具有以下优点

（1）工作表面是平面，不易发生较大变形，制动效能较为稳定。

（2）浸水后效能降低较少，而且只需经一两次制动即可恢复正常。

（3）在输出制动力矩相同的情况下，制动器的尺寸和质量一般较小。

（4）热稳定性好，制动盘只在径向膨胀，沿厚度方向的热膨胀量极小，不影响制动性能。

（5）较容易实现间隙自动调整，其他保养修理作业也较简便。

2. 盘式制动器的缺点

（1）效能较低，因此用于液压制动系时所需制动管路压力较高，一般要用伺服装置。

（2）兼用于驻车制动时，需要加装的驻车制动传动装置较鼓式制动器复杂，因而在后轮上的应用受到限制。

目前，盘式制动器已广泛应用于轿车，除一些高性能轿车外，大都只用作前轮制动器，与后轮的鼓式制动器配合使用，可使汽车在较高车速下保持制动时的方向稳定性。在货车上，盘式制动器目前也有一定的应用。

任务4 制动传动装置的拆装与检修技术

任务要求

1．学生通过知识链接的学习，了解制动传动装置的作用。
2．学生通过知识链接的学习，了解制动传动装置的分类。
3．学生通过知识链接的学习，知道液压制动传动装置的组成。
4．学生能进行真空助力器的检查与更换。
5．学生会检查与调整制动踏板位置的方法。
6．学生能操作制动液的更换及空气排放。

任务引导

相关知识点学习：要求学生实训课前参考有关资料独立完成。

相关知识点：要求学生实训课前独立完成以下内容。

1．制动传动装置的分类________________________________。

2．液压制动传动装置的作用________________________________

________________________________。

3．液压制动传动装置的组成________________________________

________________________________。

4. 制动主缸的作用与工作原理____

____

____。

5. 制动轮缸的作用与组成____

____

____。

6. 真空助力泵的作用与组成____

____

____。

7. 真空助力泵的工作原理____

____

____。

任务实施

1. 真空助力器的检查与更换。
2. 制动液更换及空气排放。
3. 制动踏板位置检查与调整。
4. 完成本次任务实训报告。

（1）真空助力器的检查与拆装

图　解	操作步骤及技术要求
1. 检查	
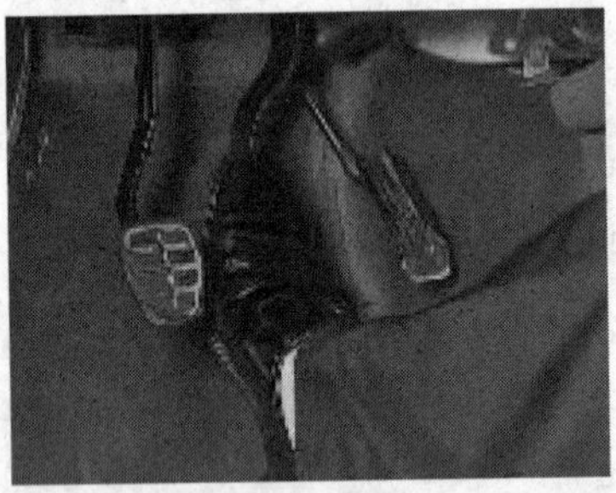 图 5-84	如图 5-84 所示，在发动机熄火状态时，踩下制动踏板并保持其位置不变。
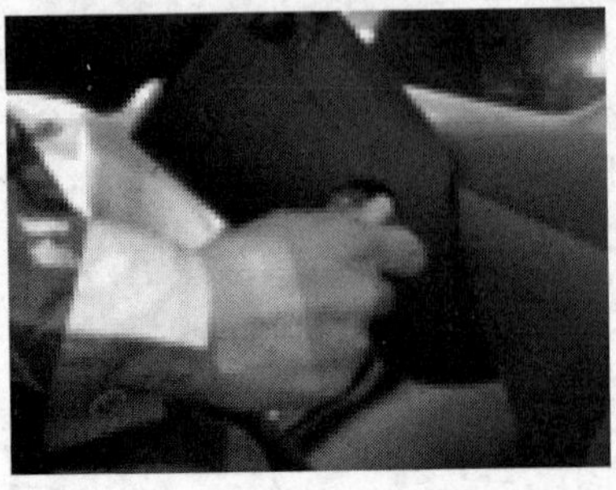 图 5-85	如图 5-85 所示，启动发动机，此时如踏板高度无变化，则助力器不起作用。如助力器良好，发动机启动后，踏板应进一步往下沉。

<table>
<tr><th>图 解</th><th>操作步骤及技术要求</th></tr>
<tr><td>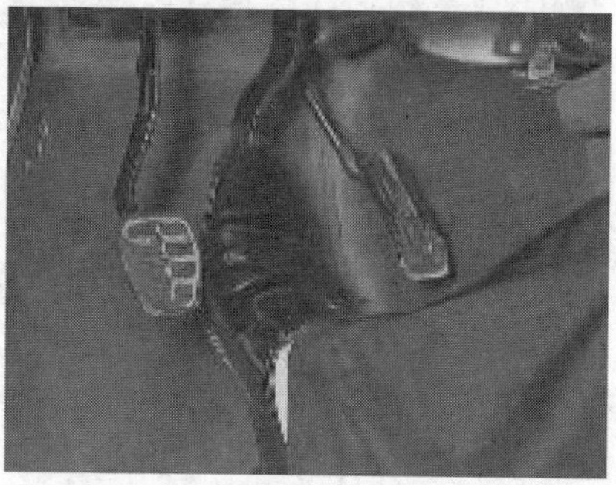
图 5-86</td><td>如图 5-86 所示，在发动机运转状态下，踩下制动踏板并保持其位置不变，再停止发动机，30 秒内踏板高度如有变化（有一股上升的力），则助力器作用不良，可能是漏气。如助力器良好，30 秒内踏板高度不会变化。</td></tr>
<tr><td colspan="2">2. 更换真空助力器</td></tr>
<tr><td>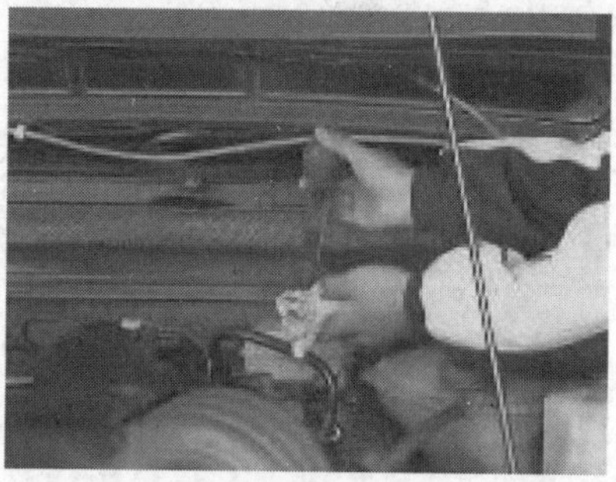
图 5-87</td><td>（1）拆卸过程。先拆下制动主缸（总泵），如图 5-87 所示，用吸管把储液罐的油液吸干。</td></tr>
<tr><td>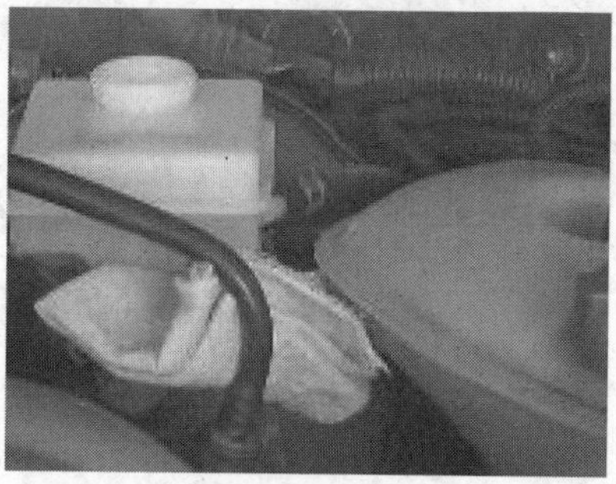
图 5-88</td><td>如图 5-88 所示，在总泵底下铺设棉纱。</td></tr>
<tr><td>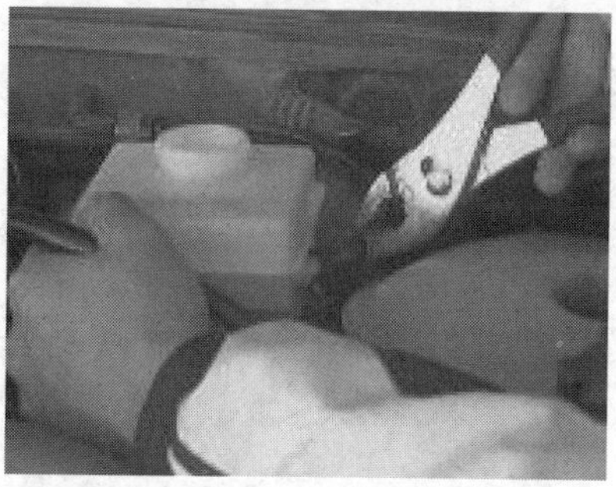
图 5-89</td><td>如图 5-89 所示，用钳子松开离合器液压操纵系统总泵供油软管的卡箍，取下软管并插上油管堵头。</td></tr>
</table>

图　解	操作步骤及技术要求
 图 5-90	用扳手拧松制动总泵两根出油管的紧固螺母，并把油管拉离总泵，并用堵头塞住油管。如图 5-90 所示。
 图 5-91	如图 5-91 所示，用扳手拧松制动总泵两颗固定螺母，并取出制动总泵。
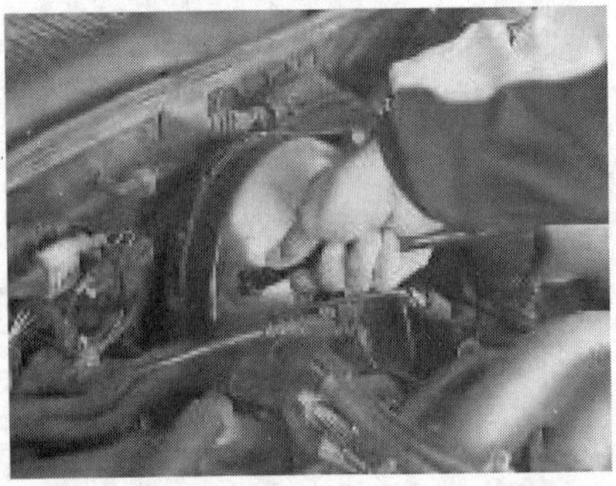 图 5-92	如图 5-92 所示，拔下真空助力器上的连接软管。
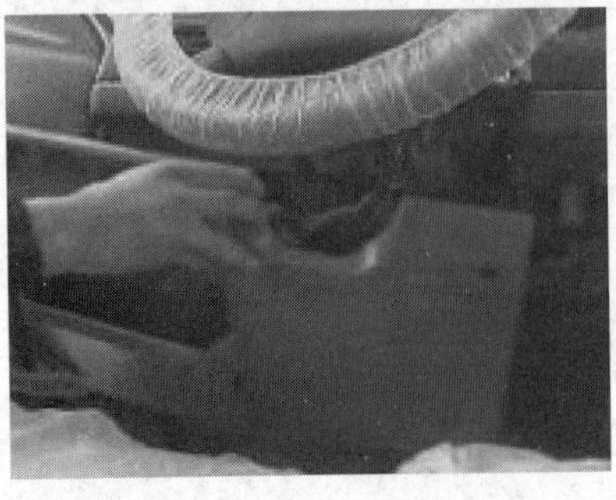 图 5-93	如图 5-93 所示，取下仪表台下护罩、盖板等。

图　解	操作步骤及技术要求
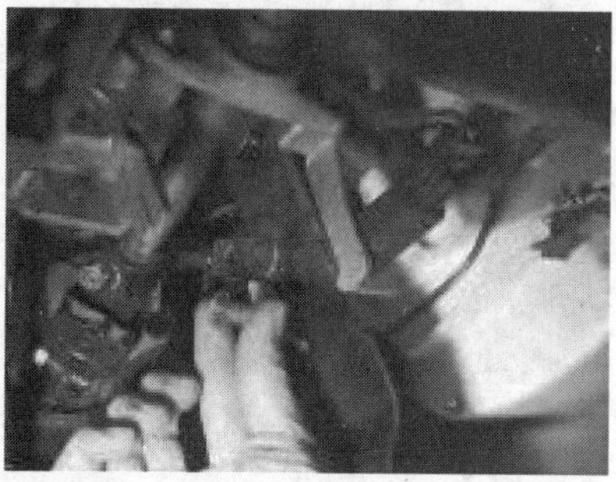 图 5-94	如图 5-94 所示，取下制动踏板与助力器推杆连接销锁片及连接销。
 图 5-95	如图 5-95 所示，用扳手松开并取下真空助力器的固定螺母。
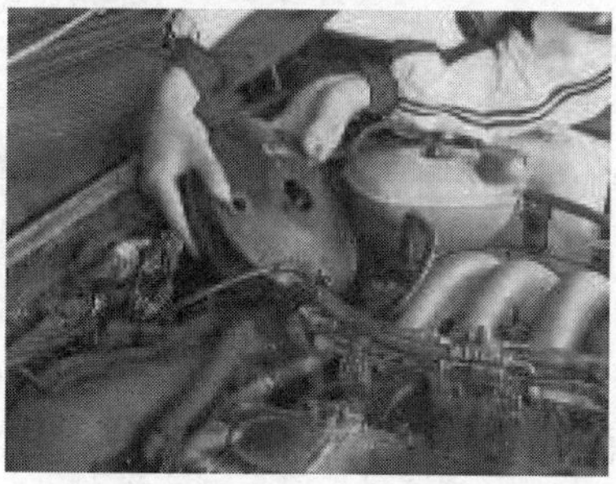 图 5-96	如图 5-96 所示，取出真空助力器。
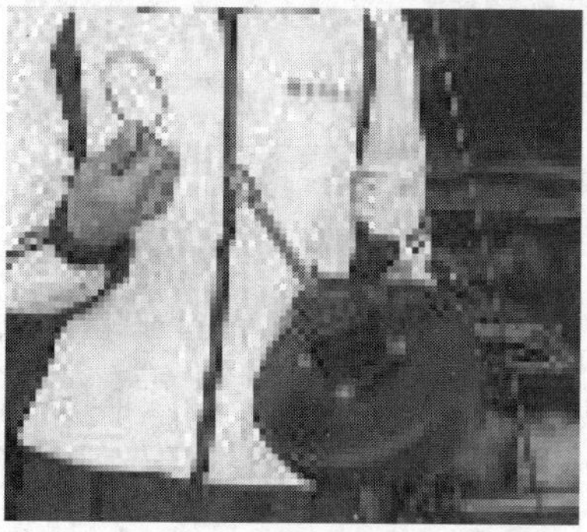 图 5-97	安装过程，如图 5-97 所示，把橡胶垫安装在真空助力器前端的凸缘上。

图　解	操作步骤及技术要求
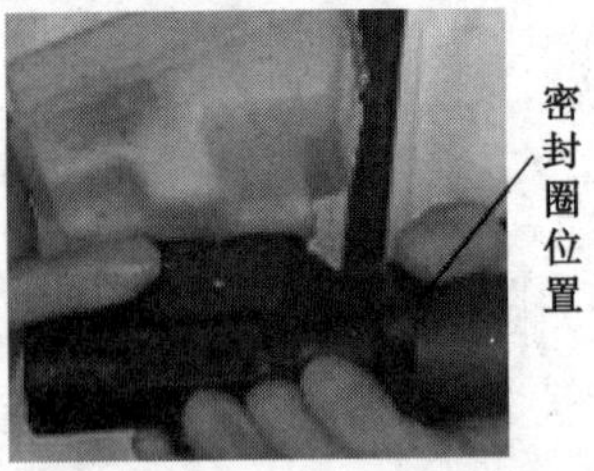图 5-98	如图 5-98 所示，安装总泵与助力器之间的密封圈，并在总泵活塞与助力器推杆接触处涂抹适量润滑脂。
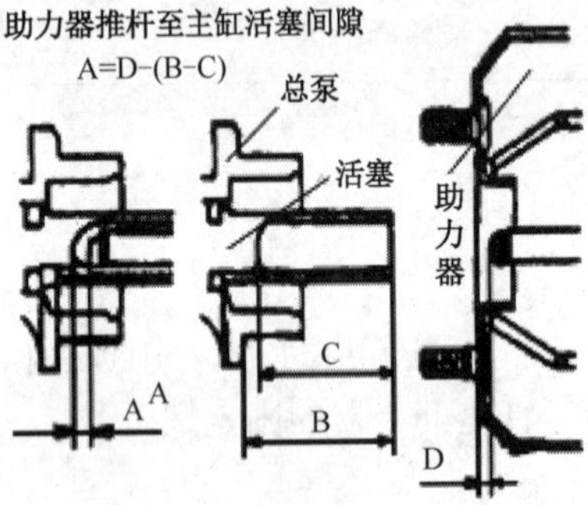图 5-99	如图 5-99 所示，真空助力器推杆至制动主缸活塞间隙标准数值 A 为 0.25～0.5mm。 其他安装步骤与拆卸过程相反，不再赘述。 5S 工作。 结束。

（2）制动液的更换及管路中空气的排放

图　解	操作步骤及技术要求
1．制动系统泄漏检查	
图 5-100	如图 5-100 所示，检查制动总泵、储液罐及各制动分泵的油管接头、油管，应无漏油现象。
2．排放制动液	
图 5-101	一般两至三人配合完成。首先一人进入驾驶室内，然后举升车辆至合适高度并可靠锁止，如图 5-101 所示。

图　解	操作步骤及技术要求
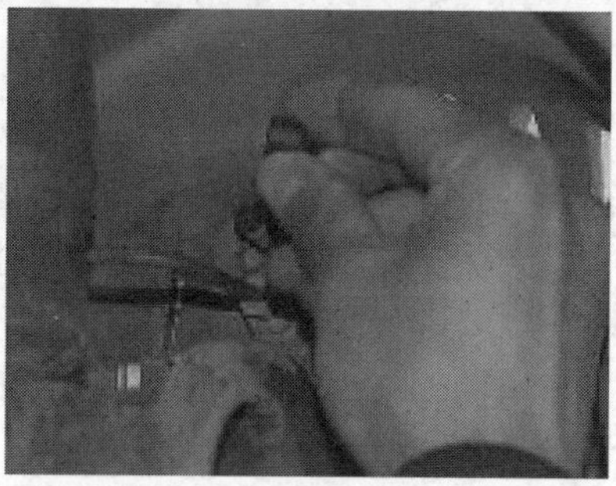 图 5-102	如图 5-102 所示，取下右后车轮制动分泵放气阀的防尘盖。
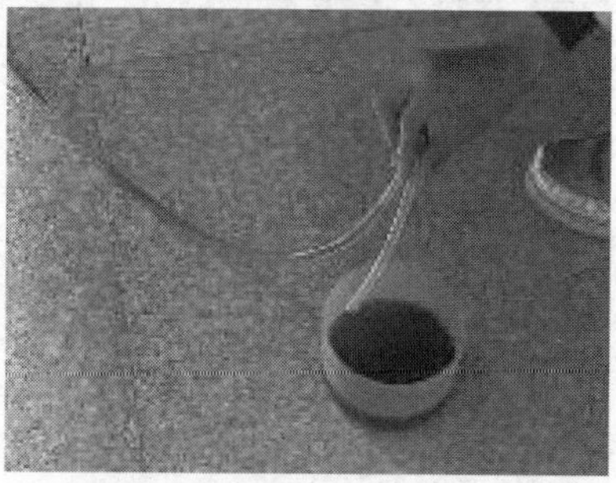 图 5-103	把塑料软管插到制动分泵放气阀上，另一端放入接油容器内，如图 5-103 所示。
 图 5-104	如图 5-104 所示，用 8-10 的开口扳手拧松放气阀。
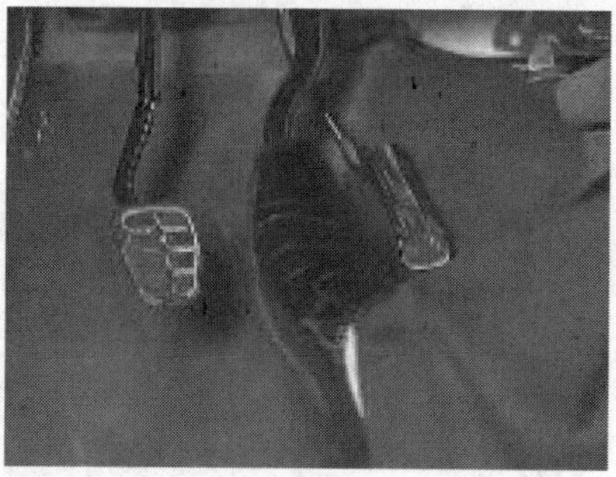 图 5-105	在驾驶室的操纵人员首先放松驻车制动操纵手柄，然后不断踩踏制动踏板，如图 5-105 所示。

<table>
<tr><th>图　解</th><th>操作步骤及技术要求</th></tr>
<tr><td>
图 5-106</td><td>如图 5-106 所示，另一人观察塑料软管油液的流出情况，直至无油液流出，告知驾驶室的人停止踩踏制动踏板。锁紧放气阀。
用同样的方法排出左后、右前及左前制动分泵及管路中的制动液。</td></tr>
<tr><td colspan="2">3．清洗制动管路</td></tr>
<tr><td>
图 5-107</td><td>降下车辆，给储液罐加满制动液（在刻度线“max”下），如图 5-107 所示。</td></tr>
<tr><td>
图 5-108</td><td>如图 5-108 所示，举升车辆至适当高度，再次把塑料软管与容器连接起来，拧松放气阀。</td></tr>
<tr><td>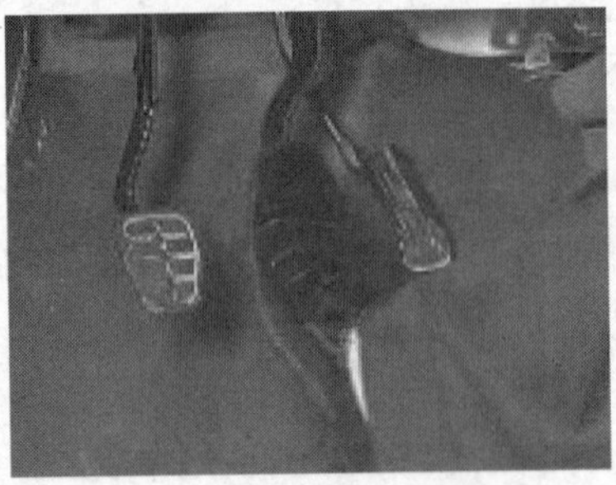
图 5-109</td><td>如图 5-109 所示，驾驶室里的人不断踩踏制动踏板。</td></tr>
</table>

图　　解	操作步骤及技术要求
 图 5-110	如图 5-110 所示，观察排出制动液的色泽，当看到新鲜油液流出时停止踩踏制动踏板。锁紧放气阀，并取下塑料软管。 用用同样的方法清洗左后、右前及左前制动分泵及管路。 清洗管路的过程中要注意补充制动液。
4．排放空气	
 图 5-111	如图 5-111 所示，用塑料软管把右后车轮制动分泵的放气阀与容器相连接。 排放顺序应从距离制动总泵最远的分泵依次开始。 （暂定驾驶员的操作人员为 1 号，拧放气阀的操作人员为 2 号）
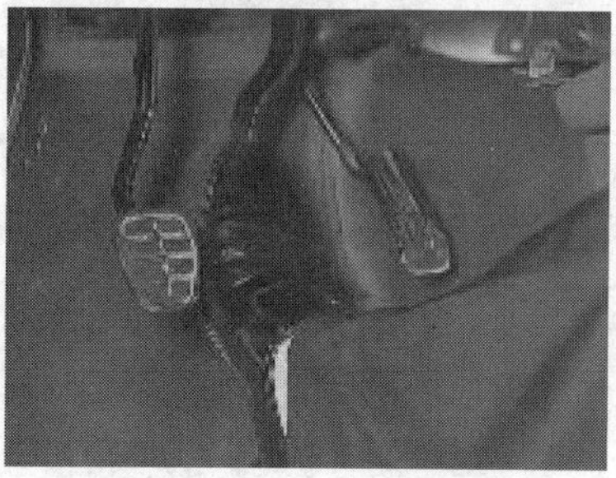 图 5-112	（1）如图 5-112 所示，1 号降下驾驶室窗玻璃，连续踩制动踏板数次，然后把踏板踩到底不动，告知 2 号开始排空气，口号为“放”。
 图 5-113	（2）如图 5-113 所示，2 号用开口扳手拧松放气阀，此时气泡和油液会迅速排出，当压力下降油液流出时，锁紧放气阀（在未锁紧放气阀前 1 号不能松开制动踏板）。告知 1 号踩下制动踏板，口号为“踩”。 重复（1）、（2）多次，直至容器中没有气泡排出为止。 用同样的方法排出左后、右前及左前分泵的空气。 在排空气的过程中要及时补充制动液。

图　　解	操作步骤及技术要求
5．运行试验	
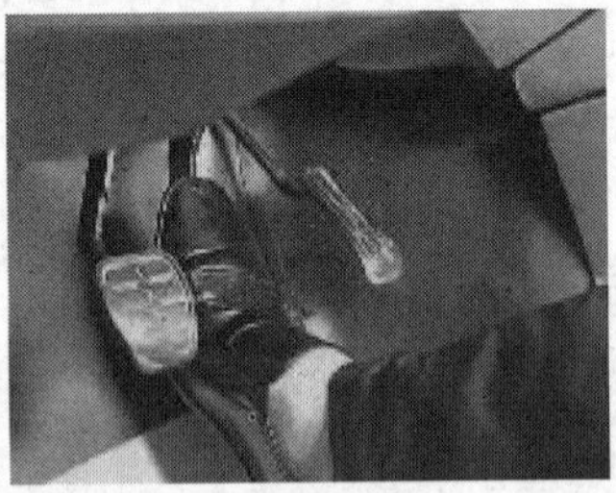 图 5-114	先检查管路中是否残留有空气，如图 5-114 所示，踩踏制动踏板数次，如果每一次踩下踏板的高度都保持不变，说明管路中没有空气，踏板一次比一次踩下时高，说明管路中还有空气，要继续进行空气排放。 排完空气后使车辆下降至地面最低高度，1 号踩下制动踏板，保持不动，2 号分别转动前后车轮，如果每个车轮都不能转动，说明液压制动系统工作基本正常。
 图 5-115	松开制动踏板，再次转动各车轮，如能转动自如，说明液压制动回位正常，如图 5-115 所示。 如果条件允许时可进行制动距离试验。 5S 工作。 结束。

（3）制动踏板高度的检查与调整

图　　解	操作步骤及技术要求
1．检查	
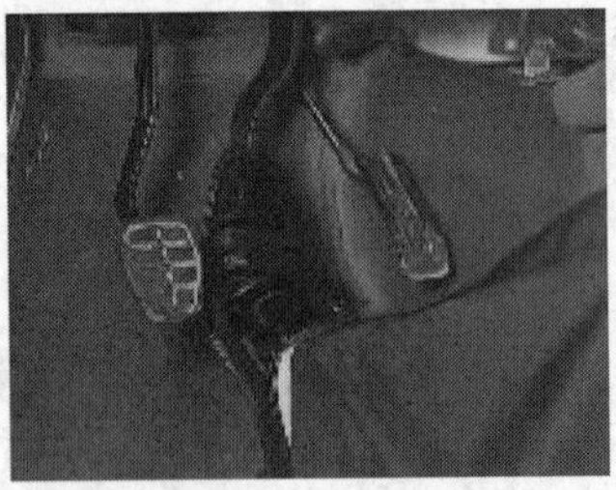 图 5-116	如图 5-116 所示，在发动机停止时踩制动踏板 2～3 次，以去除制动助力器内的残余真空。
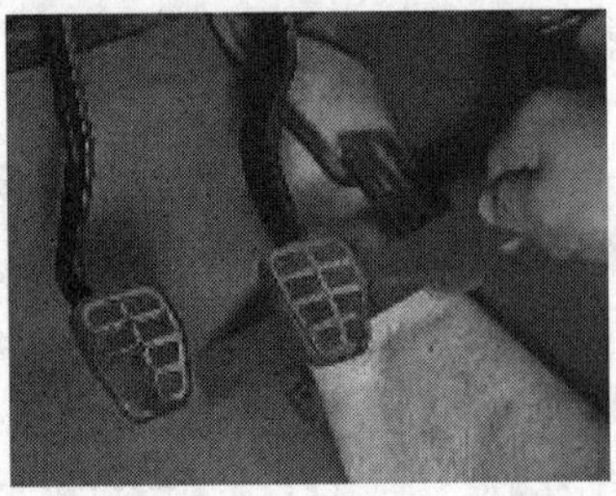 图 5-117	如图 5-117 所示，松开制动踏板，用钢尺测量制动踏板的高度值 L_1，应符合相应车型的要求。 桑塔纳 2000 制动踏板的高度值为 145mm；五菱鸿途为 135～141 mm。

图　解	操作步骤及技术要求
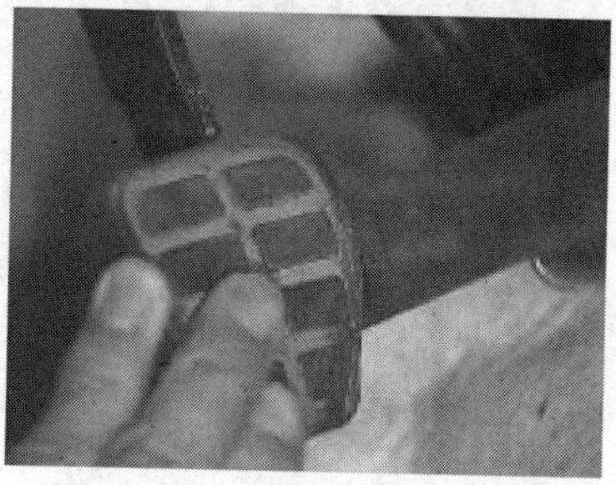 图 5-118	如图 5-118 所示，用手压下制动踏板，直到感觉到阻力明显（推动助力器气阀）为止，测量此时制动踏板的高度值 L_2。 L_1-L_2 的值为制动踏板的自由行程。 桑塔纳 2000 为 10～15mm；五菱鸿途为 5～15mm。
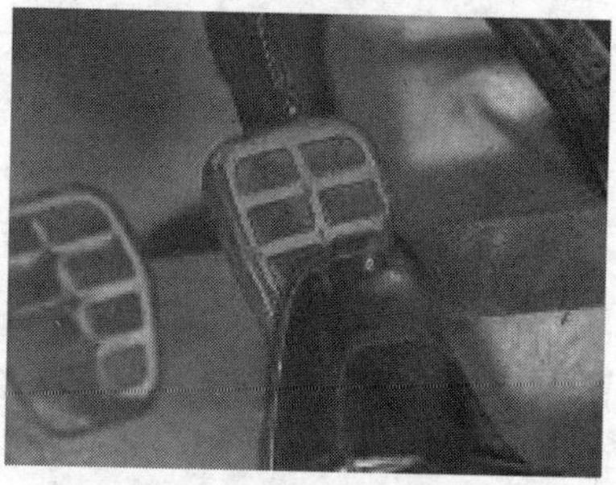 图 5-119	如图 5-119 所示，用力踩下制动踏板至止动位置，观察此时制动踏板的高度值 L3，此值为制动踏板的储能行程。 桑塔纳 2000 为 75mm；五菱鸿途此值应大于或等于 68mm。 储能行程过低的原因： （1）制动管路内有空气。 （2）制动管路渗漏。 （3）制动助力器推杆与制动主缸活塞间隙过大。 （4）制动蹄片磨损严重。
2．调整	
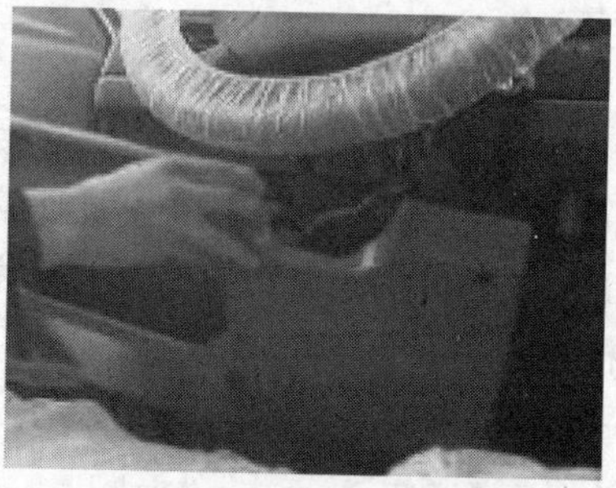 图 5-120	如果制动踏板的总高度 L_1 不符合要求，调整方法如下： （1）如图 5-120 所示，拆下仪表台下的盖板、护罩等。
 图 5-121	（2）用钳子取下制动踏板与助力器推杆连接销的锁片，并取出连接销，如图 5-121 所示。

图　解	操作步骤及技术要求
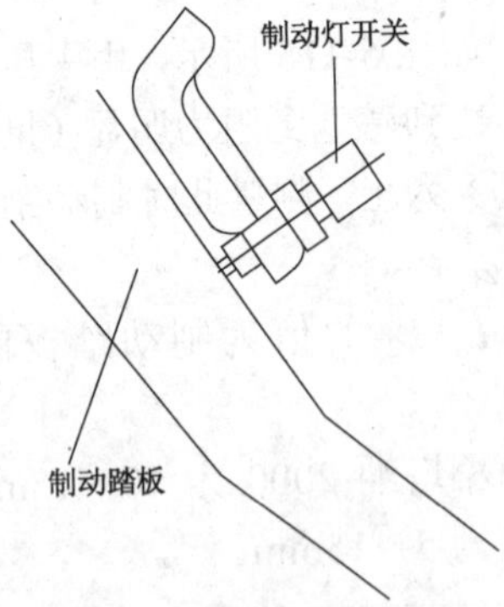 图 5-122	（3）如图 5-122 所示，把行车制动灯开关拧出到其伸缩杆不与制动踏板杆接触的位置。
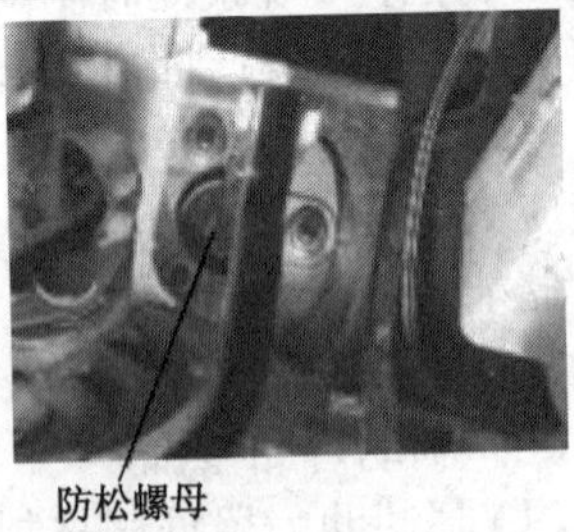 图 5-123	（4）如图 5-123 所示，拧松制动助力器推杆上的防松螺母，旋转制动助力器控制阀杆以改变制动助力器杆的位置，即可调整制动踏板的高度，合适后再拧紧防松螺母。
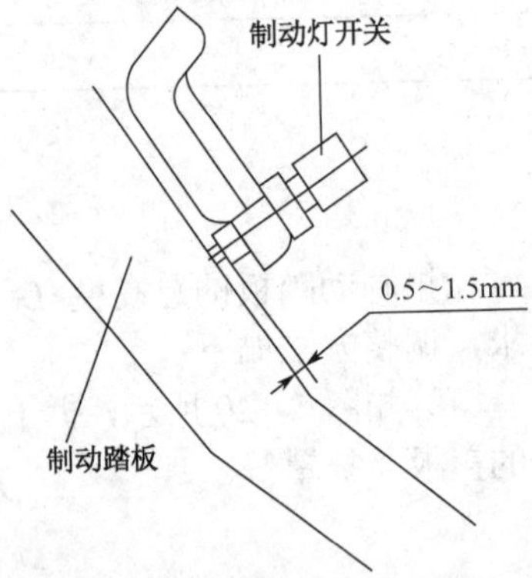 图 5-124	（5）重新调整行车制动灯开关，其间隙（伸缩杆外壳到踏板杆距离）为 0.5～1.5mm，同时拧紧制动灯开关的防松螺母，如图 5-124 所示。
3．安装	
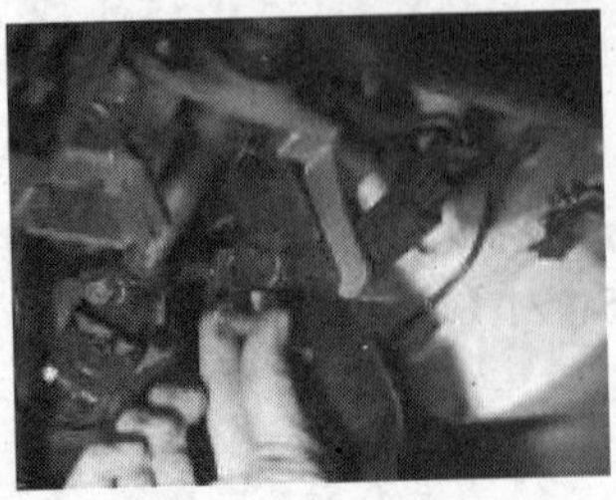 图 5-125	如图 5-125 所示，安装制动踏板与助力器推杆连接销。

图　解	操作步骤及技术要求
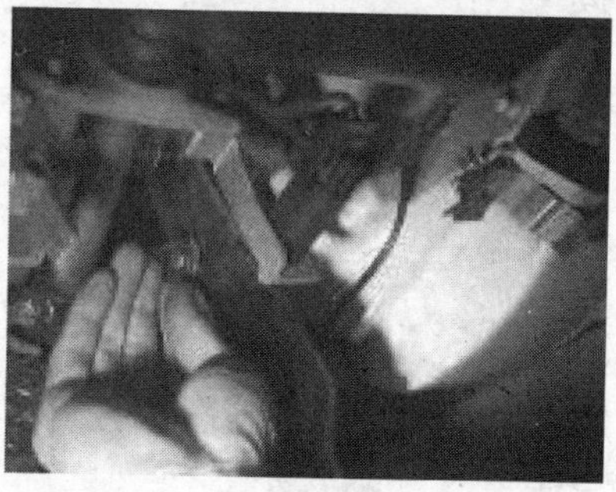 图 5-126	如图 5-126 所示，安装制动踏板与助力器推杆连接销锁片。
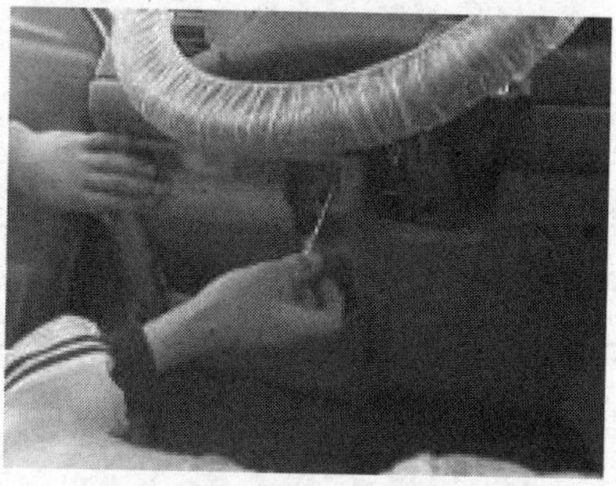 图 5-127	如图 5-127 所示，安装仪表台下的盖板、护罩等。 5S 工作。 结束。

知识链接

制动传动装置

制动传动装置的作用是将驾驶员或其他动力源的作用传到制动器上，同时控制制动器的工作，从而获得所需要的制动力矩。按传力介质不同，制动传动装置有液压式和气压式两种。目前，中小型汽车尤其是轿车均采用液压式制动传动装置，并带有真空助力装置。气压制动传动装置多用于中、重型汽车上。本部分主要对液压制动传动装置进行讲解。

一、液压制动传动装置的组成

液压制动传动装置是利用特制油液作为传力介质，将制动踏板力转换为油液压力，并通过管路传至车轮制动器，再将液压力转变为制动器工作的机械力。液压制动传动装置主要由制动踏板、推杆、真空助力器、储液罐、制动主缸、制动轮缸以及管路、接头等组成。如图 5-128 所示。

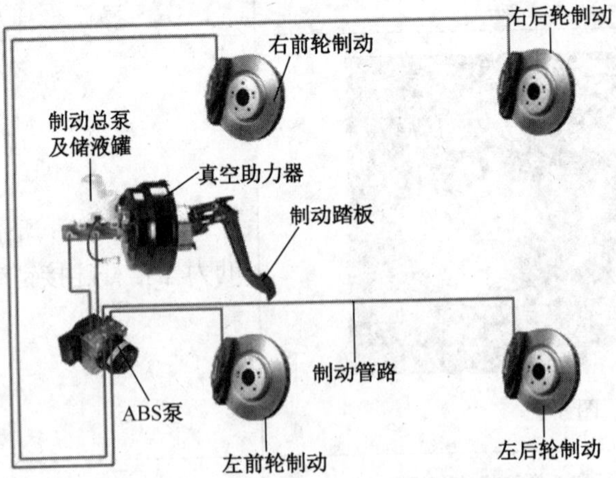

图 5-128 液压制动传动装置的组成

制动时，驾驶员踩下制动踏板，通过助力器助力后，使主缸内的活塞移动，将制动液自主缸内压出，并经管路分别进入前后轮制动轮缸内，使轮缸活塞移动，将制动蹄压靠在制动鼓、制动盘上，从而产生制动作用。解除制动时，驾驶员放松制动踏板，制动蹄和轮缸活塞在回位弹簧的作用下回位，将制动液压回制动主缸，制动作用解除。

1. 制动主缸

制动主缸的作用是将踏板输入的机械力转换成液压力，如图 5-129 所示。

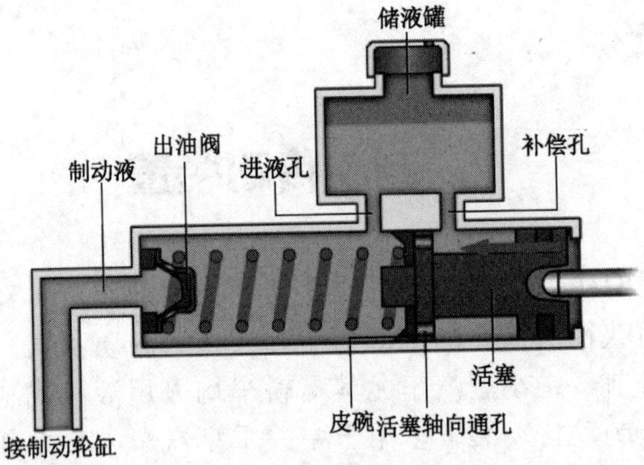

图 5-129 制动主缸结构示意图

（1）制动主缸的组成

（2）制动主缸的工作原理

① 实施制动时

推杆推动活塞和皮碗向前移动，皮碗挡住补偿孔后，制动液压力升高并经出油阀、制动管路进入制动分泵，如图 5-130 所示。

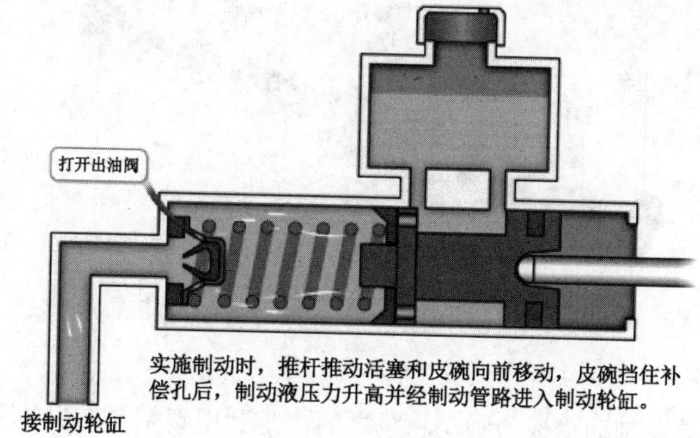

图 5-130　制动主缸的工作原理（制动时）

② 解除制动时

解除制动时，活塞在回位弹簧作用下迅速回位，制动液由活塞后腔经补偿孔进入前腔，补偿前腔形成低压，如图 5-131 所示。

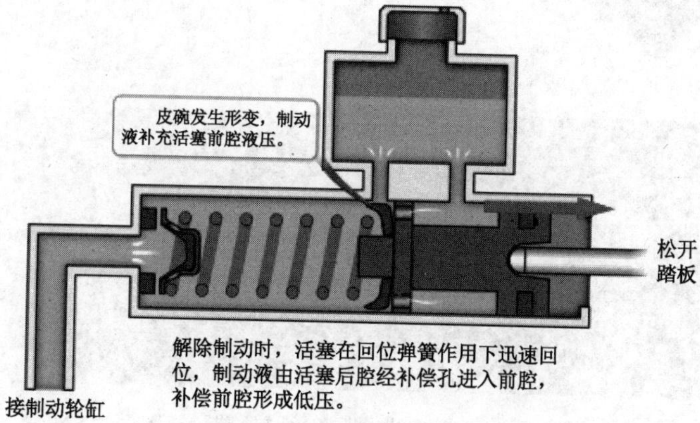

图 5-131　制动主缸的工作原理（解除制动时）

2. 制动轮缸

制动轮缸的作用是把主缸传来的油液压力转变为轮缸活塞的推力，推动制动蹄压靠在制动鼓上，产生制动作用。制动轮缸有双活塞式和单活塞式两种。图 5-132 和图 5-133 所示为双活塞式制动轮缸，缸体用螺栓固定在制动底板上，缸内有两个活塞，两个皮碗。活塞外端的凸台孔内压有顶块，与制动蹄的上端抵紧。制动时，来自制动主缸的制动液经油管接头和进油孔进入两活塞之间的油腔，将活塞向外推开，通过顶块推动制动蹄，引起车轮的制动。

图 5-132　双活塞式制动轮缸

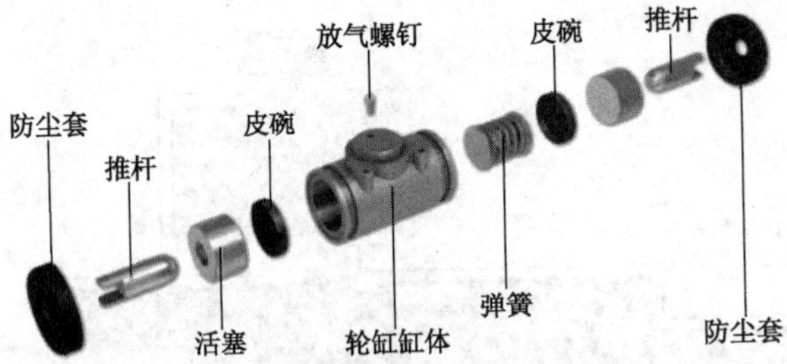

图 5-133　双活塞式制动轮缸结构分解图

3. 真空助力器

真空助力器安装在制动踏板与制动总泵之间，是利用真空泵产生的真空和大气压力之差，将制动效果增大几倍，使踩制动踏板省力，保证安全迅速制动，如图 5-134 所示。

图 5-134　真空助力器和总泵位置示意图

（1）真空助力器结构

真空助力器的结构包括推杆、前壳体、控制阀体、过滤器、真空阀弹簧、空气阀弹簧、阀座、橡胶阀、柱塞、反作用盘、顶杆、膜片、膜片回位弹簧以及后壳体，如图 5-135 所示。

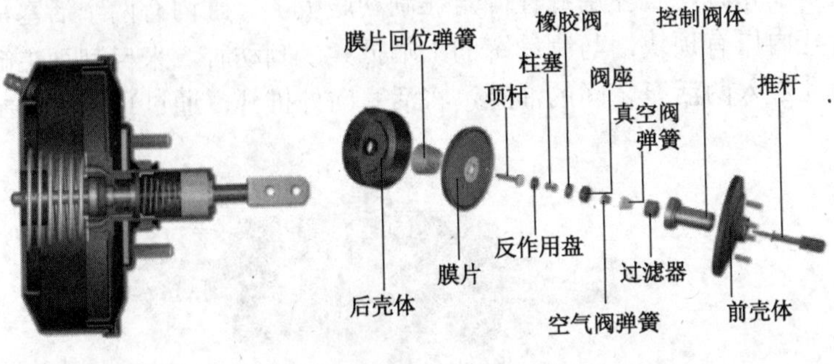

图 5-135　真空助力器结构组成

（2）真空助力器工作原理

① 汽车制动时

当来自制动踏板的力推动助力器推杆向前运动，空气阀也随之运动，使真空阀门关闭，将前后腔气室隔离，接着空气阀门开启，大气进入后腔气室，由此产生的前后腔气压差推动气室膜片，使气室膜板带着活塞外壳向前运动。此时，装配在制动主缸推杆组件里的橡胶反作用盘同时受到空气阀和活塞外壳的推力作用，再通过制动主缸推杆组件施加在主缸第一活塞上，制动主缸内产生的油压一方面传递给制动轮缸，另一方面又作为反作用力经由助力器推杆传递回制动踏板，使司机产生踏板感，如图 5-136 所示。

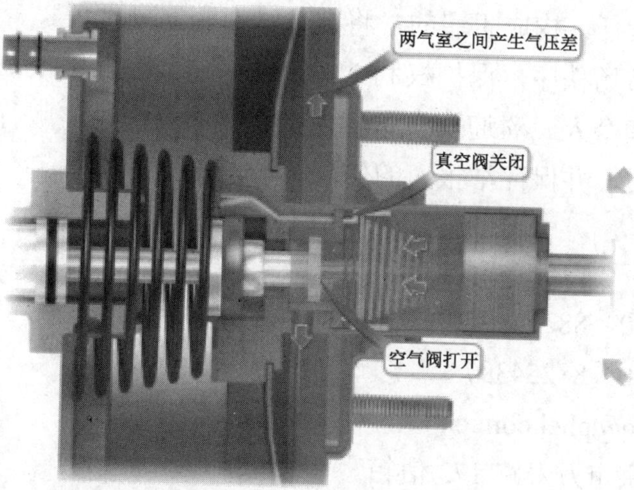

图 5-136 真空助力器工作原理（制动时）

② 汽车解除制动时

当松开踏板时，在助力器推杆回位弹簧的作用下，助力器推杆带动空气阀向后运动，首先关闭空气阀门，继续的运动将开启真空阀门，助力器前后腔气室连通，真空重新建立。与此同时，在膜片回位弹簧的作用下，气室膜片、气室膜片隔板、活塞外壳组件回到初始位置，真空助力器处于自然状态，如图 5-137 所示。

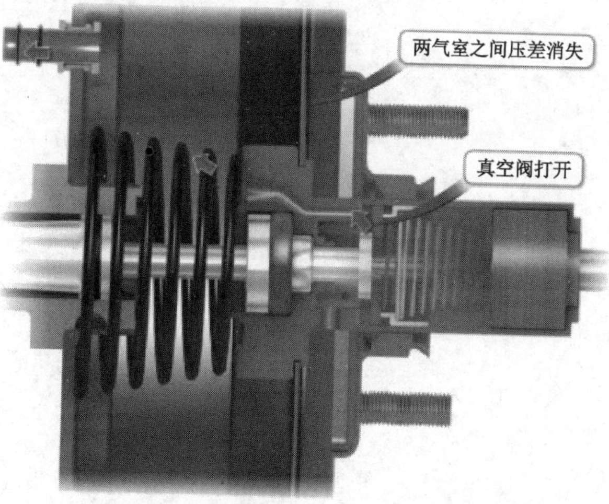

图 5-137 真空助力器工作原理（解除制动）

反侵权盗版声明

职业院校汽车专业任务驱动教学法创新示范教材

汽车底盘维修工作页

◎主编：韦东亮 叶文海

◎主审：许 平

中国工信出版集团

電子工業出版社

PUBLISHING HOUSE OF ELECTRONICS INDUSTRY

http://www.phei.com.cn

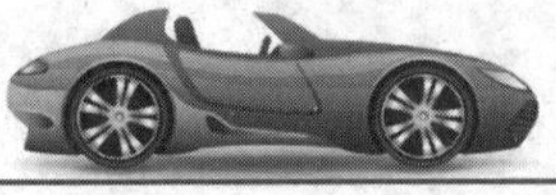

目　录
CONTENTS

项目 1　汽车底盘概述

任务 1　汽车底盘的作用与组成

课后作业

一、填空题

汽车底盘由__________、__________、__________和__________四大系统组成。

二、简答题

汽车底盘的作用？

____。

任务 2　汽车驱动形式

课后作业

一、填空题

汽车的驱动形式为__________、__________、__________、__________、__________。

二、简答题

试对比分析 FR 和 FF 驱动形式各自的特点？

____。

项目2 汽车传动系统

任务1 汽车传动系统概述

课后作业

一、填空题

汽车传动系统由________、________、________、________、________和________组成。

二、简答题

汽车传动系统的作用？

____

____

____。

任务2 离合器的拆装与检修技术

课后作业

一、填空题

1. 离合器的类型有________、________、________。
2. 摩擦式离合器由________、________、________和________组成。
3. 按从动盘的数目分类可以分为________、________、________。
4. 按压紧弹簧的形式分类可分为________和________。
5. 常见的离合器操纵机构有________和________两种。

二、简答题

1. 离合器的作用？

____

____

____。

2. 膜片式弹簧离合器的工作原理？

____

____

____。

实训工单

实训工单 2-1 离合器的拆装与检修

实训车型		测量数据		
实训步骤				
1	从车上拆下离合器			
2 检测	检测项目	检验数据（结果）	技术标准	修理意见
	分离轴承			
	压盘			
	分离杠杆			
	压紧螺旋弹簧（膜片弹簧）			
	飞轮			
	扭转减震器			
	摩擦衬片			
	离合器外壳			
	从动盘花键			
3 装配	安装前准备			
	把离合器总成装到车上			
4	其他			
5	5S 工作			
教师评语				
成绩		指导教师签名		日期

实训总结

实训项目 2-1　离合器的拆装与检修

班级		姓名		学号	
实训项目：					
一、使用工具					
二、拆装步骤					
1．拆解步骤					
2．装配步骤					
三、检测项目（技术要求/标准）					
四、小结反思					
教师评语					
成绩		教师		日期	

实训工单 2-2 离合器自由行程的检查与调整

实训车型		测量数据		
实训步骤				
1	准备工作			
2 检测	检测项目	检验数据（结果）	技术标准	修理意见
	调整前离合器踏板高度 L_1			
	调整前离合器踏板高度 L_2			
	调整前离合器自由行程			
	调整后离合器踏板高度 L_1			
	调整后离合器踏板高度 L_2			
	调整后离合器自由行程			
3 方法	测量方法 1 是否正确			
	测量方法 2 是否正确			
	计算值是否正确			
4 调整	调整方法			
	调整结果			
5	其他			
6	5S 工作			
教师评语				
成绩		指导教师签名	日期	

实训总结

实训项目 2-2　离合器自由行程的检查与调整

<table>
<tr><td>班级</td><td></td><td>姓名</td><td></td><td>学号</td><td></td></tr>
<tr><td colspan="6">实训项目：</td></tr>
<tr><td colspan="6">一、使用工具</td></tr>
<tr><td colspan="6"></td></tr>
<tr><td colspan="6">二、拆装步骤</td></tr>
<tr><td colspan="6">1．拆解步骤</td></tr>
<tr><td colspan="6">2．装配步骤</td></tr>
<tr><td colspan="6">三、检测项目（技术要求/标准）</td></tr>
<tr><td colspan="6"></td></tr>
<tr><td colspan="6">四、小结反思</td></tr>
<tr><td colspan="6"></td></tr>
<tr><td>教师评语</td><td colspan="5"></td></tr>
<tr><td>成绩</td><td></td><td>教师</td><td></td><td>日期</td><td></td></tr>
</table>

任务 3　变速器的拆装与检修技术

课后作业

一、填空题

1．变速器的作用是＿＿＿＿＿＿、＿＿＿＿＿＿、＿＿＿＿＿＿。

2．变速器由＿＿＿＿＿＿＿＿和＿＿＿＿＿＿＿＿组成。

3．变速器按传动比变化方式不同，可以分为＿＿＿＿＿＿、＿＿＿＿＿＿、＿＿＿＿＿＿。

4．变速器按操纵方式不同，可以分为＿＿＿＿＿＿＿、＿＿＿＿＿＿＿、＿＿＿＿＿＿＿。

5．传动比（i）等于＿＿＿＿＿＿与＿＿＿＿＿＿之比，也等于＿＿＿＿＿＿与＿＿＿＿＿＿。

6．惯性式同步器分为＿＿＿＿＿＿＿和＿＿＿＿＿＿＿。

7．锁环式同步器主要由＿＿＿＿＿、＿＿＿＿＿＿、＿＿＿＿＿＿和＿＿＿＿＿＿组成。

8．变速操纵机构按照变速操纵杆（变速杆）位置不同，可分为＿＿＿＿＿＿＿＿和＿＿＿＿＿＿＿＿两种类型。

9．换挡锁装置包括＿＿＿＿＿＿＿＿、＿＿＿＿＿＿＿和＿＿＿＿＿＿＿。

二、简答题

1．同步器的工作原理？（锁环式与锁销式）

＿＿。

2．五菱三轴式手动变速器各挡位的传递路线？

＿＿。

实训工单

实训工单 2-3　五菱面包车变速器拆装与检查

<table>
<tr><td>实训车型</td><td colspan="2"></td><td>测量数据</td></tr>
<tr><td colspan="3">实 训 步 骤</td><td></td></tr>
<tr><td>1</td><td colspan="2">拆卸过程</td><td></td></tr>
<tr><td rowspan="8">2 检测</td><td rowspan="2">同步器的检验</td><td></td><td></td></tr>
<tr><td></td><td></td></tr>
<tr><td rowspan="2">轴的检验</td><td></td><td></td></tr>
<tr><td></td><td></td></tr>
<tr><td rowspan="4">齿轮的检验、各换挡拨叉轴及拨叉的检查</td><td></td><td></td></tr>
<tr><td></td><td></td></tr>
<tr><td></td><td></td></tr>
<tr><td></td><td></td></tr>
<tr><td>3</td><td>装配</td><td></td><td></td></tr>
<tr><td>4</td><td>5S 工作</td><td colspan="2"></td></tr>
<tr><td>5 口述题</td><td colspan="3">1．变速器的功用是什么？其类型有哪些？
2．变速器的组成和各组成部分的作用是什么？各组成部分由哪些零件组成？
3．分动器的功用和类型有哪些？
4．变速器的常见故障有哪些？
5．变速器中齿轮变速的原理是什么？
6．变速器一级和二级维护的主要内容有哪些？
7．同步器的作用是什么？有哪些类型？由哪些部分组成？</td></tr>
<tr><td>教师评语</td><td colspan="3"></td></tr>
</table>

成绩		指导教师签名		日期	

实训总结

实训项目 **2-3** 五菱面包车变速器拆装与检查

班级		姓名		学号	
实训项目：					
一、使用工具					
二、拆装步骤					
1. 拆解步骤					
2. 装配步骤					
三、检测项目（技术要求/标准）					
四、小结反思					
教师评语					
成绩		教师		日期	

任务4 万向传动装置的拆装与检修技术

课后作业

一、填空题

1. 万向传动装置由＿＿＿＿＿＿＿＿和＿＿＿＿＿＿＿＿组成。

2. 万向节按其速度特性分为不等速万向节＿＿＿＿＿＿＿＿和等速万向节，按其刚度大小，分为＿＿＿＿＿＿＿＿和＿＿＿＿＿＿＿＿。

二、简答题

1. 汽车万向传动装置的作用是什么？主要应用在汽车的哪些地方？

＿＿＿。

2. 十字轴万向节有什么传动特点？

＿＿＿。

实训工单

实训工单 2-4 五菱载货汽车万向传动装置拆装与检修

实训车型			测量数据
实训步骤			
1	拆卸过程		
2 检测	项目 1		
	项目 2		
	项目 3		
3	装配		
4	5S 工作		
5 口述题	1．万向节松旷的主要原因是什么？ 2．万向传动装置维护的主要内容有哪些？ 3．万向传动装置装配时，应注意哪些事项？ 4．万向节有哪几种？ 5．万向传动装置常见故障有哪些？ 6．传动轴异响的主要原因是什么？ 7．传动轴动不平衡的原因是什么？		

教师评语					
成绩		指导教师签名		日期	

实训总结

实训项目 2-4　五菱载货汽车万向传动装置拆装与检修

班级		姓名		学号	
实训项目：					
一、使用工具					
二、拆装步骤					
1．拆解步骤					
2．装配步骤					
三、检测项目（技术要求/标准）					
四、小结反思					
教师评语					
成绩		教师		日期	

任务 5 主减速器与差速器的拆装与检修技术

课后作业

一、填空题

1．驱动桥的组成包括______、______、______、______、______和______。

2．驱动桥按结构形式一般可分为______和______。

3．按参加减速传动的齿轮副数目，主减速分为______和______。

4．主减速器由______和______组成。

5．汽车直线行驶时，差速器中的行星齿轮______；当汽车转弯时，差速器中的行星齿轮______。

6．现代汽车半轴布置常采用______和______两种形式。

7．半轴的内侧通过花键与______相连，外侧用______与驱动轮的轮毂相连。

二、简答题

1．驱动桥的作用？

______。

2．差速器的工作原理？

______。

3．桥壳的作用是？

______。

实训工单

实训工单 2-5　五菱汽车主减速器的拆装与调整

实训车型			测量数据
实训步骤			
1	拆卸过程		
2 检测	调整 1		
	调整 2		
	调整 3		
3	装配		
4	5S 工作		
5 口述题	1．驱动桥需要检修的内容有哪些？ 2．驱动桥的功用是什么？有哪些类型？ 3．驱动桥主要故障有哪些？ 4．主减速器的功用和类型是什么？ 5．驱动桥过热是什么原因？ 6．差速器的功用和分类是什么？ 7．驱动桥漏油的原因是什么？		
教师评语			

成绩		指导教师签名		日期	

实训总结

实训项目 2-5 五菱汽车主减速器的拆装与调整

班级		姓名		学号	
实训项目：					
一、使用工具					
二、拆装步骤					
1．拆解步骤					
2．装配步骤					
三、检测项目（技术要求/标准）					
四、小结反思					
教师评语					
成绩		教师		日期	

项目 3 汽车行驶系统

任务 1 汽车行驶系统概述

课后作业

一、填空题

汽车行驶系统的组成__________、__________、__________和__________。

二、简答题

汽车行驶系统的作用是什么？

____
____
____
____
____
____
____
____
____
____。

任务 2 车架与车桥

课后作业

一、填空题

1. 车架按其结构形式分为__________、__________、__________和__________。
2. 车桥根据悬架结构形式不同，可分为__________和__________两种。
3. 根据车桥作用不同，可分为__________、__________、__________和__________。
4. 前轮定位主要包括__________、__________、__________、__________四个参数。
5. 在校正后轮定位时，通常检测和调整三个角度：__________、__________和__________。

二、简答题

1．车架的作用？

____。

2．主销后倾角的作用？

____。

3．主销内倾角的作用？

____。

4．前轮外倾角的作用？

____。

5．前轮前束的作用？

____。

任务3 汽车悬架系统的拆装与检修技术

课后作业

一、填空题

1．汽车悬架一般由__________、__________和__________三部分组成。

2．汽车悬架系统所用的弹簧主要有__________、__________、__________、__________和__________。

3．按照汽车导向机构的不同，汽车悬架可分为__________和__________。

4．按照控制方式的不同，汽车悬架可分为__________和__________。

5．按所采用的弹性元件的不同，非独立悬架分__________、__________和__________。

6．按车轮运动形式的不同，独立悬架可以分为__________、__________和__________、__________、__________。

二、简答题

1．悬架的作用？

____

____

____

____

____

____

____

____。

2．简述双向作用筒式减震器的工作原理。

____

____

____

____

____

____

____

____。

实训工单

实训工单 3-1 前悬架的拆装与检修

<table>
<tr><td colspan="2">实训车型</td><td colspan="3">测量数据</td></tr>
<tr><td colspan="2">实 训 步 骤</td><td colspan="3"></td></tr>
<tr><td>1</td><td>举升车辆并拆下前轮</td><td colspan="3"></td></tr>
<tr><td rowspan="10">2 检测</td><td>检测项目</td><td>检验数据（结果）</td><td>技术标准</td><td>修理意见</td></tr>
<tr><td>防尘罩</td><td></td><td></td><td></td></tr>
<tr><td>平面轴承</td><td></td><td></td><td></td></tr>
<tr><td>支撑托盘</td><td></td><td></td><td></td></tr>
<tr><td>前悬架支座合</td><td></td><td></td><td></td></tr>
<tr><td>止动器毂架</td><td></td><td></td><td></td></tr>
<tr><td>螺旋弹簧</td><td></td><td></td><td></td></tr>
<tr><td>减震器</td><td></td><td></td><td></td></tr>
<tr><td>弹簧上座焊合件</td><td></td><td></td><td></td></tr>
<tr><td>垫圈</td><td></td><td></td><td></td></tr>
<tr><td rowspan="2">3 装配</td><td>安装前准备</td><td colspan="3"></td></tr>
<tr><td>把前悬架总成装到车上</td><td colspan="3"></td></tr>
<tr><td>4</td><td>其他</td><td colspan="3"></td></tr>
<tr><td>5</td><td>5S 工作</td><td colspan="3"></td></tr>
<tr><td>教师评语</td><td colspan="4"></td></tr>
<tr><td>成绩</td><td></td><td>指导教师签名</td><td></td><td>日期</td><td></td></tr>
</table>

实训总结

实训项目 3-1　前悬架的拆装与检修

班级		姓名		学号	

实训项目：

一、使用工具

二、拆装步骤

1．拆解步骤

2．装配步骤

三、检测项目（技术要求/标准）

四、小结反思

教师评语					
成绩		教师		日期	

任务 4　车轮动平衡与轮胎拆装

课后作业

一、填空题

1．车轮的总成由____________、____________、____________三部分组成。

2．按照轮辐的结构不同，车轮可分为____________和____________两种。

3．根据结构不同，轮辋分为____________、____________和____________。

4．外胎是轮胎的主体，它由____________、____________、____________和____________组成。

5．胎面包括____________、____________和____________。

二、简答题

轮胎 195/60R1485H 的含义？

____。

实训工单

实训工单 3-2　轮胎动平衡试验

<table>
<tr><td>实训车型</td><td colspan="2"></td><td>测量数据</td></tr>
<tr><td colspan="3">实 训 步 骤</td><td></td></tr>
<tr><td>1</td><td colspan="2">开机、检前准备</td><td></td></tr>
<tr><td rowspan="8">2 检测</td><td rowspan="2">输入数据 1</td><td></td><td></td></tr>
<tr><td></td><td></td></tr>
<tr><td rowspan="2">输入数据 2</td><td></td><td></td></tr>
<tr><td></td><td></td></tr>
<tr><td rowspan="4">输入数据 3</td><td></td><td></td></tr>
<tr><td></td><td></td></tr>
<tr><td></td><td></td></tr>
<tr><td></td><td></td></tr>
<tr><td>3</td><td>校正</td><td></td><td></td></tr>
<tr><td>4</td><td>5S 工作</td><td colspan="2"></td></tr>
<tr><td>5 口述题</td><td colspan="3">1．车轮由什么组成？轿车和货车分别常采用哪种轮辋？
2．轿车轮胎上的 185/70SR14 表示什么意思？
3．为什么要进行轮胎换位？轮胎换位的方法有哪些？
4．怎样提高轮胎的使用寿命？5．
5．悬架由什么组成？有什么作用？
6．轿车子午线轮胎如何换位？</td></tr>
<tr><td>教师评语</td><td colspan="3"></td></tr>
<tr><td>成绩</td><td></td><td>指导教师签名</td><td>　|　日期　|　</td></tr>
</table>

实训总结

实训项目 3-2　轮胎动平衡试验

<table>
<tr><td>班级</td><td></td><td>姓名</td><td></td><td>学号</td><td></td></tr>
<tr><td colspan="6">实训项目：</td></tr>
<tr><td colspan="6">一、使用工具</td></tr>
<tr><td colspan="6"></td></tr>
<tr><td colspan="6">二、拆装步骤</td></tr>
<tr><td colspan="6">1．拆解步骤</td></tr>
<tr><td colspan="6">2．装配步骤</td></tr>
<tr><td colspan="6">三、检测项目（技术要求/标准）</td></tr>
<tr><td colspan="6"></td></tr>
<tr><td colspan="6">四、小结反思</td></tr>
<tr><td colspan="6"></td></tr>
<tr><td>教师评语</td><td colspan="5"></td></tr>
<tr><td>成绩</td><td></td><td>教师</td><td></td><td>日期</td><td></td></tr>
</table>

实训工单 3-3　五菱汽车前束的检查与调整

<table>
<tr><td>实训车型</td><td colspan="2"></td><td>测量数据（或检查情况）</td></tr>
<tr><td colspan="3">实 训 步 骤</td><td></td></tr>
<tr><td rowspan="4">1 检查</td><td>检前 1</td><td></td><td></td></tr>
<tr><td>检前 2</td><td></td><td></td></tr>
<tr><td>检前 3</td><td></td><td></td></tr>
<tr><td>检前 4</td><td></td><td></td></tr>
<tr><td rowspan="5">2 检测</td><td rowspan="2">检查数据</td><td>前端</td><td></td></tr>
<tr><td>后端</td><td></td></tr>
<tr><td rowspan="2">调整后数据</td><td>前端</td><td></td></tr>
<tr><td>后端</td><td></td></tr>
<tr><td>调整后前束值</td><td></td><td></td></tr>
<tr><td>3</td><td>校正</td><td></td><td></td></tr>
<tr><td>4</td><td>5S 工作</td><td colspan="2"></td></tr>
<tr><td>5 口述题</td><td colspan="3">1．前轮定位的参数有哪些？哪些参数可以调整？
2．主销后倾角的作用是什么？
3．前轮前束的作用是什么？
4．前束过大过小有何危害？</td></tr>
</table>

<table>
<tr><td>教师评语</td><td colspan="5"></td></tr>
<tr><td>成绩</td><td></td><td>指导教师签名</td><td></td><td>日期</td><td></td></tr>
</table>

实训总结

实训项目 3-3　五菱汽车前束的检查与调整

<table>
<tr><td>班级</td><td></td><td>姓名</td><td></td><td>学号</td><td></td></tr>
<tr><td colspan="6">实训项目：</td></tr>
<tr><td colspan="6">一、使用工具</td></tr>
<tr><td colspan="6"></td></tr>
<tr><td colspan="6">二、拆装步骤</td></tr>
<tr><td colspan="6">1．拆解步骤</td></tr>
<tr><td colspan="6">2．装配步骤</td></tr>
<tr><td colspan="6">三、检测项目（技术要求/标准）</td></tr>
<tr><td colspan="6"></td></tr>
<tr><td colspan="6">四、小结反思</td></tr>
<tr><td colspan="6"></td></tr>
<tr><td>教师评语</td><td colspan="5"></td></tr>
<tr><td>成绩</td><td></td><td>教师</td><td></td><td>日期</td><td></td></tr>
</table>

项目 4 汽车转向系统

任务 1 转向系的拆装与检修技术

课后作业

一、填空题

1. 汽车转向系统由______、______和______组成。

2. 汽车转向操纵机构包括______和______。

3. 转向盘用于产生转向操纵力，它由______、______和______组成。

4. 转向柱包括______和______。

5. 转向器的种类较多，按其结构形式可分为______、______、______和______。

6. 齿轮齿条式转向器主要由______、______和______组成。

7. 转向传动机构主要有______、______、______、______、______。

8. 转向横拉杆由______和______组成。

9. 液压式动力转向系统包括______、______、______、______、______、______、______、______。

10. 液压式动力转向系统按液流形式可以分为______和______。

11. 按转向控制阀的运动方式不同，动力转向系统可以分______和______两种。

12. 动力转向系统的主要部件有______、______和______。

二、填空题

1. 汽车转向系统的作用？

____

____

____

____

____

____

____

____。

2．机械转向系转向传动机构由哪几部分组成？其作用是什么？

。

3．目前在轻型及微型轿车上为什么大多数采用齿轮齿条式转向器？

。

4．齿轮齿条式转向器的工作原理？

。

5．循环球式转向器的工作原理？

。

实训工单

实训工单 4-1　五菱汽车齿轮齿条式转向器拆装

实训车型			测量数据（或检查状况）
实训步骤			
1	拆卸过程		
2 检测	小齿轮的检修		
	齿条的检修		
	转向球头的检修		
3	装配过程		
4	5S 工作		
5 口述题	1．机械转向系由哪些机件组成？ 2．转向沉重的原因有哪些？ 3．什么是转向盘的自由行程？		
教师评语			
成绩		指导教师签名	日期

实训总结

实训项目 4-1　五菱汽车齿轮齿条式转向器拆装

<table>
<tr><td>班级</td><td></td><td>姓名</td><td></td><td>学号</td><td></td></tr>
<tr><td colspan="6">实训项目：</td></tr>
<tr><td colspan="6">一、使用工具</td></tr>
<tr><td colspan="6"></td></tr>
<tr><td colspan="6">二、拆装步骤</td></tr>
<tr><td colspan="6">1．拆解步骤</td></tr>
<tr><td colspan="6">2．装配步骤</td></tr>
<tr><td colspan="6">三、检测项目（技术要求/标准）</td></tr>
<tr><td colspan="6"></td></tr>
<tr><td colspan="6">四、小结反思</td></tr>
<tr><td colspan="6"></td></tr>
<tr><td>教师评语</td><td colspan="5"></td></tr>
<tr><td>成绩</td><td></td><td>教师</td><td></td><td>日期</td><td></td></tr>
</table>

项目 5　汽车制动系统

任务 1　汽车制动系统概述

课后作业

一、填空题

1．汽车制动系统由__________、__________、__________和__________四部分组成。

2．按制动系统的工艺分__________、__________、__________和__________。

3．按制动系统的制动能源分__________、__________、__________。

4．按照制动能量的传输方式分__________、__________、__________、__________和__________。

5．按制动回路分__________和__________。

二、简答题

汽车制动系的作用？

____
____
____
____
____。

任务 2　鼓式制动器的拆装与检修技术

课后作业

一、填空题

1．汽车常用的摩擦制动器有两种结构：__________和__________。

2．按制动蹄促动装置的形式分类有__________和__________。

3. 按制动蹄的受力情况不同分类，鼓式制动器可分为__________、__________和__________。

4．驻车制动器按其安装位置可分为__________和__________两种。

5．制动轮缸有__________和__________两种。

二、简答题

1．简述鼓式制动器和盘式制动器的特点？

____。

2．什么是领从蹄式制动器？

____。

实训工单

实训工单 5-1　五菱汽车车轮制动器的检修

实训车型			测量数据		
实训步骤					
1	拆卸过程				
2 检测	制动鼓的检修				
	摩擦衬片检修				
	其他机件检修				
3	装配				
4	调整				
5	5S 工作				
教师评语					
成绩		指导教师签名		日期	

实训总结

实训项目 **5-1** 五菱汽车鼓式制动器的检修

<table>
<tr><td>班级</td><td></td><td>姓名</td><td></td><td>学号</td><td></td></tr>
<tr><td colspan="6">实训项目：</td></tr>
<tr><td colspan="6">一、使用工具</td></tr>
<tr><td colspan="6"></td></tr>
<tr><td colspan="6">二、拆装步骤</td></tr>
<tr><td colspan="6">1．拆解步骤</td></tr>
<tr><td colspan="6">2．装配步骤</td></tr>
<tr><td colspan="6">三、检测项目（技术要求/标准）</td></tr>
<tr><td colspan="6"></td></tr>
<tr><td colspan="6">四、小结反思</td></tr>
<tr><td colspan="6"></td></tr>
<tr><td>教师评语</td><td colspan="5"></td></tr>
<tr><td>成绩</td><td></td><td>教师</td><td></td><td>日期</td><td></td></tr>
</table>

任务 3　盘式制动器的拆装与检修技术

课后作业

一、填空题

1．由____________和____________组成的制动器称为钳盘式制动器。

2．按制动钳固定在支架上的结构形式不同，钳盘式制动器分为____________和____________。

二、简答题

钳盘式制动器分为几类？简述它们各自的工作原理？

____。

实训工单

实训工单 5-2　五菱汽车盘式制动器的检修

<table>
<tr><td>实训车型</td><td colspan="2"></td><td colspan="3">测量数据</td></tr>
<tr><td colspan="3">实 训 步 骤</td><td colspan="3"></td></tr>
<tr><td>1</td><td colspan="2">拆卸过程</td><td colspan="3"></td></tr>
<tr><td rowspan="8">2 检测</td><td rowspan="2">制动盘的检修</td><td></td><td colspan="3"></td></tr>
<tr><td></td><td colspan="3"></td></tr>
<tr><td rowspan="2">摩擦衬片检修</td><td></td><td colspan="3"></td></tr>
<tr><td></td><td colspan="3"></td></tr>
<tr><td rowspan="4">其他机件检修</td><td></td><td colspan="3"></td></tr>
<tr><td></td><td colspan="3"></td></tr>
<tr><td></td><td colspan="3"></td></tr>
<tr><td></td><td colspan="3"></td></tr>
<tr><td rowspan="2">3</td><td rowspan="2">装配</td><td></td><td colspan="3"></td></tr>
<tr><td></td><td colspan="3"></td></tr>
<tr><td rowspan="2">4</td><td rowspan="2">调整</td><td></td><td colspan="3"></td></tr>
<tr><td></td><td colspan="3"></td></tr>
<tr><td></td><td></td><td></td><td colspan="3"></td></tr>
<tr><td>5</td><td colspan="2">5S 工作</td><td colspan="3"></td></tr>
<tr><td>教师评语</td><td colspan="5"></td></tr>
<tr><td>成绩</td><td></td><td>指导教师签名</td><td></td><td>日期</td><td></td></tr>
</table>

实训总结

实训项目 5-2　五菱汽车盘式制动器的检修

班级		姓名		学号	

实训项目：

一、使用工具

二、拆装步骤

1．拆解步骤

2．装配步骤

三、检测项目（技术要求/标准）

四、小结反思

教师评语					
成绩		教师		日期	

任务4 制动传动装置的拆装与检修技术

课后作业

一、填空题

1. 液压制动传动装置主要由＿＿＿＿、＿＿＿＿、＿＿＿＿、＿＿＿＿、＿＿＿＿、＿＿＿＿、＿＿＿＿组成。

2. 制动轮缸有＿＿＿＿和＿＿＿＿两种。

3. 真空助力器分为＿＿＿＿和＿＿＿＿两种。

二、简答题

1. 简述制动主缸的工作原理？

＿＿＿＿＿＿＿＿＿＿＿＿＿＿＿＿＿＿＿＿＿＿＿＿＿＿＿＿＿＿＿＿。

2. 简述真空助力器是如何助力的？

＿＿＿＿＿＿＿＿＿＿＿＿＿＿＿＿＿＿＿＿＿＿＿＿＿＿＿＿＿＿＿＿。

实训工单 5-3　五菱汽车制动管路中的空气排除

考核要求：

（1）懂得液压制动系统的空气排除方法和步骤；

（2）主缸的液面高度要保持在规定高度；

（3）抽考 2 题口答题。

考核时间：20 分钟

作业项目	排除结果	技术标准	考评员复检结果

考评员签名：

年　　月　　日

附：口答题目

1．汽车液压制动系统由什么组成？

2．什么是液压制动踏板的自由行程？如何调整？

3．汽车制动管路的维护内容有哪些？

4．不用仪器，如何检查真空助力器？

5．液压制动系统制动跑偏的原因有哪些？

6．踩下制动踏板时，制动踏板从开始运动到踩到底的距离过长，使制动反应慢或制动效果不好，甚至不起制动作用，请问是由哪些原因引起的？

实训总结

实训项目 5-3 五菱汽车制动管路中的空气排除

<table>
<tr><td>班级</td><td></td><td>姓名</td><td></td><td>学号</td><td></td></tr>
<tr><td colspan="6">实训项目：</td></tr>
<tr><td colspan="6">一、使用工具</td></tr>
<tr><td colspan="6"></td></tr>
<tr><td colspan="6">二、拆装步骤</td></tr>
<tr><td colspan="6">1. 拆解步骤</td></tr>
<tr><td colspan="6">2. 装配步骤</td></tr>
<tr><td colspan="6">三、检测项目（技术要求/标准）</td></tr>
<tr><td colspan="6"></td></tr>
<tr><td colspan="6">四、小结反思</td></tr>
<tr><td colspan="6"></td></tr>
<tr><td colspan="2">教师评语</td><td colspan="4"></td></tr>
<tr><td>成绩</td><td></td><td>教师</td><td></td><td>日期</td><td></td></tr>
</table>

反侵权盗版声明

华信 欢迎登录 免费 获取优质教学资源
http://www.hxedu.com.cn

汽车底盘维修
含工作页

职业院校汽车专业任务驱动教学法创新示范教材

- ☑ 汽车底盘维修（含工作页）
- 柴油机维修
- 汽车发动机电气维修（含工作页）
- 汽车发动机构造与维修
- 汽车维修企业管理基础
- 汽车焊接技术
- 汽车保养与维护（含工作页）
- 机械识图
- 汽车电工电子基础
- 汽车装饰与美容（含工作页）
- 汽车钣金修复
- 汽车空调维修（含工作页）
- 汽车车身涂装
- 汽车文化

策划编辑：郑　华
责任编辑：裴　杰
封面设计：彩丰文化

ISBN 978-7-121-32124-5
9 787121 321245 >
定价：35.80元